Restaurants, Cafés, Clubs und Veranstaltungen
Einrichtungen der Bundesregierung, Parteien und Gewerkschaften
Unternehmen
Invalidenstr.
Rosenthaler Platz
Novalisstr.
blicis PR
ezimmer
Wiener
Torstr.
D1874355
MITTE
Weinmeisterstr.
Alte Schönhauser
Monsieur Vuong
Oranienburger Str.
Neue Schönhauser Str.
PDS Zentrale
Kl. Alexanderstr.
Schwarzenraben
Oranienburger
fischerAppelt
Tucholskystr.
Friedrichstr.
Bundesministerium für Umwelt, Naturschutz und Reaktorsicherheit
Deutsche Umwelthilfe e.V.
WWF
Berliner Zeitung
Hackescher Markt
Neue Promenade
Vertretung
DGB
Alexanderplatz
iedrichstr.
Stern
Karl-Liebknecht-Str.
RWE
Humboldt-universität
Die Zeit
Dom
Spandauer Str.
Rotes Rathaus
ZDF
Deutsche Bank
Unter den Linden
Palast der Republik
VW
E.on
Deutsche Guggenheim
Oper
Bertelsmann
Schlossplatz
SPIEGEL
orchardt
Spree
Breite Str.
Str.
Französische Str.
Deutsche Telekom AG
Charlottenstr.
»Haus der Wirtschaft«
(BDI, BDA)
Gendarmenmarkt
Konzerthaus Berlin
Hausvogteiplatz
ter & Wegner
Taubenstr.
Gertraudenstr.
AG
Hill & Knowlton
PLEON
Stadtmitte
Berlin Capital Club im Hotel Hilton
Kronenstr.
Financial Times Deutschland
Leipziger Str.
WMP
Axel-Springer-Str.
KREUZBERG
B.Z.
Die Welt
BILD
Kochstr.

Cerstin Gammelin/Götz Hamann

Die Strippenzieher

Cerstin Gammelin/Götz Hamann

Die Strippenzieher

Manager, Minister, Medien – wie Deutschland regiert wird

Econ

Inhaltsverzeichnis

Prolog

Die Bundestagswahl ist vorbei. Rotgrün ist Geschichte. Der frühere Bundeskanzler Gerhard Schröder arbeitet nun als Lobbyist für den Schweizer Verleger Michael Ringier und hat angekündigt, dem Ruf des russischen Staatskonzerns Gasprom zu folgen und den Vorsitz des Aufsichtsrates der North European Gas Pipeline Company (NEGP), der umstrittenen Ostsee-Pipeline, zu übernehmen.

Es hätte dieses letzten Belegs nicht bedurft, um zu erkennen, dass zur Bilanz der rotgrünen Jahre ein teilweise distanzloses Verhältnis dieser Regierung zur Wirtschaft gehört. Nicht von ungefähr wurde die Neuwahl im September 2005 nötig, als die Kritik an Gerhard Schröders Politik erdrückend wurde: Sie sei viel zu wirtschaftsfreundlich und unsozial. Trifft für diese sieben Jahre vielleicht sogar zu, was Kurt Tucholsky einst über die SPD sagte? »Sie glaubten, sie seien an der Macht, dabei waren sie nur an der Regierung.«

Als fünfte Gewalt sind die Wirtschaft und ihre Lobbyisten längst erkannt und vielfach anerkannt. Aber wie viel Macht, wie viel Einfluss haben sie wirklich? Und wer sind die Strippenzieher? Antworten für die rotgrünen Jahre liefert dieses Buch. Die Idee dazu entstand in einem Hinterzimmer des Restaurants »Borchardt« in Berlin-Mitte. Der Vorstandschef eines internationalen Konzerns hatte einige Journalisten zum Essen eingeladen. Es war ein freundlicher, dynamisch wirkender Skandinavier, vielleicht Anfang 50, der klar und beinahe akzentfrei über die Pläne seines Konzerns in Deutschland sprach. Von Zeit zu Zeit beugte sich ein gut gekleideter älterer Herr leicht zu ihm hinüber. »Umwelt«, »sauber«, »fair«, diese und ähnliche Worte hörten die in der Nähe sitzenden Journalisten. Erst vom Souffleur. Und danach, verpackt in seine Rede, vom Manager.

Wer war dieser Unbekannte? Die Recherche führte zu einem einflussreichen Berater und von dort zu Konzernlobbyisten und Verbandsvertretern, Abgeordneten, Journalisten und Ministerialbeamten – und zu diesem Buch. Anhand von detailliert recherchierten Fällen kann der Leser in diesem Buch verfolgen, wie die Wirtschaft versucht, Gesetze zu schreiben, die veröffentlichte Meinung zu lenken – kurz, ihre Interessen durchzusetzen.

Daran hat sich wenig geändert, seit die Wähler eine Bundesregierung aus CDU/CSU und FDP verhinderten und stattdessen eine große Koalition vorzogen. Lobbyisten mit guten Verbindungen in die SPD bleiben in führender Stellung, es kommen lediglich ein paar Strippenzieher mit CDU-Expertise dazu. Für die Strukturen gilt ohnehin: Sie sind stabil. Die Macht der Wirtschaft ist ungebrochen. Zurückstecken müssen allenfalls jene, die ein zu enges Verhältnis zu Gerhard Schröder und seiner niedersächsischen Vergangenheit hatten – oder auf die Grünen gesetzt hatten.

Die Autoren Cerstin Gammelin und Götz Hamann danken herzlich allen Lobbyisten, Abgeordneten und Ministerialbeamten, die bereit waren, über ihre Arbeit zu sprechen. Besonderer Dank gilt der Zeit, der Financial Times Deutschland sowie dem Fachmagazin Energie&Management für die großzügige Unterstützung bei den Recherchen und unseren Testlesern für die konstruktiven Hinweise und die unendliche Geduld.

Berlin und Hamburg, Dezember 2005

1
Das Netz

Es ist schon spät am Abend, als zwei ältere Herren entspannt auf ein rotes Sofa niedersinken. Ihre Reden haben sie für diesen Tag gehalten, und gut gegessen haben sie auch. Nun breiten sie die Arme aus, lachen und plaudern miteinander. Ein Pianist spielt Jazzballaden und langsam füllt sich der Saal des Berliner Hotels Adlon mit Gästen in Abendkleid und Smoking. Einer der beiden Herren – es ist der Verleger Hubert Burda – winkt aus der Menge eine Dame heran. Es ist eine Ex-Prominentenehefrau, Ex-Moderatorin, clevere Selbstdarstellerin und Unternehmerin, kurz: Verona Pooth, geborene Feldbusch. So lassen Burda und seine Gesprächspartner am 8. Februar 2005 die letzten Minuten verstreichen, bis um zwölf Uhr nachts der 65. Geburtstag des Verlegers beginnt und Marius Müller-Westernhagen und der Scorpions-Sänger Klaus Meine für ein »Happy Birthday« ans Klavier treten. Und Hubert Burda auf seine Weise »Danke« sagt.

Statt noch eine Rede zu halten, stimmt er das Seemannslied »On the Banks of Sacramento« an. Er ahnt wohl, dass sich niemand verweigern wird. Maria Furtwängler, Schauspielerin und seine Ehefrau, Marius Müller-Westenhagen, Verona Pooth und die übrigen Gäste geben ihm denn auch mit den nächsten Zeilen die Ehre. »For there's plenty of gold, so I've been told …«, und am Ende singt auch jener Herr mit, der zuvor so nett mit Hubert Burda auf dem Sofa geplauscht hatte: Bundeskanzler Gerhard Schröder.

So, wie Hubert Burda den Bundeskanzler zu sich eingeladen, mit ihm gefeiert und etwas von ihm erhofft haben mag, so erleben es Minister und Beamte, Journalisten und Abgeordnete jeden Tag. Unternehmer, Manager und ihre Lobbyisten suchen Nähe, äußern Wünsche, sie geben Ratschläge oder beschaffen Informationen. Sie werben, bitten und drohen – wie es gerade passt. Sie wollen Gesetze verbessern oder verhindern, am besten selbst formulieren, Lästiges verzögern oder wenigstens verwässern. Sie wollen ihre Gewinne strategisch-politisch absichern. Es geht um »plenty of gold«, um Millionen, wenn nicht um Milliarden Euro. Und wer ihnen hilft, der wird nicht vergessen, wenn er später einen neuen Posten braucht. Der bekommt seinen Platz im Netzwerk.

Drei Viertel der Deutschen glauben inzwischen, die Wirtschaft nehme von der Gesellschaft mehr, als sie ihr gebe. Im Frühjahr 2005 stieg sogar die Bundesregierung in die Debatte ein. SPD-Chef Franz Müntefering fand, es sei an der Zeit, die »totale Ökonomisierung« von Politik und Gesellschaft öffentlich anzuprangern – und blieb in seiner Kritik vage und ziellos.

Wahr an diesem Befund ist, dass mehr Lobbyisten als je zuvor die Regierung bestürmen. Wahr ist, dass sich die Kräfte in der Hauptstadt zu Gunsten der Wirtschaft verschoben haben. Wahr ist auch, dass die Administration, nämlich die Ministerialverwaltung und die Mitarbeiter der Abgeordneten, den professionellen Lobbys kaum mehr gewachsen ist, dass sich Teile des politischen Apparats bereits ergeben haben und zu einer Außenstelle von Konzernen und Verbänden geworden sind. Lobbyismus ist eine Macht, an der keiner in Berlin vorbeikommt.

Mehrere tausend Abgesandte und Dienstleister arbeiten dafür, die Interessen von Unternehmen und Verbänden durchzusetzen. Mehr als 1886 Gruppen sind in der Lobby-Liste des Bundestags registriert. Sie haben damit offiziellen

Zugang zum Bundestag – denn Hausausweise fürs Parlament sind inklusive. Sie alle verwandeln wirtschaftliche Macht in Einfluss, ohne ein politisches Mandat dafür zu besitzen. Es sind Verbandsvertreter, Berater und Mitarbeiter globaler Konzerne, auf deren Visitenkarten »Leiter Politik«, »Direktor Regierungskontakte«, »Bevollmächtigter für Regierungsangelegenheiten« oder »Leiter der Konzernrepräsentanz für Bundesangelegenheiten« zu lesen ist.

Wer sind die wichtigsten Lobbyisten, die Strippenzieher in Berlin? An welchen Orten der Hauptstadt treffen sich die Mächtigen aus Konzernen und Ministerien? Dieses Buch beschreibt die effizienten und intelligenten Methoden von Lobbyisten. Es untersucht das Miteinander von Wirtschaft und Politik, und wie es sich nach dem Umzug der Regierung nach Berlin verändert hat. Wie arbeiten die Strippenzieher? Wer sind ihre Ansprechpartner? Anhand von Briefen, E-Mails und anderen Dokumenten weist dieses Buch den Ursprung von Gesetzestexten nach, untersucht Beziehungsnetze und legt Verflechtungen offen. So zeigt sich, dass die Arbeit der Lobbyisten Folgen für die ganze Gesellschaft, für jeden einzelnen Bürger hat. Dabei ist es ein Buch über Lobbyismus – nicht gegen Lobbyismus. Es ist ein Buch über die Wirtschaft – nicht gegen die Wirtschaft. Es ist ein Buch, das für einen selbstbewussten Staat in der Auseinandersetzung mit der Wirtschaft plädiert. Und es bietet Anschauung für diejenigen, die ihre Interessen künftig selbst vertreten und dabei erfolgreich sein wollen.

Der Abend bei Hubert Burda war natürlich kein gewöhnlicher Lobby-Termin, sondern in erster Linie ein gesellschaftliches Ereignis. Zum wiederholten Mal kürte die Zeitschrift *Bunte* ihre »Frau des Jahres«, und es war eher ein Zufall, dass dieser Festakt mit dem Geburtstag des Verlegers zusammenfiel. Gleichwohl hatten die Beteiligten einen politischen Nutzen davon. Den Preis bekam Doris Schröder-Köpf, weil sie sich für Kinder und Jugendliche in

Not engagiert, wodurch das Ehepaar Schröder im Jahr der Bundestagswahl die Gelegenheit bekam, sich als glückliches und harmonisches Paar zu zeigen. Hubert Burda seinerseits hielt eine sehr gefühlvolle Laudatio, die er als Präsident des Verbandes Deutscher Zeitschriftenverleger nicht nur als angemessen, sondern auch als klug empfunden haben mag. Schließlich kämpft er gleich zweifach gegen die Europäische Union und braucht dringend die Unterstützung der Regierung. Da droht nicht nur ein Verbot, für Zigaretten zu werben, sondern auch ein Aus für Anzeigen, die den Eindruck erwecken, Gummibären machten schlank und Joghurt gesund. Ohne Anzeigen für Zigaretten und Lifestyle-Lebensmittel in seinen Zeitschriften müsste Burda aber um viele hundert Millionen Euro Umsatz bangen.

Insofern war es nicht ungeschickt, dem Bundeskanzler und seiner Gattin diesen Abend so angenehm wie möglich zu machen. Augenscheinlich kamen sich Verleger und Kanzler auch wirklich näher – sei es aus Zufall, Intuition oder spätem Kalkül. Dass die First Lady einst für Burdas wichtigstes Magazin *Focus* geschrieben hatte, als sie Gerhard Schröder kennen lernte, war ebenfalls dienlich. So viel ist zumindest sicher: Nähe ist ein wertvolles Gut im Lobbyismus. Die Berliner Bühne bietet anders als Bonn eine wunderbare Kulisse für politische Inszenierungen jeder Art – und Hubert Burda kann von diesem Abend noch lange profitieren.

Die Nähe zwischen den Mächtigen hat in Deutschland Tradition. Eine enge Verbindung zu Unternehmern und Vorstandschefs pflegte bislang jeder Kanzler. So vertraut Gerhard Schröder beispielsweise seit vielen Jahren dem Unternehmensberater Roland Berger, dem Chef der Gewerkschaft IG BCE, Hubertus Schmoldt, dazu dem früheren Siemens-Chef Heinrich von Pierer und oft auch dem DaimlerChrysler-Vorstandsvorsitzenden Jürgen Schrempp. Seit der Gründung der Bundesrepublik gehen einige besonders priviligierte Berater im Kanzleramt ein und aus. Der vielleicht wichtigste unter ihnen war Bankmanager Hermann Josef Abs. Helmut Schmidt lud den Daimler-Benz-Chef Edzard Reuter wie auch diverse Gewerkschaftsfunktionäre zu Gesprächen ein, und unter Helmut Kohl fanden die Vertreter der chemischen Industrie sowie die Abgesandten des Unternehmers Friedrich Karl Flick offene Türen im Kanzleramt vor. Dieses enge Miteinander von Wirtschaft, Politik und später auch der Gewerkschaften reichte bis ins Parlament und prägte den »Rheinischen Kapitalismus«. So erzählte beispielsweise Philipp Graf Walderdorff vor Jahren der Presse in Bonn, dass im Deutschen Industrie- und Handelstag, in dessen Diensten er stand, hier und da ganze Bundestagsreden geschrieben wurden. Ähnliches hat auch der ehemalige SPD-Abgeordnete Norbert Gansel in Bonn erlebt. Mindestens einmal habe ein Positionspapier des Bundesverbandes der deutschen Industrie (BDI) als Vorlage für die damalige Regierungsfraktion gedient. Nur der Briefkopf sei ausgetauscht worden.[1]

Realist ist, wer akzeptiert, dass Lobbyismus als offene Interessenvertretung alltäglich und legal ist. Realist ist, wer akzeptiert, dass Lobbyismus zugenommen hat und sogar noch weiter zunehmen wird. Je vielschichtiger das Wirtschaftsgeschehen wird, je internationaler die juristischen Vorgaben sind, denen ein Gesetz genügen muss, je weniger die Parteien eine individualisierte Gesellschaft repräsentieren, umso dichter wird das Gedränge vor dem Kanzleramt. Umso intelligenter muss der politische Apparat reagieren, am besten agieren. Im Idealfall würde der Staat an der Professionalität der Lobbys im Lande wachsen. Er würde ihre Ratschläge, Einflüsterungen und Beatmungen nüchtern anhören, sortieren, abwägen – und am Ende im Interesse der Gesellschaft entscheiden. Das muss nicht zwangsläufig den Interessen der Wirtschaft schaden.

1 *Die Zeit*, 30/1996, »Lobbyismus in Bonn«, S. 3.

Zu beobachten ist jedoch, dass die Interessen der Wirtschaft häufiger als in früheren Jahrzehnten mit denen der Gesellschaft gleichgesetzt werden. Beschleunigt wird diese Entwicklung dadurch, dass wirtschaftliche Themen die Politik beherrschen: Nicht mehr die Teilung Deutschlands, nicht mehr der Kalte Krieg, die Stationierung von Mittelstreckenraketen oder der Umgang mit dem Terrorismus der Roten Armee Fraktion (RAF) prägen das Land. An die Stelle der geopolitischen, militärischen und innenpolitischen Fragen sind diejenigen nach den »richtigen Investitionsbedingungen«, den »notwendigen politischen Rahmenbedingungen« und den »international wettbewerbsfähigen Lohnnebenkosten« getreten – stets verbunden mit dem Hinweis der Fragesteller auf Arbeitsplätze und eine sichere Kranken- und Altersvorsorge. Die Bundesregierung ringt um die Vorzüge und mit den Nachteilen des Wirtschaftsstandorts Deutschland. Sie organisiert den Rückbau sozialer Sicherungssysteme und versucht die Gesundheitskosten zu senken. Wirtschafts- und sozialpolitische Themen beherrschen die Debatte. Weil umgekehrt die Erträge der Unternehmen von dem Ergebnis dieser Debatte abhängen, sucht die Wirtschaft nach Mitteln, um die Politik wirksam zu beeinflussen. Und je besser es gelingt, umso mehr verändert sich unser Land.

Der Öffentlichkeit legen die Interessenvertreter nur selten Rechenschaft über ihr Tun ab. Gerade für die Spitzenlobbyisten gilt: Gut ist, wer lautlos und effizient sein Ziel erreicht. Genial ist, wer es *quick and dirty* schafft, wem es egal sein kann, was die Öffentlichkeit davon hält. Ein Musterbeispiel für Spitzenlobbyismus ist, was am 8. November 2002 im Kanzleramt geschah. Zu Besuch kamen der damalige Unternehmenschef des Pharmaunternehmens Merck, Bernhard Scheuble, dazu der Familienunternehmer Patrick Schwarz-Schütte von Schwarz Pharma und als Dritter Silvio Gabriel, der deutsche Statthalter des Schweizer Konzerns Novartis. Die drei Manager konnten Bundeskanzler Gerhard Schröder davon überzeugen, für 200 Millionen Euro stillzuhalten. Im Einvernehmen mit den Pharma-Chefs verzichtete er darauf, die Preise für Medikamente generell um 4 Prozent zu senken, wie es die zuständige Ministerin Ulla Schmidt in der anstehenden Gesundheitsreform eigentlich geplant hatte. Im Gegenzug überwies die Pharmabranche einen »Solidarbeitrag« in Höhe von 200 Millionen Euro an die gesetzlichen Krankenkassen.

Jenseits dieser basarhaften Ökonomie des Feilschens, deren Ergebnis regierungsamtlich kundgetan wurde, wird meist verschleiert und geschwiegen – und demjenigen gedroht, der nachfragt. Transparenz ist unerwünscht. Fast niemand will öffentlich erzählen, wie Absprachen getroffen werden, wie Gesetze entstehen und warum Kanzlertreffen organisiert werden. Ernüchternd ist beispielsweise das Schweigen im Wirtschafts- und Arbeitsministerium. Da nähert sich im Frühjahr 2005 eines der Mammutprojekte der rotgrünen Regierung – die Reform des Energiemarktes – nach mehr als zwei Jahren intensiver Auseinandersetzung mit der Wirtschaft endlich seinem Abschluss. Doch weder Wolfgang Clement noch sein zuständiger Staatssekretär wollen darüber reden, wie viel Einfluss die Lobbyisten auf die Reform hatten und wie der aktuelle Gesetzesentwurf zustande kam. Gegenüber der Öffentlichkeit hüllen sie sich in Schweigen, obwohl sie darüber entscheiden, ob die Strom- und Gasrechnung jedes einzelnen Bundesbürgers steigen oder fallen wird, ob das Oligopol der großen Energiekonzerne weiter geschützt wird.

In die Reihe der Sprachlosen reiht sich auch Clements Vorgänger im Amt des Bundeswirtschaftsministers, Werner Müller, ein. Der rhetorisch Brillante, der von sich sagt, es mache ihm nichts aus, vor mehr als tausend Menschen zu sprechen, schweigt beharrlich, wenn es zu erklären gilt, ob und wie seine eigene Karriere mit seinen früheren, politischen Entscheidungen zusammenhängt. Dabei hätte er einiges zu erläutern. Immerhin wurde in seiner Amtszeit der Energiekonzern E.on massiv begünstigt, mit dem Werner Müller wieder zu tun hat, seit er Vorstandschef des Energie- und Chemiekonzerns RAG ist, dessen größter Aktionär eben jene E.on ist. Bei den Bemühungen, das Miteinander zwischen den marktbeherrschenden Konzernen und der Ministerialbürokratie zu erklären, war nur der Essener Energiekonzern RWE bereit, über die politische Arbeit in Berlin zu sprechen. Ein wenig auch die kleinere EnBW aus Karlsruhe. Die allermeisten schwiegen beharrlich. Sogar die Lobbyisten des Branchenprimus E.on hatten auf einmal nichts mehr zu sagen.

Politische Vorarbeiter außerhalb der Energiebranche sind genauso zugeknöpft. Besonders deutlich wird das am Beispiel Volkswagen, dem Konzern, der über viele Jahre die vielleicht engsten Beziehungen zu Bundeskanzler Gerhard Schröder hatte. Warum wohl werden Dieselrußfilter nicht seit dem 1. Januar 2005 gefördert? Warum haben Ministerialbeamte eine Wortwahl, als säßen sie in einer Konzernabteilung von Volkswagen? Warum trifft – wie es heißt – ein Brief des Vorstandschefs in Berlin ein – und kurz danach verschiebt die SPD-Bundestagsfraktion eine Abstimmung, deren Ergebnis den Interessen des Konzerns widersprochen hätte? Für den Autohersteller ging es um viele hundert Millionen Euro jährlich, doch statt seine Arbeit zu verteidigen, wollte der Cheflobbyist nicht darüber reden.

Globale Konzerne gehören zu den aufstrebenden Kräften in der Berliner Republik. Sie erwirtschaften Umsätze, die höher sind als das Bruttoinlandsprodukt mancher Staaten. Und so ist es nur konsequent, wenn sie sich hoch qualifizierte Beobachter und Berater leisten. Wer bei E.on oder Volkswagen in einer politischen Abteilung arbeitet, soll den Berliner Alltag beobachten und beeinflussen. Die

Mitarbeiter schreiben Vorlagen, beurteilen und korrigieren ministeriale Entwürfe, sie organisieren Informationsabende in entspannter Atmosphäre und Workshops zu Fachthemen. Sie machen sich scheinbar unentbehrlich. So gelingt es, Hintergrundinformationen bei der zuständigen Behörde zu deponieren oder Formulierungshilfe bei Gesetzesentwürfen wie dem Energiewirtschaftsgesetz oder dem Atomkonsens zu leisten. Manchmal sind sogar Hinweise wie »wörtlich RWE« oder »fast wörtlich RWE« in Gesetzesentwürfen des Wirtschaftsministeriums zu finden.

Hilfreich ist dabei nicht zuletzt die strategisch angelegte Personalpolitik. Viele Wechsel aus den Ministerien in die Wirtschaft tragen dazu bei, dass sich die Grenzen zwischen Politik und Wirtschaft mehr und mehr auflösen. Jüngstes Beispiel ist der ehemalige bayerische Wirtschaftsminister Otto Wiesheu. Er habe sich dafür stark gemacht, wissen Beteiligte, dass im Vertrag der großen Koalition auf die längst überfällige Liberalisierung des Schienennetzes entgegen anders lautender Entwürfe schließlich verzichtet wurde – und wechselte nach diesem Erfolg für die Deutsche Bahn als Vorstand für Marketing und politische Beziehungen zu ebenjenem Konzern. Um die Aufspaltung der Bahn auch künftig zu verhindern, bringt Wiesheu seine politischen Kontakte ein. Er gilt als enger Vertrauter des Wirtschaftsministers Michael Glos (ebenfalls CSU). Besonders brisant ist, dass Bayerns Ministerpräsident Edmund Stoiber von dem geplanten Wechsel Wiesheus schon im September 2005 informiert war – und ihn dennoch in den Koalitionspoker einband.

Und sollten solche eigenen Kontakte einmal doch nicht genügen, sind Public-Affairs-Berater zur Stelle, die gute Drähte in den Bundestag und die Ministerien gegen ein ordentliches Honorar nutzen, um persönliche Gespräche zu organisieren. Es hat also durchaus seinen Grund, dass die Mehrheit der Bürger das Gefühl hat, die Wirtschaft beeinflusse Beamte, Minister und Abgeordnete mehr denn je.

Verstärkt wird dieser Eindruck durch eine geschickte, höchst erfolgreiche Medienarbeit vieler Lobbyisten. Sie schaffen es, die Interessen der Wirtschaft so flächendeckend in den Medien unterzubringen, dass bei einem Blick in die Zeitungen manchmal das TINA-Syndrom aufkommen könnte: *There is no alternative* – es gibt keine Alternative zu den Ansichten der Wirtschaft. Den Lobbyisten kommt entgegen, dass viele Redaktionen bei Zeitungen, Zeitschriften und Fernsehsendern aufgrund einer Werbekrise, die im Jahr 2000 begann und bis heute nicht ausgestanden ist, personell ausgedünnt wurden. Werbeerlöse brachen in bisher nicht gekanntem Ausmaß ein, das Geschäft mit den Stellenanzeigen löste sich beinahe auf. Wegen der Wirtschaftsflaute gab es kaum noch Börsengänge mit entsprechenden Kampagnen, die große Zeit der Privatisierungen in der Telekommunikations- und Energieindustrie war vorbei, Werbeschlachten um Marktführerschaft und Markenbildung wurden nur noch in eingeschränktem Maß geschlagen. Dazu wanderten Immobilien- und Autoanzeigen dauerhaft ins Internet ab. Weil gleichzeitig auch die Auflagen vieler Zeitungen zu schrumpfen begannen, Leser nicht mehr genug Geld übrig und die Jugend einfach weniger Lust zum Zeitung lesen hatten, befanden sich die Einnahmen der Verlage zwischenzeitlich im freien Fall. Über Jahre war das Sparen fast wichtiger als das Schreiben.

Unter diesem Druck ist in vielen Redaktionen die Hemmung geschwunden, mit Lobbyisten zusammenzuarbeiten, sofern sie exklusive Nachrichten versprechen. Redaktionen sehen sich beinahe gezwungen, sich den Pressestellen von Unternehmen, Verbänden und eben Lobbyisten zuzuwenden, denn exklusive Nachrichten sind aus zwei Gründen wichtig: Zum einen geht es um die Frage, wie oft ein Medium von seinen Konkurrenten zitiert wird. Das vergrößert oder schmälert seinen Ruf. Zum anderen dürfen Zeitungen und Magazine auf einen höheren Verkauf am Kiosk hoffen, wenn sie die »Nachricht des Tages« verbreiten können, und jeder Tag, an dem das gelingt, verringert den ökonomischen Druck ein wenig.

An diesen Punkten setzen Lobbyisten an und inszenieren Ereignisse, die – nach den Regeln der Medien – als Nachricht taugen. Sie verändern damit ein altes Gleichgewicht aus Bonner Zeiten. Damals galt, um es stark vereinfacht auszudrücken: Während Unternehmer, Manager oder Wirtschaftsverbände problemlos einen Termin bei einem Minister bekamen und manchmal sogar der Bundeskanzler für sie Zeit hatte, vertraten sie ihre Interessen vergleichsweise selten in den Medien. Den engen Kontakt mit Journalisten überließen sie vielmehr Verbraucher- und Umweltschützern. In der Berliner Republik gilt das nicht mehr. Sobald ein Gesetz vorbereitet wird, welches den Interessen der Wirtschaft zuwiderläuft, werden heutzutage PR-Agenturen angeheuert, um »richtige« Informationen zu verteilen. Sie suchen passende Zahlen, lassen nützliche Studien erstellen – und plötzlich ist auch der Konzernchef zum Interview bereit. So werden Firmenverlautbarungen als Medienereignisse inszeniert, die oft genug als prominente Nachricht in eine Tageszeitung und damit am nächsten Morgen ins Büro des Ministers gelangen.

Für Unternehmen und Verbände stellt es heute einen großen Wert dar, eine öffentliche Debatte zu beeinflussen, wenn nicht gar zu drehen. Denn Lobbyisten, Wissenschaftler, Politiker und auch Journalisten wissen, dass Medien die politischen Prozesse heute stärker beeinflussen als noch vor zwanzig, dreißig oder vierzig Jahren. Sie glauben daran, dass Zeitungen, Zeitschriften und das Fernsehen für Millionen von Menschen zum wichtigsten Bindeglied zur Regierung werden, zum einzigen Ort, an dem diese potenziellen Wähler politische Debatten wahrnehmen. Und je mehr eine Gesellschaft ihre Politik in den Medien verhandelt, umso mehr bestimmt die dort veröffentlichte Meinung am Ende das Handeln einer Regierung. So sind Journalisten zum Teil des politischen Systems geworden. Die Einen nutzen es, die Nächsten lassen sich benutzen und die Dritten werden benutzt. Journalisten einzuschätzen und die Einflussreichsten entsprechend zu bedienen gehört zur täglichen Lobbyarbeit, nicht nur der Wirtschaft.

Meistens reicht es den Lobbyisten, die Sicht eines Unternehmens, einer Organisation oder einer Branche in den Medien unterzubringen. Doch gibt es auch Spezialisten für die wirtschaftspolitische Debatte. Ihre PR- und Lobby-Arbeit ließe sich mit »Vorfahrt für Unternehmen« übersetzen. Sie sind davon überzeugt, dass eine ungehemmte Wirtschaft am ehesten für Arbeit und damit Wohlstand für alle sorgen kann, und begreifen diese Politik als gesellschaftlichen Fortschritt. Dafür zu werben ist eine hohe Kunst, die von wenigen so gut beherrscht wird wie von der »Initiative Neue Soziale Marktwirtschaft«. Sie soll dazu beitragen, dass Millionen Deutsche morgen anders denken als heute. Sie sollen den Wunsch verspüren, selbst fürs Alter vorzusorgen, sich nicht mehr auf den Staat zu verlassen und diese Veränderung als den Weg zu mehr Wohlstand anzuerkennen. Und wenn das nicht gelingt, so sollen die Bürger es doch als ein Mehr an Freiheit erleben, und wenn das nicht, die Entwicklung wenigstens als unvermeidbar hinnehmen.

Die in der Verfassung vorgesehenen Entscheidungswege werden durch die beschriebene Entwicklung formell nicht berührt. Denn weiterhin spitzen jene den Stift, die in den Ministerien an einer Gesetzesvorlage arbeiten, heben jene die Hand, die eine Vorlage im Kabinett beschließen und sie in Bundestag und Bundesrat in Kraft setzen: also Ministerialbeamte und Abgeordnete, Regierungsmitglieder und Ländervertreter. Aber wofür sie sich entscheiden, wird durch die Wirtschaft heute mehr bestimmt als je zuvor. Durch ihre professionellere Medienarbeit, mit den in ihrem Sinne gesammelten und aufbereiteten Fakten und mit juristischen Ratschlägen zeichnen Lobbyisten eine Karte, eine *Road map* von Deutschland. Und immer häufiger schauen Politiker auf diese Karte, um hinterher zu sagen: Hier geht's lang.

Die einen hören auf Konzerne, weil sie wollen. Die anderen, weil sie müssen. Dem Argument, diese oder jene Entscheidung vernichte Arbeitsplätze, kann sich in der heutigen Zeit niemand mehr verschließen. Wie viele Jobs in einem Wahlkreis beispielsweise vom Wohl des Volkswagen-Konzerns abhängen, daran werden Abgeordnete schon mal unsanft erinnert. Letztlich war davor nicht einmal der ehemalige Bundesfinanzminister Hans Eichel gefeit. Er war von 1975 bis 1991 Oberbürgermeister von Kassel und wird von der dortigen SPD seitdem als einer der Ihren betrachtet. Eichel weiß ganz genau, was es bedeutet, wenn in der 200 000-Einwohner-Stadt Kassel mehr als 15 000 Menschen ihr Geld bei VW verdienen.

Andere Formen der Einflussnahme sind weit schwerer zu erkennen, weil sie weder offensichtlich noch öffentlich sind. Eindeutig ist nur: Kaum ein Gesetz tritt heute in Kraft, ohne dass ein Interessenvertreter daran mitgearbeitet hätte. Der Regierungsstil von Bundeskanzler Gerhard Schröder hat über Jahre dazu eingeladen. Schröder selbst organisierte Kommissionen, Expertenrunden und Wirtschaftsgipfel. Er ließ Entscheidungen außerhalb der dafür in der Verfassung vorgesehenen Institutionen und außerhalb seiner Partei vorbereiten. Schröder suchte geradezu nach Rat jenseits der politischen Landschaft und fand ihn oft genug bei Vertretern der Wirtschaft, die sich jedoch sofort nach der Ankündigung von Neuwahlen mit einflussreichen Unionspolitikern verbündeten. Geschmeidige Anpassung und schneller Farbenwechsel gehören zum Geschäft der Interessenvertreter.

Aber auch die große Koalition wird sich der Tatsache

nicht verschließen können, dass Lobbyismus ein Angriff auf den Staat ist, wenn Wirtschaftsvertreter ohne politisches Mandat vorherbestimmen, was am Ende Recht und Gesetz wird. Der Staat wird unterwandert oder sogar offen außer Kraft gesetzt, wenn Konzerne im Bundeswirtschaftsministerium die »inhaltliche Führung« übernehmen. Wenn Beamte und Minister vor allem dem Prinzip der Klientelpolitik folgen, egal ob davon Umweltorganisationen oder Energiekonzerne profitieren. Klientelpolitik mündet in eine nicht kontrollierbare und nicht transparente Verflechtung von Staat und Privatwirtschaft. Sie begünstigt Korruption. Sie zerstört den Staat.

Dabei könnte die Bundesregierung durchaus das eine oder andere tun, um Lobbyisten auf Distanz zu halten: Sie könnte für Transparenz sorgen, indem sie für jeden einsehbar dokumentiert, wie Gesetze entstehen. Und Fragen dazu beantwortet. Sie könnte Regeln für Ministerialbeamte erlassen, wie diese mit Lobbyisten umzugehen haben. Sie könnte Ministern, Staatssekretären und hohen Beamten untersagen, unmittelbar nach ihrem Ausscheiden aus der Politik für ebenjene Unternehmen zu arbeiten, die sie zuvor kontrolliert haben. Und die Regierung könnte dafür sorgen, dass politische Entscheidungen ausschließlich dort getroffen werden, wo sie laut Verfassung hingehören: in Parlament, Bundesrat und Regierung.

Bisher spielen die Bürger in dem beschriebenen Dreiecksverhältnis von Politik, Wirtschaft und Medien eine eher untergeordnete Rolle. Vor dem Kanzleramt dürfen sie gerne gegen die einseitigen Belastungen durch die Gesundheits- und Sozialreformen demonstrieren. Aber wer schafft es hinein, um die Interessen der Beitragszahler, Patienten und Arbeitslosen vorzutragen? Wer spricht, wenn es etwa um Fragen rund ums Internet oder den Mobilfunk, wenn es um Datenschutz, Urheberrecht oder einfach die Strompreise geht? Welchen ernsthaften Widerpart haben Banken und

Versicherer? Wer verschafft sich Gehör und spricht für Eltern, wenn es um die Belastungen für Erziehende geht, wer für Studenten, wenn Eliteuniversitäten gefördert werden?

Lange Zeit fehlte die Perspektive, wie eine starke Lobby jenseits von Parteien, Gewerkschaften und anderen traditionellen Institutionen zu organisieren wäre. Doch inzwischen liefert die Wirtschaft die Vorlagen. Jeden Tag. Dass die Deutschen zu arm wären, um sich selbst eine einflussreiche Lobby zu finanzieren, ist ein Trugschluss. Ihr Vermögen wurde vom Bundesverband Deutscher Banken zuletzt auf vier Billionen Euro beziffert. Dieses Buch ist insofern auch eine Blaupause für alle, die in Berlin die Politik der Bundesregierung mitgestalten wollen. Egal, ob sie rotgrün, schwarzrot oder schwarzgelb ist. Wer die Konzerne beobachtet, der weiß, was man dazu braucht. Und was es kostet.

2
Berlin – ein politischer Stadtplan

Paläste. Bars. Hinterzimmer.
In Berlin ballt sich die Macht.
Jeder kann zuschauen, wie die
Wirtschaftslobby die Mitte erobert.

Der Abend des 14. Februar 2005 ist ein ganz gewöhnlicher in Berlin. Bundesumweltminister Jürgen Trittin sitzt im Souterrain des Restaurants Habel Weinkultur, Luisenstraße 19, unter den S-Bahn-Bögen. Er hat ein knappes Dutzend Journalisten eingeladen, um ihnen zwei Tage vor dem Inkrafttreten des Kyoto-Abkommens die Erfolge der deutschen Klimaschutzpolitik nahe zu bringen. Eine Etage höher, im gut besuchten Restaurant, sitzt der Chefredakteur der *Frankfurter Rundschau,* der am nächsten Tag in der Redaktion seiner Berliner Korrespondenten erwartet wird, beim Abendessen. Den Nebenraum hat der SPD-Abgeordnete Olaf Scholz gebucht, um seinen Zuhörern die möglichen Konstellationen zu den bevorstehenden Landtagswahlen in Schleswig-Holstein und Nordrhein-Westfalen zu erläutern. Nahezu unbemerkt vervollständigen keine 500 Meter entfernt in den Büros einiger Abgeordneter Mitarbeiter der Koalitionsfraktionen bis spätabends Unterlagen, um die tagsüber abgebrochenen und für den nächsten Tag erneut angesetzten Verhandlungen zur Novelle des Energierechts vorzubereiten. Derweil treffen sich im Szene-Restaurant Schwarzenraben nahe des Hackeschen Marktes Lobbyisten und Verbandsvertreter. Nicht weit entfernt, im Konzerthaus am Gendarmenmarkt, steht Außenminister Joseph Martin Fischer im Blitzlichtgewitter zahlreicher Kameras, die eigentlich für die Stars der Berlinale auf der Benefizgala »Cinema for Peace« aufgebaut sind. Doch

Fischer ist in der Affäre um eine unkontrollierte Visa-Vergabe unter starken politischen Druck geraten – und befindet sich nun vor den Augen der illustren Gesellschaft in Abendrobe in Erklärungsnot.

Ein paar Szenen an zufällig gewählten Plätzen an diesem ganz beliebigen Abend zeigen: Medien, Regierung und Wirtschaft sind mehr als jemals zuvor in die Öffentlichkeit gerückt. Es gibt praktisch keinen Ort in Berlins Mitte, der nicht vom politischen Leben in Beschlag genommen wurde. In der Hauptstadt finden an einem durchschnittlichen Abend ein Dutzend Veranstaltungen statt, auf denen Bundespolitiker anwesend sind. Trafen sich vor dem Regierungsumzug die Mächtigen der Politik in Bonn in ihren angestammten und allgemein bekannten Lokalen, so müssen die Einwohner der Hauptstadt und ihre Besucher im heutigen Regierungsviertel samt angrenzender Stadtbezirke immer damit rechnen, dass an einem Nachbartisch Minister und Manager debattieren oder Journalisten mit Kamera und Mikrophon warten.

In der Mitte

Die Politik im rotgrünen Deutschland von Gerhard Schröder fand, rein politgeografisch gesehen, überwiegend im Osten der ehemals geteilten Stadt statt – und das wird sich unter der unionsgeführten großen Koalition kaum ändern. Der Bezirk Mitte hat sich zu einer prächtigen Bühne entwickelt, die ganz nebenbei das Blickfeld der Westdeutschen erweitert, das Selbstbewusstsein der Ostdeutschen stärkt – und dadurch die Unterschiede zwischen Ost und West verwischt. Deutsche aus dem Rheinland, aus Sachsen, Bayern und Brandenburg treffen an den verschiedensten Orten zwischen Brandenburger Tor und Alexanderplatz auf die Mitglieder der von ihnen gewählten Regierung. Und: Sie treffen auf Einflüsterer, Schausteller und Informanten, die sich ihren Platz im politischen Geschäft erkämpft haben. Diese lobbyieren in Kaffeehäusern, Konzernrepräsentanzen, Restaurants oder Hinterzimmern, während der protokollarische Betrieb zwischen Kanzleramt, Bundestag und Abgeordnetenbüros hin und her wogt.

Die Prachtstraße Unter den Linden und deren Nebenstraßen, die Friedrichstraße, der Gendarmenmarkt, die Reinhardtstraße haben sich zu Boulevards der politischen Klasse entwickelt. Dieses Viertel, in dem die Mächtigen Tag für Tag arbeiten und sich inszenieren (lassen), birst geradezu vor Tradition. Der Dichter Jean Paul nannte die Straße Unter den Linden einmal eine »Kolossen-Reihe von Palästen«, und das ist sie auch heute noch. Nur residieren dort keine preußischen Familien mehr, keine Großbürger und kein Adel. Deren Bauten sind verschwunden, die ersten schon während des 19. Jahrhunderts, die meisten durch die Bomben im Zweiten Weltkrieg, und spätestens in der DDR bekamen »die Linden« ein neues, ein sozialistisches Gesicht. Im Arbeiter- und Bauernstaat ersetzte der noch heute als entkernte Hülle für schrille Auftritte geliebte Palast der Republik das weggesprengte Schloss der preußischen Könige. Sogar die Elite der deutschen Wirtschaft, geeint im Bundesverband der Deutschen Industrie (BDI), entdeckte das Skelett aus Stahl und Beton für sich. Der BDI bat Bundeskanzler Gerhard Schröder und die Granden der Konzerne zur Jahrestagung 2004 in das asbestsanierte DDR-Überbleibsel, um die »Aufbruchstimmung« der hiesigen Wirtschaft »erlebbar« zu machen.

Preußenkönig Friedrich II., der in den achtziger Jahren des vergangenen Jahrhunderts wieder auf sein bronzenes Pferd gehievt wurde, schaut dem Treiben auf dem Schlossplatz regungslos zu. Wer könnte besser als diese Statue den gesellschaftlichen Wandel dokumentieren, der dem Boulevard immer wieder ein anderes Gesicht gab? Inzwischen sind die Hausherren Unter den Linden zumeist Kapitalgesellschaften. Und viele von ihnen gehören sogar in den erlauchten Kreis der »DAX-30« – also zu jenen Unternehmen, die im wichtigsten Index der Deutschen Börse notiert sind. Und am Ende des Boulevards, hinter dem Brandenburger Tor, wo sich der Tiergarten ausstreckt, in den einst der Adel zur Jagd ausritt, arbeitet seit 1999 der Bundeskanzler. In seiner Nähe bevölkern 601 Abgeordnete das Parlament, stehen geschätzte 5000 Lobbyisten in bezahlten Diensten von Unternehmen und Verbänden, bieten 40 Public-Affairs-Agenturen ihre Kontakte an.

Die Lobbyliste des Bundestages zählt zu Anfang des Jahres 2005 unübersichtliche 1886 Einträge von Verbänden, die ein allgemeines Vertretungsinteresse glaubhaft machen konnten. 2002 waren es noch rund 1700, 1972 in Bonn erst 635. Mit der Registrierung erhalten die Lobbyverbände das Recht, am Gesetzgebungsverfahren teilzunehmen, wodurch offizielle Anhörungen immer öfter zu unproduktiven Mammutveranstaltungen geraten. Beim Hearing zur Gesundheitsreform von Ulla Schmidt hatten sich zum Beispiel 140 Verbände angemeldet. Die meisten Wirtschaftsvertreter haben zudem freien Zugang zu den Volksvertretern. Denn Lobbyisten, die neben der offiziellen Registrierung auch noch die Bürgschaft von fünf Abgeordneten oder die eines Fraktionsvorsitzenden vorweisen können, bekommen einen Hausausweis für den Bundestag. Allein 4500 dieser Ausweise wurden bis Ende 2003 an Lobbyisten ausgeteilt, deutlich mehr, als Journalisten erhielten, schrieb die *Zeit*. Der Hausausweis sichert den unkomplizierten Zugang in den Bundestag, in das Abgeordnetenrestaurant, in die Fraktionsebenen der Bundestagsparteien oder die Ministerien – eben in die liebsten Reviere von Lobbyisten, Anwälten und Beratern. Sie haben die blaublütigen Jäger von einst ersetzt. Statt kapitaler Hirsche erlegen sie Gesetzesentwürfe und Verordnungen, die den Interessen ihrer Auftraggeber zuwiderlaufen und folgerichtig verändert, verhindert oder zumindest verzögert werden müssen. Die Interessenvertreter treiben Politiker mit Hilfe von Gutachten, Scheinargumenten, Opposition und Medien nicht nur an, sondern auch gern in die Enge, und nicht selten bekommt das Agieren die Züge einer modernen Fuchsjagd. Die Kampagne gegen den ehemaligen Chef der Bundesagentur für Arbeit, Florian Gerster, und den damaligen Wirtschaftsminister Wolfgang Clement ist dafür ein gutes Beispiel. Denn einflussreiche Köpfe aus dem Arbeitgeberlager schafften es, die Medien wiederholt auf die Fährte von Unregelmäßigkeiten in der Bundesagentur zu setzen und damit gegen die mächtigste Institution im Sozialstaat zu hetzen.

Die Beobachter

Wie vorher in Bonn haben sich die Medien auch in Berlin an der inneren Grenze des Regierungsviertels niedergelassen. Selbst Teil des politischen Systems, bemühen sich die als politische Berichterstatter akkreditierten Journalisten – die zahlenmäßig im Übrigen den Lobbyisten deutlich unterlegen sind –, eine gewisse räumliche Distanz zur Regierung zu wahren. Immerhin ein paar hundert Meter Luftlinie trennen die Büros der politischen Korrespondenten in der Bundespressekonferenz vom Arbeitszimmer des Kanzlers. Auf dem Dach des Pressehauses, das gleich einem Klotz aus poliertem Stein und Glas am Ufer der Spree liegt, kündet ein Meer aus Satellitenschüsseln und Antennen von den Nachrichtenmachern. Den Plänen der Architekten zufolge tauchen Neonröhren die Fenster der medialen Denkerzellen des Nachts in grellgrünes Licht – Symbol und Mahnung gleichzeitig für stets wachsame Journalisten. Aus den Büros auf der Ostseite fällt der Blick auf die Abgeordnetenbüros des Paul-Löbe-Hauses und das neue

Domizil für die Parlamentsbibliothek im Bundestagsneubau, das Marie-Elisabeth-Lüders-Haus. Auf der Südseite des siebenstöckigen Gebäudes beobachteten die Journalisten gelegentlich den Hubschrauber von Bundeskanzler Gerhard Schröder, wann er einflog oder auch abhob. Sie sehen, ob und wie lange das Licht im Kanzlerbüro brennt. Mit dem Fernglas lassen sich leicht die Gäste auf dem Balkon des Bundeskanzleramtes ausmachen, ja sogar identifizieren.

Die Bundespressekonferenz gilt als elitärer Ort medialer Intimität. In der Südfassade des Quaders liegt, zu erreichen über ein lichtdurchflutetes Atrium, der Große Saal der Bundespressekonferenz, der den Blick auf das Kanzleramt freigibt und an dessen blauer Frontwand der aus Nachrichtensendungen bekannte Schriftzug prangt. Seit am 18. Oktober 1949 die erste vom Verein der Bundespressekonferenz veranstaltete Pressekonferenz mit Bundeskanzler Konrad Adenauer im Plenarsaal des Bundesrates in Bonn stattfand, diktieren die Nachfolger Adenauers, dazu Minister, Parlamentarier und bedeutende gesellschaftliche Gruppen ihre Statements in die Kugelschreiber und Laptops der Korrespondenten aus dem In- und Ausland. Montags, mittwochs und freitags findet die Regierungspressekonferenz statt. Dauer: etwa eine Stunde. Unter Rotgrün saß Regierungssprecher Béla Anda in der Mitte des Podiums. Links und rechts waren die Sprecher der vierzehn Ministerien gruppiert. Anda erzählte, welche Themen auf dem Schreibtisch des Bundeskabinetts liegen. Oder er verschwieg sie. Genau genommen übermittelte Anda sorgfältig ausgeklügelte Botschaften, die sein Chef – der Bundeskanzler – Minuten später über die Nachrichtenagenturen verbreitet aus seinem Telefax quellen sehen wollte. Tunlichst verhindern musste Anda schlechte Nachrichten. War das letzte Telefongespräch zwischen Schröder und US-Präsident George Bush nicht zu kurz? Wer hatte eigentlich den Hörer zuerst in die

Hand genommen, der Deutsche oder der US-Amerikaner? Wie war der Tonfall? Wer hat das Gespräch beendet?

Wegen eines persönlichen Einsatzes bei der Pflege der transatlantischen Beziehungen musste sich Anda im Januar 2005 sogar einem Zivilgerichtsverfahren stellen – und bekam vom Anwalt der Bundesregierung, Peter Raue, bescheinigt, unbestritten die Unwahrheit gesagt zu haben. Dennoch gelte für Béla Anda als Privatier, so wörtlich: »Lügen ist nicht strafbar.« Eine Geschichte, die die Kollegen im Pressehaus erregt kolportierten und die durch den Blätterwald rauschte. Der Regierungssprecher hatte auf einer Reise des Bundespresseamtes nach Washington als ehemaliger Journalistenkollege und Privatperson von einem *Bild*-Fotografen eine Diskette erhalten mit der Bitte um schnellstmöglichen und sicheren Transport nach Berlin. Die Diskette barg politisch brisante Fotos, auf denen der US-Präsident dem Kanzler demonstrativ den Rücken zukehrte, Beweise eines zerrütteten Verhältnisses. Nur leider, die Diskette verschwand, ebenso wie sonstiges Beweismaterial zu diesem Vorgang. Letzteres ging auf dem Dienstweg von der Bonner zur Berliner Staatsanwaltschaft verloren, Ersteres in Händen Andas, der sich um die Umstände des Verschwindens in groteske Widersprüche verwickelte. Zunächst gab er an, nichts von einer Diskette samt Kurierauftrag gewusst zu haben, später erinnerte er sich, der US-amerikanische Geheimdienst CIA habe in dem – bestens bewachten – Washingtoner Hotel über zwei alte Herren die Diskette klauen lassen. Der um seine Aufnahmen geprellte Fotograf klagte schließlich vor einem ordentlichen Gericht – und unterlag, da es nach Ansicht des Richters keine Amtspflicht des Regierungssprechers zum Transport von Foto-Disketten gebe, womit auch keine Amtspflichtverletzung vorliegen könne. In den widersprüchlichen Ausführungen Andas zum Sachverhalt habe »der Mensch« aus Herrn Anda gesprochen und für diesen gelte, so zitiert auch die *Süddeutsche Zeitung* vom 25. Januar 2005 aus dem Prozess: »Lügen ist nicht strafbar.« Von Andas Ressortsprechern sind ähnliche »Nicht-Amtspflichtverletzungen« für ihre Chefs nicht bekannt.

Nicht jeder der Zuhörer im Saal der Bundespressekonferenz darf eines der Mikrophone zu sich biegen und nachhaken. Dieses Recht hat nur, wer Parlamentskorrespondent ist und zu den etwa 900 Mitgliedern im Verein der Bundespressekonferenz zählt, die sich vorher einem strengen Auswahlregime unterziehen mussten. Für intimere Gespräche mit dem einen oder anderen Journalisten sitzen die Sprecher der Ministerien manchmal im Anschluss an die offizielle Pressekonferenz bei Latte Macchiato, Cappuccino oder einfach Milchkaffee an der Bar des Atriums. Minister oder Verbandsvorsitzende sieht man wesentlich häufiger vor den Mikrophonen der Radio- und TV-Journalisten im Atrium – und eine Stunde später in den Nachrichtensendungen.

Lobbyisten in der Bundespressekonferenz

Der große Saal der Bundespressekonferenz ist einer der ganz wenigen verbliebenen politischen Orte in der Mitte Berlins, bei denen Interessenvertreter von Verbänden oder Konzernen in der Regel vor der Tür bleiben müssen. Zum Eintritt in den Saal berechtigen ausschließlich die Mitgliedsausweise der Bundespressekonferenz, und die werden am Eingang kontrolliert. Auch diejenigen, die laut Visitenkarte als »Leiter Politik«, »Direktor Regierungskontakte«, »Bevollmächtigter für Regierungsangelegenheiten« oder »Leiter der Konzernrepräsentanz für Bundesangelegenheiten« die Strippen in die Politik ziehen, müssen normalerweise draußen bleiben. Allerdings, selbst dieses Refugium ist Lobbyisten nicht ganz verschlossen. Tritt ein Minister oder eine Ministerin mit einem speziellen Thema vor die Presse, dürfen auch Lobbyisten, die rechtzeitig einen Antrag auf Teilnahme stellen, in den Saal huschen und den Erläuterungen der Politiker lauschen.

Besonders viele Anträge hatte das Pressehaus während der umstrittenen Gesundheitsreform der rotgrünen Bundesregierung im Jahr 2003 zu bearbeiten. »Wenn Ulla Schmidt mit Einzelheiten vor die Presse trat, saßen die Pharmavertreter in den hinteren Reihen«, erinnert sich Thomas Wittke, Chefkorrespondent des *Bonner Generalanzeigers* in Berlin, der als Vorstand der Bundespressekonferenz regelmäßig Konferenzen leitet. »Die Lobbyisten verfolgten ohne Pause die Mimik von Ministerin Schmidt und ihre Stimme«, sagt Wittke. Ein veränderter Klang bei einer bestimmten Behauptung, ein plötzlicher Wechsel der Tonlage bei Nachfrage, jede Einzelheit wurde protokolliert und später akribisch nach Stärken und Schwächen analysiert. Analysiert wurde auch das Frageverhalten der anwesenden Redakteure, bestätigt ein Interessenvertreter, der anonym bleiben will. Welcher Journalist legte mit seinen Fragen den Finger auf wunde Punkte? Wer fragte besonders oft nach und was stand dann in seinem Blatt?

»Die Satzung der Bundespressekonferenz erlaubt Interessenvertretern, an Sachpressekonferenzen teilzunehmen«, sagt Vorstand Wittke. Anträge, diesen Paragraphen zu streichen, gab es bislang nicht. Das könnte sich ändern, wenn die Zahl der in der Bundespressekonferenz arbeitenden Nichtjournalisten so weit ansteigt, dass die verbliebenen Korrespondenten schon allein aus Imagegründen gegen jeden weiteren Zuzug medienfremder Berufe und Berufungen protestieren. Denn seit die Krise der Medien zu Anfang des Jahrtausends dafür sorgte, dass so mancher große Verlag und viele freie Korrespondenten aus Kostengründen das Pressehaus verlassen mussten, erobern Lobbyisten und PR-Berater diesen Hort früherer Exklusivität.

»Die knappen Budgets der Redaktionen führen zu Entlassungen und deutlich schlechteren Arbeitsbedingungen. In diesen Mangel stoßen PR-Berater und Lobbyisten mit ihren Angeboten«, sagt Klaus Kocks, Professor für Kommunikationsmanagement an der Fachhochschule Osnabrück und selbstständiger PR-Berater. Das Ergebnis ist in der Bundespressekonferenz zu besichtigen. Kanzleien mieten sich ein, Medienberater betreiben ihre Büros zwischen denjenigen der handverlesenen Journalisten. Zwar lehnt der Verein der Bundespressekonferenz PR-Veranstaltungen »im Interesse der Mitglieder« ab. Doch wer bestimmt im Einzelfall, wo die Grenze zwischen Journalismus und Public Relations liegt? Noch schwerer wird die Entscheidung, wenn sich Public Relations zu simuliertem Journalismus wandeln. Mit dem Geschäft, das Klaus Kocks betreibt, lässt sich gut Geld verdienen. Und es gibt viele, die das nutzen.

Kurze Wege und der Kontakt zu prominenten überregionalen Medien erscheinen auch den Inhabern des Medienbüros am Reichstag attraktiv, die in der Bundespressekonferenz für Logistikkonzerne lobbyieren. Wenn ein Kunde ein Anliegen hat, etwa vor die Presse treten will, eine Reise organisiert oder eine Geschichte in den Medien platziert werden soll, lassen sich dort unkompliziert Räume anmieten, in der journalistischen Nachbarschaft Themen unterbringen und Reiseteilnehmer gewinnen. Auch Schulungen in »Fragen des Lobbyings, der politischen Kommunikation und der Public Affairs« kann man im Pressehaus erhalten. NGO Consulting heißt das Unternehmen, das in der 5. Etage sitzt und das für Nichtregierungsorganisationen, Verbände und Institutionen politische Gesprächsrunden organisieren, Kontakte herstellen und Netzwerke aufbauen will. Geschäftsführerin ist eine Mitarbeiterin der Bundespressekonferenz. Für Vorstand Thomas Wittke ist das kein Problem: »Wir haben die Nebentätigkeit geprüft und ordnungsgemäß erlaubt.« Trotz der Legalität, die unzweifelhaft ist, bleibt ein schaler Geschmack. Wird auch die Bundespressekonferenz zum Hort von Lobbyisten?

Kaffeehaus-Lobbyismus

Das eigentliche Lobbygeschäft wird noch zum geringsten Teil in den Räumen der Bundespressekonferenz betrieben. Neben den Fraktionsebenen der Parteien im Reichstag, dem Parlament selbst, den Ministerien oder dem Kanzleramt sind Cafés, Hotel-Lobbys, Lounges und Restaurants, Dutzende allein in Mitte, die politisch-medialen Salons der jungen Hauptstadt.

Geradezu magisch zieht ein Ost-Ableger des legendären Café Einstein aus dem ehemaligen Westen Berlins seit seiner Eröffnung im Jahre 1996 Lobbyisten, Abgeordnete, Politiker und Journalisten an. Nicht nur, weil die Lage des Kaffeehauses getrost als brillant bezeichnet werden kann: Berlin-Mitte, Unter den Linden 42, Ecke Neustädtische Kirchstraße. Gleich um die Ecke liegt hinter Schutzpollern und Eisenpfählen die Botschaft der USA. Gute 300 Meter Fußweg sind es zum Pariser Platz, den zahlreiche Konzernrepräsentanzen säumen, und weitere geschätzte 200 Meter weiter liegt der Arbeitsplatz der Volksvertreter, der Reichstag. Gerade mal einen Häuserblock nordwestlich des Einstein, Unter den Linden 50, betreiben einige Dutzend der Bundestagsabgeordneten ihre Büros. Auch sie tauschen gerne zwischendurch für einen Kaffee ihren Bürostuhl mit einem Lederpolster im Einstein. Dazu kommt: Im Umkreis von einigen hundert Metern haben die großen Verlage und Fernsehanstalten der Republik ihre Büros eingerichtet. Redakteure von *Spiegel, Focus, Die Zeit, Handelsblatt, FAZ,* ZDF, ARD oder RTL zählen ebenfalls zu den Stammgästen im Kaffeehaus. Touristen verirren sich nur selten hierher, höchstens Promi-Gucker, die einen Blick auf die da in Berlin erhaschen wollen. Wer sich hier in den mit dunkelbraunem Nussbaumholz verkleideten Nischen an eckigen, schweren Marmortischen niederlässt und die an den vielen Zeitungshaltern reichlich vorhandenen Gazetten durchblättert, bis sein Gesprächspartner kommt, hat meist seine Aktentasche dabei. Ab sieben Uhr morgens serviert das Personal Latte Macchiato, dazu Obstsalat, Müsli, Croissants oder ein kräftiges Rührei mit Schinken.

Das Einstein sei so etwas wie sein Berliner Büro, sinnierte schon der CDU-Spitzenkandidat und spätere Gewinner der Landtagswahl in Nordrhein-Westfalen 2005, Jürgen Rüttgers, als er direkt nach einem Interview, das er an einem der Marmortische gegeben hatte, Alt-Bundeskanzler Helmut Kohl ins Café treten sah. Der CDU-Politiker Heiner Geißler war es, der das Einstein beim Umzug seines Polittrosses nach Berlin im Jahre 1999 entdeckte und mit den Worten »Es gibt nix Besseres« an seine Parteifreunde empfohlen haben soll.

Im Einstein wurde über den lange Zeit umstrittenen Rußfilter für Dieselfahrzeuge heftig debattiert. Einer der Protagonisten, Jürgen Resch, der Chef der Deutsche Umwelthilfe, stimmte hier schon mal bei Cappuccino die Strategie seiner Rußfilter-Kampagne ab. Oder man traf auf Repräsentanten des Ölmultis BP, die mit dem früheren Geschäftsführer der Niedersächsischen Energieagentur und jetzigen Chef der halbstaatlichen Deutschen Energieagentur, Stefan Kohler, im Kaffeehaus saßen und sich anhörten, warum sie in sein Unternehmen investieren sollten. Warum sie Projekte mitfinanzieren sollten, die gemeinsam mit dem Bundeswirtschafts-, Bundesfinanz- oder Bundesumweltministerium auf einen effizienteren Einsatz von Energie abzielten.

Auch an einem Dienstag Mitte Januar im Jahr 2005, halb zehn Uhr morgens, ist die Perle der Berliner Kaffeehauskultur trotz des sitzungsfreien Tages im Parlament gut besucht. Politiker, Manager und Pressesprecher plaudern angeregt miteinander, ein paar Journalisten sind unter ihnen. Der Darmstädter Finanzwissenschaftler Bert Rürup, der einen Tag zuvor zum Vorsitzenden des Sachverständigenrats der Bundesregierung berufen wurde und früher die Regierungskommission zur Reform der Sozialsysteme leitete, sitzt vor einem Kaffee. Ein paar Tische weiter verschlingt ein Abgeordneter aus dem Rheinland ein deftiges Schinkenfrühstück und blättert die mitgebrachten Zeitungen aus seiner Heimat durch: *Ruhrzeitung, Westdeutsche Allgemeine Zeitung, Bonner Generalanzeiger*. Am Nebentisch bemühen sich zwei Sprecher großer Wirtschaftsverbände um Diskretion. Sie fühlen sich offensichtlich von dem politischen Referenten der PDS-Landtagsfraktion im Brandenburger Parlament beobachtet.

Vielleicht ist es das sanfte Gewirr der Stimmen im Kaffeehaus-Ambiente, das Politiker aller Parteien gern durch die schmale Eingangstür schreiten lässt, die das Einstein vom touristischen Leben auf dem Boulevard Unter den Linden trennt. Sie laufen vorbei an riesigen Spiegeln, Sitzbänken und quadratischen Tischchen auf der rechten Seite, werfen einen diskreten Blick auf die Tisch-Nischen zur Linken. Am Beginn der meist sanft zischenden, langen schwarzen Kaffeebar werden sie vom Chef des Hauses, Gerald Uhlig, oder wenigstens vom Oberkellner freundlich diskret begrüßt und an einen der weiß gedeckten Tische im hinteren Raum geleitet. Dort hinten ist sogar für einen unauffälligen Fluchtweg gesorgt. Wer sich ungesehen zurückziehen will, kann dies durch eine der Fenstertüren tun, von denen nur Eingeweihte wissen, dass sie zwar geschlossen, aber nicht abgeschlossen sind. Der Charme des Einstein begründet sich in diesen Kleinigkeiten: Es ist nicht überladen, aber stilsicher und zweckmäßig. Sogar die Kanzlerin Angela Merkel fühlt sich in dieser Kaffeehaus-Atmosphäre wohl. Man trifft FDP-Parteivize Rainer Brüderle. Oder SPD-Bundesvorstand Hermann Scheer, Träger des alternativen Nobelpreises, beim Genuss seines »Großen Braunen«. Regelmäßig kommen der ehemalige stellvertretende SPD-Fraktionsvorsitzende Michael Müller und dessen Pendant bei Bündnis 90/Die Grünen, Reinhard Loske, vorbei. Überhaupt trifft man hier viele Politiker der Grünen, angefangen bei Renate Künast, die sich als Tee-Kennerin einen Namen gemacht hat, über den einstigen parlamentarischen Staatssekretär im Wirtschaftsministerium, Rezzo Schlauch, bis hin zu Parteichef Reinhard Bütikofer.

Wichtig zu wissen ist: Wer im Einstein sitzt, möchte gesehen werden. Jeder weiß: Hier bleibt nichts geheim. Vertrauliche Absprachen finden anderswo statt. Etwa gleich nebenan, im Restaurant Linden Life. Unten sitzt man ganz offen beim Lunch, in der oberen Etage gibt es jedoch einen Raum, der lange Zeit für vertrauliche Pressegespräche genutzt wurde. Die Windbranche übte dort regelmäßig Kritik an der Konkurrenz in Gestalt der scheinbar übermächtigen Stromkonzerne. SPD-Politiker stellten Studien vor und gaben ihre Strategien bekannt. Inzwischen ist es im Linden Life nicht mehr so richtig verschwiegen. Politiker, die sich schon mal unverhofft einem Journalisten gegenübersahen oder einen Kollegen trafen, haben sich inzwischen nach anderen, abgeschiedeneren Orten umgeschaut. Michael Müller zählt zu ihnen. Wo diese neuen Hinterzimmer sind, sagt keiner mehr. Dennoch werden sie bekannt. Denn der gewachsene politische Betrieb hat den Bedarf an Hinterzimmern steigen und damit die Wahrscheinlichkeit ihrer Entdeckung in die Höhe schnellen lassen. Als Geheimtipps werden im Sommer 2005 das russische Restaurant Pasternak am Kollwitz-Platz, das vietnamesische Bistro Monsieur Vuong in der Alten Schönhauser Straße oder die Bar Reingold in der Novalisstraße gehandelt.

Natürlich hat jede Tageszeit ihre Plätze. Wer morgens

schon früh auf den Beinen ist und zuschauen will, wie die Papiere der Abgeordneten für einen langen Sitzungstag im Parlament vorbereitet werden, sollte in einem der von den Berlinern als Touristen-Fallen gemiedenen Bistros frühstücken. Etwa im Café Lebensart, Unter den Linden 69 A, das von der Botschaft der Russischen Föderation und einem riesigen Berliner Bären – Maskottchen eines Souvenirtempels – gewissermaßen bewacht wird. Ab sieben Uhr gibt es im Café Lebensart Frühstück wie bei Muttern: dampfender Filterkaffee, Brötchen, Rührei und Marmelade. In einer Vitrine wartet Kuchen in reicher Auswahl. Nicht nur die Speisekarte unterscheidet sich von der gepflegten Nobelesse des Café Einstein, sondern auch das Mobiliar. Man sitzt nicht auf gepolstertem Leder, sondern in Korbstühlen mit stabilen metallischen Füßen. In den Sitzungswochen des Parlaments stimmen hier frühmorgens vorwiegend Referenten der Abgeordneten die Strategien fürs Plenum ab. Erforderliche Mehrheiten für Anträge werden nochmals durchgegangen. In der Nähe sitzen Professoren und Wissenschaftler, die ihren Gutachten den letzten Schliff geben und sich auf einen Tag mit Abgeordneten einstimmen, während der Kaffee langsam kalt wird.

Salons der Minister und Aspiranten

Etwas abseits des Boulevards Unter den Linden, tiefer im ehemaligen Ostteil der Stadt, hat die politische Szene einige Kleinode entdeckt. Minister, Parteivorsitzende und Abgeordnete aller Parteien lieben das 1999 eröffnete Speisezimmer der Österreicherin Sarah Wiener. Es liegt – versteckt – mitten im Zentrum der Macht, nämlich im zweiten Innenhof der Chausseestraße 8, und ist wochentags ab 9.00 Uhr geöffnet. Ex-Bildungsministerin Edelgard Bulmahn schaute regelmäßig vorbei, nicht nur, weil sie lediglich ein paar Schritte entfernt ihren Berliner Dienstsitz hatte. Auch der ehemalige Umweltminister und jetzige Fraktionsvorsitzende der Grünen, Jürgen Trittin, isst dort nicht nur gern zu Mittag, sondern lädt auch Journalisten zum »Gespräch unter Drei« ein. Dann hängt ein Schild an der gläsernen Eingangstür: »Geschlossene Gesellschaft«. Was bei solchen Hintergrundgesprächen »unter Drei« diskutiert wird, darf hinterher nirgendwo unter Bezug auf dieses Gespräch geschrieben werden, ebenso sind Namen und Zitate ein Tabu. Die von dem einladenden Minister und seinem Sprecher sorgfältig ausgesuchten Journalisten, die diesen Treffen beiwohnen dürfen, können aber für spätere Geschichten aus dem Pool von detaillierten Informationen und eigenen Gesprächseindrücken schöpfen. Für Minister selbst bieten diese geselligen Treffs die Möglichkeit, ganz neue Ideen vorzustellen oder Vorwürfen mit Argumenten zu begegnen, Szenarien durchzuspielen oder die Journalisten besser einschätzen zu lernen. Die grüne Parteispitze um Bütikofer und Claudia Roth lädt etwa einmal im Monat ebenfalls Journalisten ins Speisezimmer zum »Gespräch unter Drei« ein. Was wichtig ist: Die Gäste bleiben mit hoher Wahrscheinlichkeit ungestört. Nicht nur wegen des kleinen Schildchens an der Tür. Per Zufall findet nämlich kaum jemand den Weg ins Speisezimmer. Lediglich ein unscheinbares blaues Schild weist Unkundigen, die von der Friedrichstraße kommend stadtauswärts gehen, kurz nach dem Überqueren der Torstraße den Weg nach rechts in einen Hof, zu Sarah Wiener.

Von dort ist es nicht weit zur Zentrale der Liberalen. Die FDP-Spitze hat sich im ehemaligen Osten der Stadt niedergelassen, nur einen Steinwurf entfernt vom Haus der Bundespressekonferenz. Auch die Medientreffs, zu denen Guido Westerwelle und Wolfgang Gerhardt regelmäßig einladen, finden in Mitte statt, zum Beispiel im Cum Laude, neben dem ehemaligen Studentenkeller in der Humboldt-Universität. Allerdings, wenn es um wirklich Wichtiges geht, etwa um ausführliche Interviews oder die Abstimmung mit der Union für einen gemeinsamen Kandidaten für das Amt des Bundespräsidenten, da lädt der FDP-Bundesvorsitzende Westerwelle in seine Privatwohnung ein.

Von Angela Merkel sind derartige Einladungen in ihre Wohnung an der Museumsinsel nicht überliefert. Für Hintergrundgespräche, etwa zum Frühstück, lädt sie die Presse gern in die Vertretungen der Bundesländer zwischen Brandenburger Tor und Potsdamer Platz ein. Sie nutzt auch Restaurants in der Lützowstraße, die fußläufig von der CDU/CSU-Parteilzentrale zu erreichen sind. Und für ihre Neujahrsessen mit den Medien wechselt sie sogar Stadtbezirke und Nationalitäten. Mal geht es ins Chez Maurice im Prenzlauer Berg, mal ins Via Ludovico nach Wilmersdorf.

FDP und Union waren für Lobbyisten während Rotgrün allenfalls gut, um »Stimmungen« gegen Schröder zu erzeugen. Sie hatten im Spiel der Mächtigen aus Politik und Wirtschaft nur Statistenrollen. Aber schon in der Woche nach dem Regierungswechsel in Nordrhein-Westfalen und der Ankündigung von Neuwahlen auf Bundesebene standen die Lobbyisten vor den Büros der Unionspolitiker Schlange. Jeder wollte sich die *Pole position* im Umfeld einer neuen Regierung sichern. Es ging um Posten und Positionen. »Jetzt laufen alle mit einem Messer in der Tasche herum«, wusste ein langjähriger Politikbeobachter, der anonym bleiben will.

Von Bonn nach Berlin

Professionelle Interessenvertreter vergleichen den Regierungsumzug von Bonn nach Berlin gern mit einem politischen Quantensprung. Das Pflaster der Berliner Republik erscheint glatter als das des zumindest in der Erinnerung verklärten Bonner Idylls. In Berlin sind alle anwesend: Manager, Minister, Medien. Politik wird, da sind sich die Beobachter einig, in Berlin transparenter betrieben, sowohl offener als auch öffentlicher als vorher in der rheinischen Kleinstadt. Der Publizist Johannes Gross schrieb, Bonn habe den Begriff Hauptstadt auf das logische Minimum reduziert. Noch weniger wäre nicht denkbar gewesen, ohne dass die Bezeichnung Hauptstadt unanwendbar geworden wäre. »In Bonn konzentriert sich die politische Macht des Bundes, aber nur die des Bundes und nur die politische. Bonn ist ein Stück zusätzlicher informeller Gewaltenteilung, Machtverteilung und gehört damit zu den vielen Krisenstabilisatoren«, schrieb Gross in seinem Buch »Phönix in Asche«.[2]

Auch die Öffentlichkeit war eine andere. Bonn war nicht der Ort, an dem sich große, einflussreiche Verlage niederließen. Bonn, das war Ruhe, Idylle, Unter-sich-Sein, Westbindung. Der Regierungsumzug nach Berlin, in die alte und neue Hauptstadt, in die Metropole an der Spree, lässt die politische Klasse der Bundesrepublik schon fünf Jahre später weltoffener und souveräner erscheinen. Das erwachte Selbstbewusstsein zeigt sich nicht nur in der weitläufigen Architektur der neuen Gebäude von Parlament und Regierung, sondern auch im Stil der Kommunikation von Abgeordneten, Parteipolitikern, Interessenvertretern und anderen Akteuren. Die Kontakte mit der Ministerialbürokratie, mit Konzernen, Institutionen und Wirtschaftsverbänden werden intensiver gepflegt. Besprachen Verbandsvertreter früher ihre Anliegen mit den Abgeordneten bei Hintergrundgesprächen oder dem abendlichen Bier in einer der einschlägigen Bonner Kneipen, so trifft man sich heute in den beschriebenen Kaffeehäusern, Speise- oder Hinterzimmern, aber auch in Politischen Salons, von de-

2 Johannes Gross: Phönix in Asche, Stuttgart 1989, S. 40f.

nen auch im sechsten Jahr nach dem Umzug immer mehr entstehen.

Das Gewerbe der Interessenvertretung ist quantitativ mächtig angewachsen – und hat einige neue Spezies hervorgebracht: belagernde oder elitäre Lobbyisten, Kontakte vermittelnde Public-Affairs-Berater oder willige Rechtsanwälte. Einige von ihnen verbuchen in Berlin spektakuläre Erfolge, andere unsichtbare Niederlagen. Die Medien haben ein gesteigertes Interesse daran, Themen zu dramatisieren. Als Kronzeugen für gewollt inszenierte Dramen treten Politiker der dritten oder vierten Reihe auf – Hauptsache, die Story stimmt. Randbemerkungen werden aufgeblasen – Hauptsache, der Nachrichtenticker springt an. Die komplizierten formaldemokratischen Entscheidungsverfahren – Referentenentwurf, Anhörung, Kabinettsbeschluss, Bundestagslesung, Bundesrat und Vermittlungsausschuss – werden in den Medien kaum noch vermittelt. Wie viel Demokratie passt in eine Spalte mit 100 Zeilen, wenn die Story »knallen« muss? Die Gremien- und Ausschussdemokratie kollidiert mit dem Bedürfnis nach schnellen Geschichten und Fakten. Und dennoch laufen die demokratischen Prozesse formal genauso ab wie früher in Bonn.

Die Wirtschaft beschreitet in dieser immer komplexeren und von gegensätzlichen Interessen geprägten Welt neue Wege der Kommunikation. Vor allem die großen Konzerne fühlen sich von dem eingespielten und ritualisierten Interessenabgleich durch Wirtschaftsverbände immer weniger ausreichend vertreten – und schicken deshalb eigene Lobbyisten ins politische Berlin. Die Politik nutzt diese Interessenvertreter als Zulieferer für Ministerialbürokratie und Abgeordnete, als Faktensammler und als Rechercheure, da sie Zugang zu internen Bilanzen und Stimmungen haben.

Die Belagerer

Die Konzerne lassen sich ihre politische Einflussnahme einiges kosten. Zwar mag keiner eine genaue Kosten-Nutzen-Analyse aufmachen. Doch vorsichtigen Schätzungen zufolge investieren die Konzerne jeweils kaum weniger als 500 000 Euro pro Jahr allein in ihre Repräsentanzen.

In einigen Branchen lässt sich an den Adressen der Konzernrepräsentanzen sogar ein internes Ranking ablesen. So residiert Deutschlands größter Energiekonzern, der »rote Riese« E.on, unter der Adresse: Unter den Linden 38. Der ehemalige Chef der Repräsentanz, Guido Knott, der mittlerweile als Pressesprecher und Leiter des Geschäftsbereiches »Kommunikation und Politik« der Tochter E.on Energie in München die Strippen zieht, erzählt gerne die Anekdote, dass unter der Berliner Repräsentanz ein mächtiges Braunkohlenflöz entdeckt wurde, das dem Konzern, der sein Geld vorwiegend mit Atom- und Steinkohlekraftwerken sowie Erdgas verdient, als »eiserne Reserve« dienen könne. So auskunftsfreudig gibt sich Knotts damaliger Chef, E.ons Cheflobbyist und Generalbevollmächtigter Gert von der Groeben, höchst selten. Er ist bestens mit der SPD vernetzt und gilt als der Einflussreichste unter den Interessenvertretern der Energiewirtschaft.

Als sich Ende Januar 2005 die Vorstände der vier großen Energieversorger im Rahmen der Novelle des Energiewirtschaftsgesetzes ein weiteres Mal mit Wirtschaftsminister Wolfgang Clement trafen, um »geeignete« Rahmenbedingungen für eine mögliche Investitionsoffensive einzufordern, vertrat von der Groeben sogar seinen Vorstandsvorsitzenden Wulf Bernotat. Dass sich der Einfluss von der Groebens unter Bundeskanzlerin Angela Merkel entscheidend verringert, ist nicht zu erwarten. Er pflegt längst belastbare Kontakte zur Union – und kann sich zudem auf seine Vertrauten beim Koalitionspartner SPD verlassen.

Gleiches gilt für Wilfried Czernie. Seit 2003 ist der in der Energieszene als graue Eminenz bekannte Ruhrgas-Lobbyist als Generalbevollmächtigter für Wirtschafts- und Energiepolitik in der Repräsentanz des Düsseldorfer Energiekonzerns anzutreffen. Czernie, der sich in der Presse mit »Man muss fair und offen sein. Tricks und Inkompetenz darf es nicht geben« zitieren lässt, hat weit reichende Erfahrungen auf beiden Seiten des Schreibtisches gesammelt. Anfang der siebziger Jahre arbeitete er im Pariser Umwelt- und Energiedirektorat der OECD, später in der Energieabteilung des Bundeswirtschaftsministeriums in Bonn. Seine Kontakte in das Berliner Ministerium scheinen nicht weniger effizient zu sein, bestätigen dort Beschäftigte, die nicht genannt werden wollen.

Die Repräsentanzen der drei Konkurrenten, die zusammen mit E.on vier Fünftel der Stromerzeugung in Deutschland beherrschen, sind beinahe entsprechend dem Ranking am Energiemarkt auf der Friedrichstraße aufgereiht. Die Nummer zwei am Markt, RWE aus Essen, residiert in Sichtweite des Marktführers. Beinahe konkurrenzlos ist der Rundum-Blick über die Hauptstadt, den die Repräsentanz in der vorletzten Etage des gläsernen Internationalen Handelszentrums in der Friedrichstraße 95 zu bieten hat. Dort arbeitete beispielsweise Henning Rentz, ausgewiesener Umweltexperte, der vor einigen Jahren aus selbigem Bundesministerium zum Energiekonzern wechselte und seitdem an dessen klimapolitischem Image feilt. RWE erzeugt seinen Strom vor allem in Braunkohlenkraftwerken. Einige von ihnen sind schon 30 Jahre in Betrieb und deshalb besonders ineffizient und klimaschädlich. RWE ist Europas größter Treibhausgasemittent. Als die Politik beschloss, den Unternehmen künftig Erlaubnisscheine für den Ausstoß des Treibhausgases Kohlendioxid zuzuteilen, lud Rentz Wissenschaftler, Abgeordnete und Vertreter der Ministerien zu Hintergrundgesprächen ein. Schließlich hatte RWE ein verständliches Interesse, möglichst viele Erlaubnisscheine zugeteilt zu bekommen. Unterstützt wurde er vom Leiter der gesamten RWE-Konzernpolitik, Volker Heck. Der langjährige RWE-Mitarbeiter gilt neben E.ons Gert von der Groeben in der Energiebranche als besonders einflussreicher Strippenzieher.

Einer der beiden Anwärter auf den inoffiziellen Titel »Nummer drei« im Ranking der Großen ist die Energie Baden-Württemberg (EnBW) aus Karlsruhe. Der Konzern, der Jörg Kachelmanns Wetterprognosen in der ARD mit Werbespots der Strommarke »Yello« einrahmt und die Fußball-WM 2006 sponsert, hat in einem Eckgebäude aus Glas und Stahl am Ufer der Spree, an der Ecke Schiffbauerdamm 1/Friedrichstraße 136, seine Repräsentanz bezogen. Gerhard Schröder hat sie persönlich eingeweiht. Gern wird auf die unmittelbare Nähe zum traditionsreichen Berliner Ensemble verwiesen. Der Konzern, dem Vorstandschef und Schröder-Freund Utz Claassen das Image eines wettbewerbsfreundlichen und damit »des etwas anderen« Energieversorgers aufsetzen will, hat einen Journalisten an die Spitze des Berliner Politik-Geschäfts gesetzt: Ex-*Spiegel*-Redakteur und Schröder-Porträtierer Jürgen Hogrefe. Claassen soll Hogrefe, der auch als Korrespondent in Israel arbeitete, auf einer Reise in den Nahen Osten kennen gelernt und beinahe noch an Bord des Flugzeugs engagiert haben, kolportiert die Konkurrenz, die den Branchenfremden argwöhnisch beobachtet und prophylaktisch weitgehend isoliert hat.

Weiter nördlich, vorbei an Sarah Wieners Speisezimmer, dort, wo die Mitte Berlins in den Wedding übergeht und die Friedrichstraße längst Chausseestraße heißt, hat der ostdeutsche Braunkohlenverstromer Vattenfall Europe, Konkurrent von EnBW im Ringen um Platz drei, seine Konzernholding in einem architektonisch ansehnlichen Neubau eingerichtet. Auch nach Einbruch der Dunkelheit lohnt es sich, einen Blick auf das Gebäude zu werfen: Dann nämlich laufen Spots und Kurzfilme von Kunststudenten über die Außenfassade. Dass die Geschäfte Vattenfall Europes mit den politischen und gesellschaftlichen Akteuren gut laufen, dafür soll Rainer Knauber als »Leiter Politik und Gesellschaft« sorgen. Ebenso wie von der Groeben bei E.on und Rentz bei RWE kennt auch Knauber das politische Geschäft und die Ministerialbürokratie aus eigener Erfahrung. Bevor er zum Energiekonzern Vattenfall Europe wechselte, sprach er für den glücklosen Bundesverkehrsminister Reinhard Klimmt.

Komplettiert werden die Repräsentanzen der Elektrizitätsfürsten von Werner Müllers Energie- und Chemiekonzern RAG mit Sitz in der Friedrichstraße 171. Der Leiter der Konzernrepräsentanz, Thomas Chusit, hat seine Strategie bereits öffentlich kundgetan: »Nur wer zuverlässig ist und Fairplay betreibt, kann erfolgreich sein«, sagte Chusit, der als Urgestein der RAG bekannt ist, 2003 dem Fachmagazin *Politik und Kommunikation*. Unumstritten einflussreichster Strippenzieher der RAG dürfte allerdings der Chef selbst sein – Ex-Bundeswirtschaftsminister Müller, der auch zarte Bande zur Union pflegt und auf der Bilanzpressekonferenz am 1. Juni 2005 mit Blick auf die vorgezogene Bundestagswahl prophylaktisch verkündete, er könne die Forderungen von CDU und FDP nach Beendigung der Kohlesubventionen mittragen.

Die Lobbyachse der Energieversorger kreuzt an der Ecke Unter den Linden/Friedrichstraße das Zentrum der Automobilkonzerne. An der Stelle, an der einst einige Dutzend alter Berliner Bürgerhäuser standen, die im Zweiten Weltkrieg zerstört wurden, glänzt heute die Repräsentanz des Volkswagen-Konzerns: Unter den Linden 21, das so genannte Lindencorso. Dort präsentiert der Konzern im Erdgeschoss auf mehreren tausend Quadratmetern seine Autos, zu denen heute neben traditionellen Modellen wie

Golf oder Passat auch die Marken Bentley und Bugatti zählen. Ins Lindencorso lädt Volkswagen beispielsweise ein, um im Forum für Nachhaltige Entwicklung der Deutschen Wirtschaft mit Namen »econsense« über ebenjene nachhaltige Entwicklung zu diskutieren. In so genannten »Werkstadtgesprächen« wolle man den »intensiven Dialog mit zentralen Akteuren unserer Gesellschaft« führen, hieß es in einer weiteren Einladung zu einer Veranstaltung. Mit den »zentralen Akteuren« waren vor allem leitende Mitarbeiter des Medienkonzerns Bertelsmann, des Pharmaunternehmens Bayer und eben auch von Volkswagen selbst gemeint.

Ganz ohne Autosalon betreibt die Münchner BMW Group ihre politische Vertretung im Haus Unter den Linden 42. Immerhin, sie liegt fußläufig nur etwa zehn Minuten entfernt von dem in der hippen Szene geliebten *Showroom* der britischen Marke Mini. Der Leiter des Konzernbüros, Heinrich Timmerherm, Bevollmächtigter des Vorstandes der BMW AG, hat sich auf seine Lobbyarbeit mehr als zwei Jahrzehnte in der Bundespolitik vorbereitet. Er erlernte und betrieb das politische Handwerk zunächst mehr als zehn Jahre lang in der CDU/CSU-Bundestagsfraktion, als wissenschaftlicher Mitarbeiter des Abgeordneten Dieter Schulte, dem ehemaligen parlamentarischen Staatssekretär im Verkehrsministerium. Später wechselte der Politikprofi ins Bundesministerium für Verkehr, bevor er bis 2002 als Leiter External Affairs Deutschland bei Adtranz-Daimler Chrysler Rail Systems Erfahrungen sammelte, die ihm jetzt bei BMW von Vorteil sind. Sein Netzwerk, parteipolitische Neutralität und die intime Kenntnis der Arbeitsweisen von Parteien, Ministerien und Unternehmen, sagt Timmerherm, seien seine Schlüssel zur erfolgreichen Interessenvertretung.

Ganz in der Nähe der Automobilkonzerne residiert die Deutsche Bank. Die Repräsentanz der größten deutschen

Bank zählt heute wie früher zu den beeindruckendsten Konzernbauten in Berlin. Zu erreichen ist sie durch mehrere unauffällige Türen einer Nebenstraße, der Charlottenstraße. Lädt die Bank zu einem Empfang ein, geleitet ein livrierter Türsteher den Weg ins Innere des Gebäudekomplexes, dessen überdachten Innenhof die Mächtigen aus Politik, Medien und Wirtschaft gut kennen: Lars Göran Josefsson verkündete hier vor vielen Herren in dunklen Anzügen die Expansionspläne seines schwedischen Energiekonzerns Vattenfall in Deutschland, Wolfgang Clement überraschte Verbandsfunktionäre, Wirtschaftsbosse und Banker Ende Februar 2005 mit der Feststellung, dass das Gerede von Deutschland als »kranker Mann Europas totaler Unsinn« sei.

Einen Blick in den riesigen überdachten Innenhof der Bank kann werfen, wer das Café im ersten Stock des Museums Deutsche Guggenheim besucht, ein Joint Venture zwischen der Deutschen Bank und der Solomon R. Guggenheim Foundation. Die Ausstellungshalle befindet sich Unter den Linden 13/15 im Erdgeschoss des 1920 erbauten Sandsteingebäudes der Deutschen Bank. Nach Entwürfen des US-amerikanischen Architekten Richard Gluckman entstand eine 510 Quadratmeter große, klar strukturierte Galerie, die in der Tradition weiterer renommierter Museumsbauten Gluckmans wie dem Dia Center for the Arts in New York und dem Andy-Warhol-Museum in Pittsburgh steht. Vom Ausstellungsraum führt eine Treppe zum Museums-Shop und zum Café Kaffeebank, mit Blick in den Hof.

In der Französischen Straße 33 a-c lädt die Deutsche Telekom gern zu opulenten Empfängen in ihre prächtige Repräsentanz ein. Bundeskanzler Gerhard Schröder schaute hier öfter vorbei, seit er im Februar 2002 persönlich zur Eröffnung im ehemaligen »Kaiserlichen Haupttelegraphenamt« erschienen war und in seiner Rede Deutschland als eines der Länder mit dem dichtesten Mobilfunknetz feierte.

Zuletzt ließ sich Schröder als Kanzler dort am 18. April 2005 im Kreise seiner »Partner für Innovationen« blicken, unter ihnen Telekom-Chef Kai-Uwe Ricke, Unternehmensberater Roland Berger, Lufthansa-Vorstandschef Wolfgang Mayrhuber, IBM-Deutschland-Geschäftsführer Johann Weihen und ThyssenKrupp-Vorstandschef Ekkehard Schulz. Sie alle wollten »in Deutschland ein neues Klima für Innovationen« schaffen und »das Vertrauen in die Leistungsfähigkeit unseres Standortes« stärken.

Die Präsenz des Bundeskanzlers im Kreise selbst ernannter innovativer Unternehmen zeigte, dass Lobbyismus im Jahre 2005 viel mehr war als reine Politikberatung. Diese Meinung vertrat schon Karlheinz Maldaner, der 1998 vom Büro des SPD-Fraktionsvorsitzenden Hans-Ulrich Klose in die Berliner Telekom-Vertretung und sechs Jahre später weiter zur RAG-Tochter Degussa wechselte. Nötig sei ein »intensiver Dialog«, verkündete der umtriebige Maldaner bei der Einweihung seines neuen Büros bei Degussa in der Friedrichstraße 171 – als Nachbar der RAG. Inzwischen hat Peter Heinacher, Cheflobbyist der Deutschen Telekom, Verstärkung aus der Wirtschaftspresse in der Nachbarschaft rekrutiert: zwei Journalisten vom *Handelsblatt*.

Beinahe schon am Rande der Berliner Mitte haben sich jene zusammengetan, die in den ersten Jahrzehnten der Bundesrepublik unbestritten zu den einflussreichsten Lobbyisten gehörten: die Spitzenverbände der Wirtschaft. Ein »Haus der Wirtschaft« haben sich der Bundesverband der deutschen Arbeitgeberverbände (BDA) und der Bundesverband der Deutschen Industrie (BDI) erbaut. Traditionell ist der BDA für die Tarifpolitik und der BDI für die allgemeine Wirtschaftspolitik zuständig. Aber je nachdem, wer gerade an der Spitze steht und die Geschäfte lenkt, konkurrieren die beiden Verbände durchaus miteinander. Zeitweilige Spekulationen, sie würden fusionieren, sind schon länger wieder verstummt, und so wird man sich nach der

Anmeldung beim Pförtner und dem Gang durch einen großen Lichthof auch weiterhin am Empfang entscheiden müssen: Links geht es zum BDI, rechts zum BDA. Doch vom Glanz der alten Tage ist wenig geblieben. Trat früher kein wichtiges Gesetz in Kraft, ohne dass der BDI seine Meinung kundgetan und auch die eine oder andere Änderung durchgesetzt hatte, findet heute immer häufiger eine gezielte Kommunikation von einzelnen Unternehmen mit der Politik statt. Deshalb haben traditionelle Lobbyisten wie BDI, BDA und andere Verbände an Einfluss verloren, was auch eine Umfrage unter 200 Hauptgeschäftsführern belegt, die von der Berliner Public-Affairs-Agentur Plato Kommunikation vor zwei Jahren veröffentlicht wurde.

Die Mittler

Auf dem Spaziergang durch das politische Berlin fällt auch eine vergleichsweise junge Spezies der Interessenvertretung auf: Public-Relations- und Public-Affairs-Agenturen. Die selbst ernannten Mittler, die mehreren Unternehmen zugleich zuarbeiten, haben sich in gebührendem Abstand zum Regierungsviertel, meist am Rande des Bezirks Mitte, angesiedelt. Zu übersehen sind sie nicht, denn ihre Zahl wächst. Immer mehr Unternehmen, aber auch Ministerien, überlassen ihre Beziehungs- und Imagepflege solchen professionellen Mittlern – auch wenn deren Dienstleistung einiges kostet. Eine Umfrage unter siebzig deutschen Unternehmen, durchgeführt von der CDU-nahen Agentur Publicis Public Relations, die in demselben Hof wie Sarah Wieners Speisezimmer in der Chausseestraße 8 residiert, ergab folgendes Ergebnis: 63 Prozent der Befragten gaben an, sie würden mehr Zeit und Geld in ihre politische Arbeit investieren als im Vorjahr. Schwerpunkt bleibe die Wirtschaftspolitik, die 84 Prozent der Befragten als vorrangig einstuften. Auf den weiteren Plätzen folgten Steuerpolitik (79 Prozent), erst dann Umwelt- und Arbeitsmarktpolitik (je 57,9 Prozent).

Als ein unbestrittenes Schwergewicht unter den Mittlern hat sich die WMP Eurocom in der Sichtweite früherer Berufskollegen angesiedelt – die auch heute noch zu den wichtigsten Verbündeten im Geschäft des Strippenziehens zählen. Die Agentur WMP – das Kürzel steht für »Wirtschaft Medien Politik« – gehört den beiden früheren Chefredakteuren Hans-Hermann Tiedje und Hans-Erich Bilges, die ihre Büros in der Alten Jacobstraße, in fußläufiger Entfernung zum Axel-Springer-Verlag, betreiben und dabei ihre Kontakte aus früheren Zeiten als »Brücke in die Öffentlichkeit« vermarkten.

Am östlichen Rand der Mitte, in der Lokfabrik in der Chausseestraße 8, hat sich eine bekannte Werbeagentur niedergelassen, die auch im Bereich Public Affairs zu den ganz Großen in Deutschland gehört: Scholz & Friends. Chef Thomas Heilmann (CDU) gilt als Vertrauter von Angela Merkel. Im Tagesgeschäft kreieren seine *Spin doctors* ausgeklügelte Botschaften und Kampagnen, unter anderem für die wirtschaftsnahe Initiative Neue Soziale Marktwirtschaft und den Arbeitgeberverband Gesamtmetall. Ebenso wollen sie Fußballfans weltweit davon überzeugen, dass »Deutschland – Land der Ideen« ist.

Konkurrenz im Bereich professioneller Public-Affairs-Agenturen gibt es genügend. Etwa die Düsseldorfer Agentur Kohtes & Klewes. Sie betreibt ihr Berliner Büro nahe des Gendarmenmarktes, am Hausvogteiplatz 2. Die Public-Affairs-Unit der Agentur organisiert »von der kommunalen bis zur internationalen Ebene den Dialog zwischen Gesellschaft und Politik«, ist auf der Homepage nachzulesen. Zu den Strippenziehern mit exzellenten Kontakten in die Bundes- und Landespolitik gehören zwei Ex-Politiker, die ihre Posten damals in nicht uneingeschränkter Harmonie räumten: der ehemalige Europa-Abgeordnete und Europaminister aus Nordrhein-Westfalen, Detlev Samland, und der ehemalige Berliner Stadtentwicklungssenator Peter Strieder. Jetzt nutzen sie ihre prall gefüllten Adressbücher und Notizkalender, um Unternehmen, Organisationen und Institutionen dabei zu unterstützen, »ihren Interessen im politischen und gesellschaftlichen Raum Gehör zu verschaffen und Gewicht zu geben«.

Wie das gelingt, zeigte sich Ende des Jahres 2002, als Samland seinen direkten Draht ins Kanzleramt sowie ins Wirtschaftsministerium nutzte. Nach seiner Intervention setzte sich Schröder rechtzeitig vor der Brüsseler Entscheidung zum europaweiten Handel mit Emissions-Erlaubnisscheinen nochmals persönlich für die Wünsche einiger Konzerne ein. Samland selbst hat diese Vorgänge nie erwähnt – schließlich ist die Diskretion oberstes Gebot. Doch Insider wussten, dass Samland kein Interesse daran haben konnte, dass die Richtlinie am 10. Dezember 2002 in Brüssel verabschiedet würde. Darin wurde festgelegt, wie viele Tonnen Kohlendioxid deutsche Industriebetriebe und Energieerzeuger von 2005 an in die Atmosphäre blasen dürfen. Wer seine genau errechnete Menge überschreiten will, muss sich das Recht dazu erkaufen. Und zwar von jenen Unternehmen, die ihre Mengen nicht ausnutzen. Dadurch soll ein Handel mit Emissionsrechten entstehen, der für Unternehmen, die die Atmosphäre mit besonders viel Klimagas aufheizen, teuer werden könnte. Deutschlands Energiekonzerne, die aus Braunkohle Strom erzeugen, gehörten deshalb zu den Gegnern des Emissionshandels – und zu Samlands Auftraggebern.

Zunächst lief es für Samlands Klienten gut. Kanzler Schröder schrieb an den Präsidenten der EU-Kommission, Romano Prodi: »Ich halte es deshalb für dringend erforderlich, dass der Emissionshandel entsprechend unserem Vorschlag so ausgestaltet wird, dass er der europäischen

Industrie die notwendige Flexibilität einräumt ...« Die Argumente im Brief glichen denen von Samland, hieß es in Berlin. In Brüssel überzeugten sie am Ende jedoch nicht. So wurde die Richtlinie verabschiedet, und der Handel mit Emissionszertifikaten begann am 1. Januar 2005.

Gut im Geschäft bei Bundesministerien und nachgeordneten Einrichtungen wie der halbstaatlichen Deutschen Energieagentur sind auch die Agenturen Hill & Knowlton Communications GmbH & Co. KG, die in der Friedrichstraße 76 sitzen, sowie fischerAppelt, zu finden in der Tucholskystraße 18, die unter anderem für die »Partner für Innovation« Gipfel mit dem Bundeskanzler organisierten.

Die Elitären

Früher begann der Boulevard Unter den Linden am Berliner Schloss, also dort, wo heute die Reste des Palasts der Republik stehen. Das erste Haus am Fuß des Boulevards war die Kommandantur an der Puppenbrücke über die Spree. Erbaut wurde sie im Jahr 1655 von Johann Gregor Memhardt, dem damaligen Städte- und Festungsbaumeister des Großen Kurfürsten, und mehrere Generationen später, im Jahr 1800, fiel das Haus an den Staat. Danach diente es, aus- und umgebaut, als Sitz des Berliner Militärbefehlshabers, denn das Gebäude mit der Hausnummer 1 lag hervorragend, um das gegenüberliegende Waffenarsenal im Zeughaus sowie das auf der anderen Seite der Spree liegende königliche Schloss zu schützen. Im Krieg zerstört, wurde es erst 50 Jahre später, nach der Wiedervereinigung, wieder errichtet – und zwar vom Bertelsmann-Konzern. Die Fassade entspricht dem früheren Original und erstrahlt in so hellem Weiß, dass der Medienkonzern schon mal Werbung darauf projiziert und beispielsweise für die Sängerin Dido wirbt, die bei der Tochtergesellschaft BMG unter Vertrag steht.

Am anderen Ende des Boulevards schlägt heute das Herz der Berliner Mitte. Dort liegt der etwa 1,5 Hektar große, quadratische Pariser Platz, der erst 1734 angelegt und peu à peu mit verschiedenen Palais umbaut wurde. Unter anderem lebten dort im 19. Jahrhundert der Dramatiker August von Kotzebue, auch der preußische Staatsminister Friedrich Karl von Savigny und der Komponist Giacomo Meyerbeer. Max Liebermann hatte von 1893 an sein Zuhause gleich neben dem Brandenburger Tor, weil sein Vater, ein Unternehmer, ein Haus zwischen Monument und Dresdner Bank erworben hatte. Noch heute trägt es seinen Namen, auch wenn im Liebermann-Haus die Berliner Bankgesellschaft sitzt.

Zwischen all den Bürgerlichen und Adeligen fühlten sich seit jeher auch Diplomaten vieler Länder wohl, und nach der Wiedervereinigung liebäugelten die US-Amerikaner wieder mit einer Botschaft am Pariser Platz – und sicherten sich die Hausnummer 2. Nach jahrelangen Diskrepanzen mit dem Berliner Senat um eine angemessene Sicherung ihres Gebäudes legten der damalige US-amerikanische Botschafter in Deutschland, Daniel Coats, und Berlins Regierender Bürgermeister Klaus Wowereit schließlich im Oktober 2004 den Grundstein für die neue US-amerikanische Botschaft in der deutschen Hauptstadt, die sich nun südlich an das Brandenburg Tor anschließen soll. In der Nachbarschaft der US-Amerikaner hat sich eine illustre Gesellschaft von Konzernen, Banken und Botschaften niedergelassen. Der Ölmulti Deutsche BP, Pariser Platz 3. Der Chemiekonzern Bayer, Pariser Platz 3. Die Versicherung Allianz Group, Pariser Platz 6. Die Dresdner Bank, Pariser Platz 6a. Die Allgemeine Hypothekenbank Rheinboden, Pariser Platz 6a. Der Technologie- und Rüstungskonzern Diehl, ebenfalls Pariser Platz 6a. Auch das Berliner Büro des *Spiegel*-Verlags residiert bald dort. Künftig wird die Redaktion aus den obersten zwei Etagen der Hausnummer 4a über das Brandenburger Tor blicken können.

Nicht weit entfernt steht eines des berühmtesten deutschen Hotels, das Adlon. 1905 Unter den Linden 77 errichtet, diente es nach dem Krieg zunächst als Lazarett und wurde wieder als Hotel genutzt, bis in den frühen Siebzigern ein DDR-Lehrlingswohnheim daraus wurde. Zur Neueröffnung im Sommer 1997 standen die Schaulustigen Schlange, um einen Blick in das traditionsreiche Grandhotel zu werfen. Für verschwiegene Treffen ist die Nobelherberge wie geschaffen: Dicke Teppiche dämpfen schon im Eingang die Schritte, getäfelte Wände verschlucken die Worte, verwinkelte Flure sorgen dafür, dass sich Gäste nur selten unverhofft über den Weg laufen. Im Adlon finden beispielsweise besonders exklusive Kontaktveranstaltungen des »Collegiums« statt. In dieser Vereinigung haben sich rund vierzig Konzernlobbyisten zusammengefunden, die monatlich Minister, Staatssekretäre oder Abgeordnete einladen, um hinter geschlossenen Türen ihre Anliegen vorzutragen. Besonders beliebt in der politischen Szene ist der traditionelle Weihnachtspunsch einiger Konzerne, der jährlich im Kaminsaal des Adlon stattfindet.

Das parlamentarische Hinterzimmer

Herrschaftlich geht es auch am Sitz der Deutschen Parlamentarischen Gesellschaft am Ebertplatz 2 zu. Das Haus mit der historischen Fassade aus schwerem Stein steht an der Ostseite des Reichstags, direkt an der Spree. 1902 wurde es als Palais des Reichstagspräsidenten gebaut und durch einen Tunnel mit dem Reichstag verbunden, durch den die Brandstifter des Reichstagsbrandes 1933 entkamen. Die bewegte Geschichte des Palais könne als politische Allegorie der jüngeren deutschen Geschichte gelesen werden, sagte Bundestagspräsident Wolfgang Thierse 2001 in seiner Laudatio zum 50-jährigen Bestehen der Deutschen Parlamentarischen Gesellschaft. Jenes Gebäude, das sich bereits in der Weimarer Republik zu einem außerparlamentarischen Treffpunkt von Abgeordneten und Fraktionen entwickelte. Als der letzte demokratische Reichstagspräsident Paul Löbe 1932 sein Amt an Hermann Göring abgeben musste, verwaiste das Haus, weil der neue Reichstagspräsident das Palais nicht als Wohnung nutzen wollte. Das Gebäude wurde nach der 1949 besiegelten Teilung Deutschlands zunächst Sitz des Instituts für Marxismus-Leninismus, dann des VEB Schallplatte.

Gerüchten zufolge begann der DDR-Staatssicherheitsdienst seine Abhörversuche über die Mauer aus diesem Haus. Nach den staatlich organisierten Lauschangriffen einer Diktatur ist das ehrwürdige Haus nun zum Ort des vertrauensvollen Gesprächs demokratisch gewählter Volksvertreter geworden. Denn hinein dürfen – streng genommen – ausschließlich Mitglieder der »Parlamentarischen«, das sind Bundestags- und Landtagsabgeordnete sowie Diplomaten, die mindestens 100 Euro Jahresbeitrag zahlen. Mandatsträger aller Parteien sagen, das Haus biete den Abgeordneten fern der Familie ein bisschen Nestwärme. Dazu trägt auch bei, dass die verschiedenen Säle des Hauses nach den sechzehn Bundesländern benannt sind. Bundestagsabgeordnete nutzen diese Räume gerne, um die Abgesandten ihres Wahlkreises zumindest symbolisch in heimischen Gefilden zu empfangen.

Abgesehen davon nutzen die Parlamentarier ihre Gesellschaft, um den freien Meinungsaustausch jenseits der Parteibücher zu pflegen und Wunden parlamentarischer Auseinandersetzungen heilen zu lassen. Schon in Bonn hatten in den Räumen der Parlamentarischen Gesellschaft Politiker wieder zueinander gefunden, unter ihnen Herbert Wehner und Ludwig Erhard, aber auch Graf Lambsdorff und Franz-Josef Strauß: Nach einem heftigen politischen Schlagabtausch im Plenum verabredeten sie sich spontan zum Versöhnungsessen in der Deutschen Parlamentarischen Gesellschaft. Damals wie heute hocken in der Kneipe des Hauses vor allem Politiker, die das Unter-sich-Sein schätzen. Niemand versteht einen Abgeordneten besser als ein Abgeordneter. Unter Gleichen besteht eben keine Gefahr, dass am Nebentisch Journalisten oder Lobbyisten sitzen, die auf eine Gelegenheit zur Kontaktaufnahme warten. Diese Abgeschiedenheit ist auch der Grund dafür, dass die Bundestagsfraktionen gerne strittige Themen hinter den dicken Mauern am Ebertplatz verhandeln. Beispielsweise einigten sich hier die Fraktionsspitzen von SPD und Grünen am frühen Morgen des 10. März 2005 um 5.05 Uhr auf einen Kompromiss zur Reform des Energiemarktes – nach einem zehnstündigen Verhandlungsmarathon.

Anfang 2004 setzten einige Abgeordnete sogar durch, dass die Kneipe des Hauses nur noch für Bundestagsabgeordnete und deren persönliche Gäste offen steht. Zuvor war sie für alle Mitarbeiter des Bundestags und für deren Gäste geöffnet. Untypisch für die freizügige Hauptstadt ist die Sperrstunde: Um zwei Uhr morgens ist Schluss mit dem Ausschank in der Kneipe.

Ganz exklusiv den Politikern vorbehalten ist die Parlamentarische Gesellschaft allerdings nicht. Auf Fürsprache von Abgeordneten dürfen auch Nichtmitglieder wie Unternehmen, Kanzleien und Verbände ihre Parlamentarischen Abende in einem der Säle abhalten, wo sie als Experten ihre Einschätzung zu Gesetzesvorhaben geben und einen Meinungsaustausch mit den Abgeordneten organisieren. Parlamentarische Abende finden vor allem in den Sitzungswochen statt und werden von den Abgeordneten als Informationsquelle geschätzt. Die führende Energierechts-Kanzlei Becker Büttner Held lädt etwa ein, um Abgeordneten, Verbandsvertretern und Unternehmen eigene Überlegungen für die laufende Novelle des Energiewirtschaftsgesetzes zu präsentieren – und um die Kanzlei vorsorglich für künftige rechtliche Auseinandersetzungen ins rechte Licht zu rücken. Den Bundesverband der deutschen Gas- und Wasserwirtschaft, der hier auf Einladung der wasserpolitischen Sprecherin der SPD-Bundestagsfraktion die Abendveranstaltung für den Jahreskongress 2004 organisieren ließ, beeindruckte seine Mitglieder mit der Atmosphäre des Hauses. Platziert an runden Tischen, lauschten diese den Botschaften der Ehrengäste des Abends. Auch ThyssenKrupp hat die Deutsche Parlamentarische Gesellschaft als geeigneten Ort für atmosphärisch nachhaltige Veranstaltungen entdeckt und lud Anfang März 2005 Geschäftspartner, Abgeordnete und Journalisten zu einem Parlamentarischen Abend ein.

Die Clubs der Wirtschaft

Der Berlin Capital Club im Hotel Hilton in der Mohrenstraße 30, im Südosten des Gendarmenmarkts gelegen, ist eine der feinen Adressen, die vornehmlich Unternehmen und die Berliner Landesprominenz für Auftritte nutzen. Durch eine unscheinbare Tür rechts neben dem Hoteleingang gelangen die Clubmitglieder und deren Gäste in einen kleinen Vorraum, wo sich ihnen nach Anmeldung über die Gegensprechanlage gleich einem »Sesam öffne dich« der Fahrstuhl öffnet, damit sie in die Gemächer auf der Clubetage entschwinden können. Den Club betreten dürfen nur Mitglieder, die 1275 Euro Jahresbeitrag zahlen, plus 3800 Euro Aufnahmegebühr, und deren Gäste. Diese stolze Summe legitimiert jedoch allein das Betreten des Clubs – das Essen im Restaurant oder Veranstaltungen kosten extra. Unternehmen der Hauptstadt, vorwiegend Mittelständler, haben den im November 2001 eröffneten Club schnell für sich entdeckt. Der Regierende Bürgermeister Klaus Wowereit gehört zu den gern und oft gesehenen Gästen. Berlinwasser, der hauptstädtische Wasserversorger, lädt hierher schon mal zum Jahresgespräch ein. Vorstände und Geschäftsführer von hauptstädtischen Dienstleistungsunternehmen halten gern Lunch. Auch der amtierende Cheflobbyist der deutschen Wirtschaft, BDI-Präsident Jürgen Thumann, der selbst aus dem Mittelstand kommt, gab hier vor ausgesuchten Journalisten sein Antritts-Statement ab.

Der Berliner Capital Club sei der »Club der armen Reichen«, zitieren die Autoren des Buches »Politische Orte« dessen Gründer Dieter R. Klostermann.[3] In Berlin gebe es nicht so viele Leute mit richtig viel Geld. Peking etwa habe mehr Millionäre. Deshalb seien anderswo solche exklusiven Business-Clubs noch teurer: In Peking kostet die Aufnahmegebühr 14 000 US-Dollar, in Tokio gar 30 000 US-Dollar. Attraktiv sind solche Orte, zu denen der Normalbürger nicht ohne weiteres Zugang hat, allemal. In Berlin zählen neben dem Capital Club vor allem die Havanna Lounge in der Charlottenstraße 35 und der Chinese Club im Hotel Adlon am Pariser Platz dazu.

Berlin ist nicht Bonn

Berlin ist mit dem Umzug der Verfassungsorgane – Bundesregierung, Bundestag, Bundesrat und Bundespräsident – das selbstverständliche Zentrum der deutschen Politik geworden. Die politischen Institutionen der alten, vormals westlichen Bundesrepublik haben sich durch den Umzug in den Osten nicht wesentlich verändert. Die Politiker, vom Hinterbänkler bis zum Entscheidungsträger, besorgen ihr Geschäft nahezu wie in früheren Jahren. Dennoch steht der Ortswechsel am Ende der Transformation

3 Christine Dankbar/Hartmut Augustin (Hg.): Politische Orte. Wo die Entscheidungen fallen: Vom Café Einstein bis zum Reichstag, Berlin 2004, S. 34.

der alten Bundesrepublik zu einem mit allen Konsequenzen souveränen Staat, der Berliner Republik. Mit dem Sprung aus der idyllischen Atmosphäre am Rande der Universitätsstadt Bonn in die Mitte Berlins ist das Parlament in das Zentrum der öffentlichen Wahrnehmung gerückt. Und mit ihm Minister, Manager und Medien.

Die Gemütlichkeit Bonns ist der hektischen Geschäftigkeit einer Millionenstadt gewichen. Entscheidungen werden in die Öffentlichkeit getragen, beinahe bevor sie getroffen wurden. Für Unternehmer wie für Politiker wächst der Bedarf an strategisch geplanter Kommunikation – und exzellenten Interessenvertretern. Es mag Zufall sein, dass die Ablösung der verbrauchten Kohl-Regierung durch Schröders rotgrünes Bündnis mit dem Umzug nach Berlin zusammenfiel. Dass sich unter dem SPD-Kanzler allerdings auch die Kommunikation von Wirtschaft und Politik änderte, hat längst nicht nur mit dem Ortswechsel zu tun. Aus vielerlei Gründen löste sich in Berlin der »Rheinische Kapitalismus« auf, der im engen Miteinander von Politik, Industrie und Banken entstanden war.

In der jungen Hauptstadt geht es schneller und bunter zu als früher im ehrwürdigen Bonn. Das politische Leben ist trotz der Größe der Stadt konzentrierter. Das Regierungsviertel ist umzingelt von Journalisten, Lobbyisten und Abgesandten, Agenturen, Anwälten und Beratern. Drängen sich doch alle, die Einfluss nehmen oder nehmen wollen, in Berlins Mitte. Sie prägen den politischen Alltag zwischen Schlossbrücke und Tiergarten, zwischen Leipziger Straße und Lehrter Stadtbahnhof.

3
Auf Augenhöhe mit dem Kanzleramt

Gerhard Schröder und sein Konzern.
Geschäfte auf Gegenseitigkeit.
Wie die Autoindustrie ihre Gewinne politisch absichert.
Der Poker in Berlin und Brüssel.

Wo sich Friedrichstraße und Unter den Linden kreuzen, steht eine dunkelgraue Limousine hinter Glas. Ihr Inneres wurde in Handarbeit mit einem dunklen, rotbraunen Leder bezogen, eine kleine Kostbarkeit, genauso wie das fein gemusterte Wurzelholz auf Mittel- und Frontkonsole. Bei einem Bentley Continental GT gehört das zur Standardausstattung. Das fast sechs Meter lange Coupé hat einen Twinturbo-Zwölfzylinder-Motor (560 PS) und könnte seine mehr als zweieinhalb Tonnen Gewicht auf über 300 Kilometer in der Stunde beschleunigen. Doch es steht still – auf dem besten Platz im Lindencorso, einem Bürohaus, das die Volkswagen AG in einen großen Schaukasten verwandelt hat. Links und rechts vom Bentley, vor allem aber weiter hinten, parken auf mehr als 10 000 Quadratmetern VW Lupos, Golfs und New Beetles, dazu ein paar Seats und Skodas. Es sind Modelle in der Tradition des Käfers, jenes legendären Autos für den »kleinen Mann«, mit dem der Konzern aus Wolfsburg seinen Platz unter den größten Automobilherstellern der Welt erobert hat.

Im Berliner Lindencorso zeigt Volkswagen seine Identität. Mit dem Prachtbau dokumentiert das Unternehmen den Anspruch, zu den wichtigen Konzernen des Landes zu gehören. Von dort nehmen VW-Manager Kontakt zur Politik auf, und dorthin bitten sie zu Diskussionen, Vorträgen und Ausstellungen, wobei nützliche Beamte und Politiker immer mit einer Einladung rechnen können.

Was im Erdgeschoss zu sehen ist, bestimmt direkt und unmittelbar die politische Interessenlage von Volkswagen. Fünf Euro für einen Liter Benzin? Etwas Schlimmeres ließe sich für ein Unternehmen kaum vorstellen, das mit dem Bentley Continental GT einen Wagen entwickelt hat, der problemlos 19 Liter Superbenzin auf 100 Kilometer verbraucht. Beim Geländewagen VW Touareg verhält es sich nicht anders. Ein Modell mit starkem Motor schluckte im Test auch mal mehr als 20 Liter. Rußfilter für Dieselfahrzeuge? Jahrelang war auch das eine schreckliche Vorstellung für die Herren aus Wolfsburg, weil laut *Frankfurter Allgemeine Zeitung* 60 Prozent aller Autos, die Volkswagen verkauft, einen Dieselmotor haben. Die Manager mussten fürchten, der Rußfilter würde den Absatz von Lupo, Polo und Golf einbrechen lassen: Erstens würde durch den Einbau ihr Preis steigen. Und zweitens würde der Rußfilter ein wichtiges Verkaufsargument für die teuren, deutschen Autos zerstören: dass sie nämlich technisch weiter entwickelt sind als die Konkurrenz etwa aus Italien oder Frankreich. Unternehmen wie Volkswagen und DaimlerChrysler stecken seit Jahren Geld in die Entwicklung eines rußarmen Dieselmotors und konnten bei kleineren Autos den Ausstoß schon auf etwa 8,5 Milligramm pro Kilometer verringern. Ein Filter ist derweil die bessere Alternative, drosselt er den Ausstoß doch auf deutlich unter fünf Milligramm. Doch er bewirkt auch, dass der Entwicklungsvorsprung, den Volkswagen zweifellos besaß, vollkommen bedeutungslos wird. Deshalb, so die deutschen Autobauer, gefährde der Filter hiesige Arbeitsplätze. Die Befürworter konterten, er schütze die Gesundheit der deutschen Verbraucher.

An diesem Punkt begannen sich die hiesigen Autokonzerne, allen voran Volkswagen, vor drei Jahren mit aller Macht gegen den Rußfilter zu wehren. Die geradezu idealtypische Einflussnahme, mal freundlich, mal ruppig, führte geradezu zu einer Belagerung der Berliner Republik. Volkswagen zeigte, wie ein Konzern, ein Vorstandsvorsitzender und seine politischen Zuarbeiter den Zugang zur Politik finden. Wie sie dort gehört werden und die Entscheidungen ein ganzes Land beeinflussen. Und doch hat es nicht ganz gereicht.

Im Lobbyismus häufen sich die Fälle, in denen ein direkter Zugang zum Bundeskanzler zwar nützlich, aber nicht mehr alles entscheidend ist. Denn Deutschland ist ein Teil der Europäischen Union. Im gleichen Maß, in dem das Land einen Teil seiner Souveränität abgibt, müssen Konzerne nicht nur in Berlin, sondern auch in Brüssel für ihre Interessen werben, weil oft genug EU-Recht über deutschem Recht steht. Dort treffen sie auf mächtige Konzerne aus anderen Staaten, die mindestens genauso einflussreiche Lobbyisten beschäftigen. Hinzu kommen Verbände, Vertreter der Nationalstaaten und Umwelt- und Verbraucherschützer. So mächtig ein deutscher Konzern also sein mag, am Beispiel des Rußfilters zeigt sich, um wie viel komplexer und unberechenbarer – letztlich also ergebnisoffener – es im modernen Lobbyismus zugeht. Das heißt nicht, dass ein Gleichgewicht der Interessen besteht. Aber der Fall »Rußfilter« hilft, die neuen Kräfteverhältnisse genau zu erkennen.

Volkswagen hat die beste Adresse

Schon immer war die Ecke Friedrichstraße und Unter den Linden, an der die VW-Repräsentanz steht, ein politischer Ort. Wer hier wirkte, prägte seine Zeit und spiegelte sie wider. So wie heute politischer Einfluss in Investitionen und Arbeitsplätzen gemessen wird, zählte in anderen Zeiten vor allem militärische Macht – und in kurzen Momenten auch die Kraft von Ideen, von Theorien über das Verhältnis von

Mensch und Staat oder die Vorstellung von der menschlichen Natur.

Im beginnenden 19. Jahrhundert lebte an der Stelle des heutigen Lindencorso ein Mann, der die deutsche Bildungslandschaft entscheidend verändern sollte: der Sprachforscher und preußische Beamte Friedrich Wilhelm Freiherr von Humboldt. Eigentlich hatte er gar nicht nach Berlin ziehen wollen. Zu gut gefiel ihm sein voriges Leben als preußischer Gesandter in Rom. Doch der König setzte sich im Jahr 1809 über die Wünsche Humboldts hinweg und ernannte ihn zum Geheimen Staatsrat und Direktor der Sektion Kultus und öffentlicher Unterricht. Das größte ihm zugedachte Projekt war die Gründung der Berliner Universität, die Humboldt innerhalb eines Jahres vorbereitete und deren Statuten er aus seinem neuhumanistischen Bildungsideal ableitete. Seither steht Humboldts Name für eine Universität, die kein Ausbildungsbetrieb für Wirtschaft und Beamtenapparat sein, sondern der Bildung, Forschung und freien Entfaltung des Geistes dienen soll. Dass Humboldt schon nach vierzehn Monaten seinen Posten aufgab und in der Berliner Universität bald danach die Ausbildung wieder ihren Platz hatte, ist eine andere Sache, verringert aber die Kraft seiner Ideen bis heute nicht.[4]

Zweihundert Jahre später gehört die Ecke Friedrichstraße und Unter den Linden zu einem Automobilkonzern, einer nach den heutigen Maßstäben bedeutungsvollen Institution: Denn Volkswagen erwirtschaftet mehr als mancher Staat. Allein im Jahr 2004 verkaufte der Hersteller fünf Millionen Autos und nahm damit rund 88 Milliarden Euro ein. Im Vergleich dazu erreicht das Bruttosozialprodukt von Island gerade einmal 8,1 Milliarden Euro.[5]

Auch Länder wie Costa Rica (13,5 Milliarden Euro)

4 Vgl. *Die Zeit*, 1/1995, »Aus großer Not geboren«, S. 26.
5 Statistik der Vereinten Nationen für das Jahr 2003.

und Chile (55 Milliarden Euro) sind im Vergleich dazu eher ökonomische Zwerge. Erst Dänemark (163 Milliarden Euro) kann sowohl Volkswagen als auch den größten deutschen Automobilhersteller DaimlerChrysler und dessen Umsatz von 142 Milliarden Euro übertreffen. So verwundert es nicht, dass die Berliner Konzernrepräsentanzen wuchtiger und prächtiger sind als manche Botschaft. Es sind die Adelspaläste der heutigen Zeit. Zeichen ökonomischer und politischer Macht.

Wie die Autolobby arbeitet

Das Miteinander zwischen Konzernen und Politik hat Tradition und begann schon zu Bonner Zeiten. Jeder Bundeskanzler pflegte engen Kontakt zu einem oder mehreren Wirtschaftsführern, und die politische Karriere von Gerhard Schröder ist eben durch seine besonders tiefe Verbundenheit mit Volkswagen geprägt. Ohne weiteres konnte Ferdinand Piëch, der frühere Vorstandsvorsitzende von VW, beim Ministerpräsidenten Schröder und später beim Bundeskanzler Schröder ein und aus gehen und fand mit seinen eigenen Anliegen Gehör. Im Prinzip gilt dieses Privileg seit dem Jahr 2003 auch für Piëchs Nachfolger Bernd Pischetsrieder. Doch genau diese besondere Nähe zu Gerhard Schröder macht VW-Lobbyisten zu Verlierern nach der Bildung der großen Koalition. Für den neuen Wirtschaftsminister Michael Glos und die Kanzlerin ist VW nur noch ein Konzern unter vielen.

Auf der anderen Seite beschränkt sich der Einfluss heutzutage längst nicht mehr auf einen Besuch beim Kanzler. Der Einfluss beginnt schon dort, wo Ministerialbeamte auf die Argumente von politischen Angestellten von Volkswagen hören, wenn sie deren Formulierungen folgen. Nachvollziehen lässt sich das selten, weil es im Stillen geschieht.

Mündlich stattfindet. Man sieht es oft nur am Ergebnis. Wenn Beamte und Minister etwa ihre Haltung zum Dieselrußfilter erläuterten und sagten, sie zögen eine »innermotorische Lösung« vor – dann wissen Eingeweihte: Die Mitarbeiter von Volkswagen waren da und haben ganze Arbeit geleistet. Denn die »innermotorische Lösung« war über Jahre der Kern der Konzernstrategie. VW wollte lieber einen rußarmen Motor bauen, den Ruß also innerhalb des Motors vermeiden, als einen Rußfilter einsetzen.

Für die Wirksamkeit ihrer politischen Arbeit genügt es nicht, dass die Konzerne ehemalige Minister und Staatssekretäre als Repräsentanten beschäftigen. Sie müssen zusätzliche Mitarbeiter im Mittelbau an sich binden. Diese taugen zwar nicht als Galionsfigur, aber den politischen Betrieb und die Interessen des jeweiligen Konzerns kennen sie sehr genau. Wer also nach den neuen Kräften im Berliner Lobbyismus sucht, der wird sie nicht zuletzt im Stab der politischen Abteilungen in den Konzernrepräsentanzen finden.

Alleine bei Volkswagen arbeiten in der »Abteilung Regierungsbeziehungen« inzwischen mehr als zwanzig Angestellte, wie die *Süddeutsche Zeitung* schrieb. Diese suchen in der Hierarchie des Regierungsapparats den Kontakt zu einfachen Beamten, Referats- und Abteilungsleitern, nicht zum Bundeskanzleramt. Ihre Aufgabe ist es, den politischen Prozess zu beobachten – und die Fäden in der Hand zu behalten. Sobald ein den Konzern betreffendes Thema sich in der öffentlichen Diskussion in die »falsche« Richtung zu drehen beginnt oder ein Gesetzesentwurf die Geschäfte des Konzerns gefährdet, haben die Angestellten Hochbetrieb: Dann werden Positionspapiere geschrieben, Mitarbeiter in die Ministerien entsandt oder Symposien und parlamentarische Abende in der eigenen Repräsentanz organisiert.

Bernd Pfaffenbach beobachtet die Entwicklung seit einiger Zeit aus nächster Nähe. Seit Dezember 2004 ist er beamteter Staatssekretär im Bundeswirtschaftsministerium, zuvor leitete der Schröder-Vertraute über viele Jahre die Abteilung Wirtschafts- und Finanzpolitik im Bundeskanzleramt. Er sagt: »Die Informationsgrundlage, auf der in den Ministerien ein Gesetz entsteht, ist heute stärker von der Wirtschaft oder einzelnen Unternehmen geprägt als vor 30 Jahren.«

Mit dieser täglichen und beharrlichen Belagerung gelingt es den Konzernlobbyisten, dass kaum ein deutsches Gesetz ohne sie zustande kommt. Sei es der Atomausstieg, das Energiewirtschaftsgesetz, ein Anlegerschutzgesetz oder eben die steuerliche Förderung des Diesel-Rußfilters.

Viel spektakulärer als ein Team unauffälliger Mitarbeiter in einer wenig bekannten Abteilung sind natürlich gewählte Abgeordnete, die früher bei VW gearbeitet haben und immer noch Geld vom Konzern bekommen – zusätzlich zu ihren Diäten, versteht sich. Als diese Gepflogenheit Ende des Jahres 2004 öffentlich wurde, entstand der Eindruck, die gesamte politische Arbeit des Unternehmens wäre auf Korruption gebaut. Tagelang kursierte das Gerücht, in Bund, Ländern und Kommunen würden an die hundert Volksvertreter auf der Lohnliste von Volkswagen stehen. Es wurde diskutiert, ob der Konzern einen Teil der politischen Klasse gekauft hat. Die Öffentlichkeitsarbeit von VW betrieb derweil ein miserables Krisenmanagement, während hinter den Kulissen erst einmal nachgeforscht wurde, was es mit den Bezügen der Abgeordneten auf sich hat. Am Ende kam heraus, dass Geld an vier Abgeordnete im niedersächsischen Landtag und an zwei im Bundestag geflossen ist: die SPD-Politiker Hans-Jürgen Uhl und Jann-Peter Janssen.

Janssen musste in Berlin seine Koffer packen, nachdem er abstritt, regelmäßig Geld bekommen zu haben, während Volkswagen längst das Gegenteil bestätigt hatte. Interessanter ist der Fall von Hans-Jürgen Uhl, der bis heute im Bundestag sitzt. Uhl hat sich aktiv in die Diskussion um den Rußfilter eingemischt und mindestens ein Treffen von Konzernvertretern mit Fachpolitikern seiner Partei organisiert. Insofern hatte Volkswagen von »seinen« Vertretern im Bundestag sehr wohl einen Nutzen. Uhls Bindung an den Konzern besteht jedoch nicht nur in der monatlichen Überweisung. Er arbeitet seit 1977 bei VW, gehört seit vielen Jahren dem Betriebsrat an – auch heute noch. Da ist es nur natürlich, wenn er sich die Interessen von Volkswagen zu Eigen macht. Die Marke, der Konzern, die Arbeitsplätze und die in Wolfsburg gebauten Autos sind Teil seiner Biographie. Am Ende blieb die monatliche Zahlung eines Betriebsratssalärs, das wohl kaum der in den vergangenen Jahren für den Konzern geleisteten Arbeit entsprach. Nicht von ungefähr wurde inzwischen beschlossen, dass Uhl nur noch auf Stundenbasis bezahlt wird, wenn er für den Gesamtbetriebsrat aktiv ist. Ungeachtet dieser Verwicklungen und selbst wenn Uhl nachgewiesen worden wäre, dass er sich hätte kaufen lassen – im Vergleich zur politischen Arbeit der Abteilung Regierungsbeziehungen ist er fast zu vernachlässigen. Uhl war nützlich, aber er saß keinem Ausschuss im Bundestag vor, hatte kein herausragendes Amt in der Fraktion oder der Partei. Es ist nicht bekannt, dass er in der Diskussion um den Rußfilter eine entscheidende Rolle gespielt hat. Das übernahmen andere.

Arbeitsplätze oder Gesundheit?

Am Anfang des Konflikts um den Rußfilter stand eine strategische Entscheidung deutscher Autobauer gegen Ende der neunziger Jahre. Statt Ruß zu erzeugen, um ihn dann wieder aus den Abgasen zu filtern, wollte VW einen rußarmen Motor entwickeln. Das war im Prinzip der beste

Weg, würde aber Jahre brauchen, während der französische Automobilhersteller Peugeot Anfang 2000 zumindest ankündigte, alle seine Modelle künftig serienmäßig mit einem Rußfilter auszustatten.

Was wie eine technische Petitesse, ein Streit unter Ingenieuren, aussehen mag, wuchs für die deutschen Hersteller zu einer regelrechten Bedrohung: Da in Westeuropa der Anteil von Dieselautos an den neu zugelassenen Pkw nach Angaben des Verbands der Automobilindustrie auf mehr als 45 Prozent im Jahr 2004 gestiegen war – Tendenz mindestens gleich bleibend –, würden sich Absatzschwierigkeiten durch filterlose Autos direkt auf Gewinn – und damit Arbeitsplätze – durchschlagen, hieß es.

Für die deutschen Unternehmen standen also Ende der neunziger Jahre absehbar Milliardenumsätze auf dem Spiel. Konnten sie sich mit der Strategie einer langsamen Rußreduzierung durchsetzen oder schafften es die Franzosen mit ihrem Filter? Sollte VW weiter in die Entwicklung eines rußarmen Motors investieren? Vor allem Volkswagen, in der Mittelklasse ein direkter Konkurrent der Franzosen, musste mit dem Hinweis auf künftige Fortschritte gegen eine Rußfrei-sofort-Technik antreten.

Derweil wuchs damals auch das Interesse der deutschen Verbraucher am Rußfilter, weil diese die Gesundheit schützen sollten. Denn fest steht: Die feinen Rußpartikel sind verantwortlich für Allergien, Lungenkrebs, Herz-Kreislauf-Schwächen und eine ganze Reihe weiterer schwerer Erkrankungen. Zwar haben Dieselabgase deutlich weniger grobe Rußpartikel, sie sind aber dennoch gesundheitsschädigend. In Dieselabgasen stecken nämlich viel mehr von den gefährlichen, vielen Untersuchungen zufolge »lungengängigen«, sehr kleinen Rußteilchen, die teilweise weniger als 0,1 Mikrometer messen, also rund ein Tausendstel des Durchmessers eines Menschenhaares.

Feststellen lassen sich Feinpartikel mit dem »Staubsaugertütentest«, sagt Umweltexperte Axel Friedrich vom Umweltbundesamt in Berlin. Jeder Benutzer eines Dieselfahrzeuges, der eine Staubsaugertüte vors Abgasrohr spanne und kräftig aufs Gaspedal trete, könne nachher den schwarzen Fleck im Filter sehen. Was sich per Filter nachweisen lässt, ist auf die Lunge übertragbar. Je kleiner die Partikel sind, umso tiefer dringen sie in die Lunge ein. »Gegenüber feinen und ultrafeinen Partikeln versagen die natürlichen Abwehrmechanismen der Lunge«, stellt auch der Sachverständigenrat für Umweltfragen fest. Denn die »Fresszellen« der Lunge, die normalerweise Fremdstoffe umhüllen, bis sie ausgeschieden werden, können die feinen Rußpartikel nicht mehr erkennen. So dringen Letztere bis in die feinsten Verästelungen der Lunge vor. Dort setzen sie sich fest und lösen Entzündungen aus. Möglicherweise gehen die Partikel wegen ihrer ultrafeinen Struktur auch direkt ins Blut über. Der Sachverständigenrat für Umweltfragen der Bundesregierung stuft dementsprechend »Partikel, deren wichtigste Quelle Kfz mit Dieselmotor sind«, in einem Gutachten »als das derzeit wichtigste Problem der Luftverschmutzung« ein. Die US-amerikanische Umweltbehörde EPA folgert aus jahrzehntelangen Versuchen sogar, dass »langfristige Exposition gegenüber Dieselabgasen wahrscheinlich beim Menschen Krebs auslöst«. Im direkten Vergleich zum Benziner hat Diesel, laut Fraunhofer-Institut, das zehnfache Krebs auslösende Potenzial. Das Umwelt- und Prognoseinstitut Heidelberg (UPI) rechnet mit jährlich ungefähr 8500 Toten infolge Lungenkrebs durch Dieselpartikel allein in Deutschland.

Die Volkswagen AG hätte sich noch am Beginn des Jahres 2003 auf den Trend zum Filter einstellen können, wenn ihre Manager mehrere hunderttausend Stück bestellt hätten. Das belegt ein internes Strategiepapier von Audi, einer Tochtergesellschaft des VW-Konzerns. In dem auf den 28. Januar 2003 datierten Dokument wurden die zu erwartenden Mehrkosten für den Einbau eines Filters für jedes Modell beziffert. Beim 1,9-Liter-Motor eines Audi A3 schätzten die Automanager die Kosten auf 362 Euro und die vermutlich benötigte Menge nur für dieses eine Modell auf 9060 Stück. In dem Papier heißt es unter der Überschrift »aktives Szenario« weiter, ein »Einsatz des Dieselpartikelfilters als Serienausstattung« sei »denkbar«.

Doch es gab einen Zeitfaktor, der zu bedenken war. Einen, der Unsicherheit schuf: Die VW-Manager hätten die Filter unmittelbar ordern müssen, aber erst zwei Jahre später in großer Zahl anbieten können, weil die Zulieferer ausgelastet waren. Sollten sie bestellen? Oder sollten sie darauf setzen, den Rußfilter in Deutschland und Europa politisch auszubremsen?

Die Verfasser machten deutlich, dass es sich um eine kritische, eine strategische Entscheidung handelte. »Der Einsatz eines Dieselpartikelfilters war bisher im VW-Konzern nur vorgesehen, wenn er zur Erreichung der (schon geltenden, Anm. d. Aut.) Abgaswerte nach EU IV zwingend notwendig ist«, heißt es dort. »Vor dem Hintergrund einer eskalierenden emotionalen Diskussion zum generellen Einsatz (von Filtern) wurde die aktuelle Position des VW-Konzerns im strategischen KAK 11/02 (also im November des Jahres 2002) neu diskutiert.« Lange sollte die konzerninterne Diskussion allerdings nicht mehr dauern, denn, so heißt es ebenfalls in dem Audi-Dokument, am 18. Februar 2003 solle »das Gesamtszenario … richtungweisend entschieden werden«. Letztlich blieb VW bei seiner Linie: Man bestellte keine Filter, sondern bemühte sich, politischen Einfluss zu nehmen und Grenzwerte zu verhindern, die einen Filtereinbau unumgänglich machen würden.

In dieser Zeit verkündete Bundesumweltminister Jürgen Trittin sein Ziel, möglichst schnell schärfere Abgaswerte für Diesel-Pkw durchzusetzen und deren Einhaltung steuerlich zu fördern. Während eines Treffens des Deutsch-Französischen Umweltrats beschloss er gemeinsam mit der französischen Ministerin für Umwelt und nachhaltige Entwicklung, Roselyne Bachelot-Narquin, besonders niedrige Abgaswerte für Diesel-Autos für die kommenden Jahre anzustreben. Bei 2,5 Milligramm Ruß pro gefahrenem Kilometer sollten diese liegen.

Um die Verbreitung rußarmer Dieselautos zu beschleunigen, sollten Autofahrer, die ihren Wagen umrüsten oder einen neuen kaufen, Steueranreize bekommen. Allen Beteiligten war klar: Solche Werte würde man nur mithilfe eines Filters erreichen. Und es war ein politisch ehrgeiziges Ziel. Denn damals galt noch nicht einmal die Abgasnorm Euro IV, die erst Anfang 2004 in Kraft trat und den Grenzwert von 50 auf 25 Milligramm senkte. Die deutschen Autokonzerne konnten bis zu den Äußerungen von Jürgen Trittin noch glauben, sie könnten die politischen Vorgaben leicht erfüllen, weil sie bei kleineren Autos schon einen Grenzwert zwischen 8,5 Milligramm und 11 Milligramm erreichten – und zwar ohne Filter. Und auf einmal sollte der gesetzlich erlaubte Grenzwert innerhalb von wenigen Jahren auf 2,5 Milligramm sinken?

VW-Chef Bernd Pischetsrieder reagierte erbost. »Wir haben viel Geld in die jetzigen Motoren gesteckt. Nun kommen die gleichen Politiker, die ursächlich die Gesetze (und Grenzwerte) gemacht haben«, auf denen VW seine Investitionsentscheidungen getroffen habe, und sagten, »jetzt wollen wir lieber weniger Ruß«, und zwar sofort und möglichst noch dadurch beschleunigt, dass Konkurrenztechniken wie der Filter steuerlich gefördert würden.[6]

Die deutschen Hersteller taten sich zusammen und intervenierten bei dem Mann, der die Richtlinienkompetenz in der Regierung besitzt. »Sehr geehrter Herr Bundeskanzler«, schrieb Bernd Gottschalk, der Präsident des Verbands der Automobilindustrie (VDA), in jenen Wochen an

6 *Die Zeit,* 14/2003, »Alles eine Frage der Nerven«, S. 30.

Gerhard Schröder. Der Vorschlag des Umweltministers sei »in der vorliegenden Form inakzeptabel«. Damit »würde die Wettbewerbsposition unserer Industrie in einem entscheidenden Bereich geschwächt.«

Von den Managern der betroffenen deutschen Autohersteller kämpften die von Volkswagen am leidenschaftlichsten. Der Konzern steckte auch ohne den Rußfilter in einem strategischen Dilemma: Der Golf V verkaufte sich nicht mehr so gut wie seine Vorgänger, weil die billigere Konkurrenz von Kia und Hyundai bei den einfacheren Modellen aufgeholt hatte. Und unter denjenigen, die genug Geld für eine üppig ausgestattete Variante hätten, kaufen zu viele eine Mercedes A-Klasse oder einen Mini. Für VW hatte das Folgen: Entweder es gelänge dem Konzern, sein Image zu bessern und seine Modellpalette so zu verändern, dass Hunderttausende weiterhin bereit sind, einen Aufpreis im Vergleich zu Kia, Hyundai, Renault oder Citroën zu bezahlen – oder VW müsste in jene Regionen abwandern, in denen seine Konkurrenten billig produzieren. Die Wolfsburger entschieden sich für die erste Option und versuchten, Masse mit mehr Klasse anzubieten. Der VW Phaeton wurde entwickelt, Marken wie Bentley und Bugatti wurden hinzugekauft. Ihr Glanz sollte auf den Golf abfärben. Ein Rußfilter, der die ohnehin schon hohen Preise von VW noch weiter anheben würde, barg in dieser Übergangszeit ein erhebliches Risiko für den Konzern.

Die Chancen, die generelle Einführung des Rußfilters zu verhindern, standen im Jahr 2003 gar nicht so schlecht. Ein Wort von Pischetsrieder oder ein Brief von Gottschalk trafen bei Bundeskanzler Gerhard Schröder in der Regel auf offene Ohren. Schröder hat über Jahre oft zugunsten der Automobilkonzerne und gegen die Interessen von Umweltschützern entschieden. 1994 hat er noch als Ministerpräsident von Niedersachsen dafür gesorgt, dass die SPD ohne die Forderung nach einem Tempolimit in den Bundestagswahlkampf gezogen ist. Ein Jahr später hat er Ferdinand Piëch (VW), Bernd Pischetsrieder (damals noch BMW), Helmut Werner (Mercedes) und Wendelin Wiedeking (Porsche) zu einem Treffen nach Bonn eingeladen, um mit ihnen über die Zukunft des Automobils zu diskutieren, womit er den Umweltpolitikern seiner Partei genau zeigte, wo er stand. Eine zusätzliche Steuer auf den Energieverbrauch? Nicht, wenn es nach Gerhard Schröder gegangen wäre. Wenn die Autohersteller ein Interesse formulieren – und sei es das an einer umstrittenen Teststrecke im Papenburger Moor für Mercedes –, haben sie beste Chancen, dass sich der SPD-Politiker in ihrem Sinne entscheidet. »Umweltschutz hemmt die Wirtschaft«, sagte er schon 1997 im niedersächsischen Landtag. Auch später als Bundeskanzler ertrug er nur so viel »grüne« Politik, wie es für das politische Überleben seines Koalitionspartners im Bundestag und die eigene Wählergunst unbedingt nötig war.[7]

Der Konzern und der Kanzler

Die Nähe von Gerhard Schröder zum Volkswagen-Konzern begann, als er 1990 zum Ministerpräsidenten von Niedersachsen gewählt wurde. VW bezahlt in dem Bundesland nicht nur seine Steuern, weil die Konzernzentrale in Wolfsburg liegt, sondern beschäftigt – von der Leine bis zur Nordsee – etwa 80 000 Menschen, ganz zu schweigen von all den Bäckern, Fleischern und Gemüsehändlern, bei denen die VW-Mitarbeiter einkaufen gehen. Solange es dem Unternehmen also gut geht, kann es dem Land nicht wirklich schlecht gehen, lautet die von Ministerpräsident zu Ministerpräsident überlieferte Weisheit.

7 Peter Köpf: Der Neue. Gerhard Schröder – Deutschlands Hoffnungsträger, München 1998, S. 118ff.

Die Nähe zwischen Staat und Volkswagen ist schon historisch begründet, denn das Unternehmen gehörte bis in die sechziger Jahre vollständig der öffentlichen Hand. Dann erst wurde ein Teil des Kapitals und später die Mehrheit an Kleinaktionäre verkauft. Der Bund zog sich als Eigentümer zurück, nur das Land Niedersachsen blieb und ist bis heute größter Einzelaktionär des Konzerns und verfügt über 18,2 Prozent der Stimmrechte.

Gefestigt wurde die Verbundenheit zwischen Niedersachsen und VW durch einen juristischen Schutzwall, ein in dieser Form einmaliges Gesetz aus dem Jahr 1960, das zehn Jahre später überarbeitet wurde. Es schützt den Konzern vor einer feindlichen Übernahme – und garantiert so, dass das Land an VW beteiligt bleibt. Im so genannten VW-Gesetz steht, dass kein Aktionär mehr als 20 Prozent Stimmrechte ausüben darf, auch wenn es sich im Gesetzesdeutsch ziemlich verklausuliert liest: »Gehören einem Aktionär Aktien im Gesamtnennbetrag von mehr als dem fünften Teil des Grundkapitals, so beschränkt sich sein Stimmrecht auf die Anzahl von Stimmen, die Aktien im Gesamtnennbetrag des fünften Teils des Grundkapitals gewähren. Zu den Aktien, die einem Aktionär gehören, rechnen auch die Aktien, die ein Dritter für Rechnung des Aktionärs innehat. Zur Umgehung der Stimmrechtsbeschränkung dürfen Aktien der Gesellschaft nicht übertragen werden. Die Rückforderung verbotswidrig übertragener Aktien ist ausgeschlossen.«

Die Botschaft ist eindeutig: An diesem Schutzwall kommt niemand vorbei. Und wer es versucht, bekommt es mit einem grimmigen Gerhard Schröder zu tun. Mit all seiner politischen Macht verteidigt er das Gesetz gegen die wiederkehrenden Angriffe aus der Brüsseler EU-Kommission. Anfang 2003 leitete der damalige EU-Binnenmarktkommissar Frits Bolkestein ein Vertragsverletzungsverfahren gegen die Bundesrepublik in Sachen VW-Gesetz ein, weil es den freien Kapitalverkehr behindere. Das Verfahren mündete Ende des Jahres 2004 in eine Klage vor dem Europäischen Gerichtshof und war bis zum Redaktionsschluss dieses Buches noch nicht abgeschlossen.

Schröders Verbundenheit erstreckte sich jedoch nicht nur auf das Unternehmen, sondern viele Jahre lang auch auf den Vorstandschef von VW. Denn mit seiner Wahl zum niedersächsischen Ministerpräsidenten im Jahr 1990 war Schröder automatisch in den Aufsichtsrat eingezogen und hatte zwei Jahre später als Vertreter des größten Aktionärs über den Vorstandschef mitbestimmen können. Er entschied sich für den Österreicher Ferdinand Piëch und lernte den Manager bei einer gemeinsamen Reise nach Japan bald besser kennen. Peu à peu entstand daraus ein echtes und enges Vertrauensverhältnis. Es wurde noch dadurch gefestigt, dass Schröder nicht nur im Aufsichtsrat von VW, sondern sogar in dessen Präsidium saß. Das bedeutet: Er traf Piëch beinahe wöchentlich oder telefonierte zumindest mit ihm. Man lernte sich schätzen.[8]

Bald darauf erhielt Schröder auch Einladungen zu Familienfesten der Piëchs. Er ließ sich sogar von Ferdinand Piëch auf den Wiener Opernball mitnehmen, obwohl er sonst sehr darauf bedacht ist, jede Situation zu vermeiden, in der ihm vorgeworfen werden könnte, er habe sein politisches Amt missbraucht, um einen persönlichen Vorteil zu gewinnen. Im Jahr 1996 flogen sie also gemeinsam im VW-eigenen Firmenjet nach Wien, wo die Piëchs eine Loge gemietet hatten. Fotos von diesem Abend belegen in Gestik und Mimik, wie sehr der Politiker den Unternehmer respektierte.[9]

Außerdem gilt für Schröder und Piëch – bei dessen Nachfolger Bernd Pischetsrieder ist es nicht viel anders – immer wieder das Motto: Das Wohl des anderen liegt unmittelbar im eigenen Interesse.

8 Vgl. Köpf: Der Neue, S. 48f.

9 Vgl. Reinhard Urschel: Gerhard Schröder: Eine Biographie, Stuttgart/München 2002, S. 138f.

Als Gerhard Schröder Bundeskanzler wurde, konnte er sich weiter auf den VW-Vorstand verlassen, vor allem auf den Arbeitsdirektor und Personalvorstand Peter Hartz, der im Juli 2005 zurücktrat, weil er Lustreisen einiger seiner Betriebsräte geduldet hatte. Er stolperte über die dunkle Seite des Systems VW, das durch ein enges Miteinander von Betriebsrat und Management geprägt war. Auf der anderen Seite war er stets zu begeistern, wenn es galt, ein modernes Bild der Deutschland AG zu entwickeln. Er sah die Gelegenheit, auf das ganze Land zu übertragen, was er in Wolfsburg entworfen hatte.

Der Saarländer war auf Empfehlung des damaligen Konzernbetriebsrats zu VW gekommen, stammte wie Gerhard Schröder aus kleinen Verhältnissen und wurde schnell ein »Frog«, ein »Friend of Gerhard«. Aber er war einer mit eigenen Plänen, wenn nicht Visionen für die Arbeitswelt: Vier-Tage-Woche, Arbeitszeitkonten, Zeitwertpapier, flexible Wochenarbeitszeiten zwischen 28,8 und 36 Wochenstunden. VW kämpft mit solchen Instrumenten mehr als alle anderen DAX-Konzerne darum, Industrie-Arbeitsplätze in Deutschland zu erhalten. Dafür verzichtet der Vorstand sogar auf einen Teil der Rendite.

Wenn die Bundesregierung über die Zukunft der Arbeit debattiert, zeigt VW mit seinem Modell 5000 mal 5000 einen Weg. Dort wird der Familienvan Touran in einer eigenen Gesellschaft zu Bedingungen hergestellt, die schlechter sind als die des VW-Tarifvertrags. Im Gegenzug hat der Konzern sein Werk nicht in Tschechien oder anderswo in Osteuropa gebaut und sich zudem verpflichtet, 3500 Langzeitarbeitslose auszubilden. Zu diesem Abkommen hat Schröder beigetragen, indem er am Rande des sechzigsten Geburtstags von Peter Hartz in einem persönlichen Gespräch zwischen Gewerkschaften und VW-Managern vermitteln konnte.[10]

10 Jürgen Hogrefe: Gerhard Schröder. Ein Porträt, Berlin 2002, S. 191.

Das gegenseitige Vertrauen zwischen Schröder und Hartz geht schließlich so weit, dass der Kanzler keinen Strategen aus seiner Partei fragte, als er eine Arbeitsmarktreform plante, sondern Peter Hartz. So wurde sein Name zum Synonym für eine der größten Veränderungen im Sozialsystem seit dem Zweiten Weltkrieg: Hartz I bis Hartz IV.

Das Bundeskanzleramt und der Rußfilter

Staatssekretär Bernd Pfaffenbach erinnert sich noch gut an den parallel zur Hartz-Reform laufenden Kampf um den Rußfilter.[11] Der ehemalige wirtschaftspolitische Berater im Bundeskanzleramt war damals der wichtigste Ansprechpartner der Unternehmen – und das seit den Zeiten des CDU-Regierungschefs Helmut Kohl. Über Pfaffenbachs Schreibtisch liefen Briefe, wie sie der VDA-Präsident Bernd Gottschalk im Frühjahr 2003 zum Rußfilter schrieb, und in seinem Ermessen lag es, wem er so einen Brief weiterleitete – dem Bundeskanzler oder »nur« seinem Apparat.

Wollte ein Konzernchef einen Termin, lief die Suche oft über Pfaffenbach, der von dem Unternehmer oder dessen politischem Vorarbeiter zunächst einmal angerufen wurde, um die Lage zu sondieren. Danach ging es schnell, oft direkt am Telefon, denn Gerhard Schröder ist für seinen unkomplizierten Umgang mit der Wirtschaft bekannt. War das Problem gravierender, arrangierte Bernd Pfaffenbach ein Treffen, mal als so genanntes »Industriegespräch«, mal als eher intime »Bordeaux-Runde« mit wenigen Vertretern der Pharmaindustrie oder eben unter vier Augen. Jürgen Hogrefe schrieb einmal über Schröder, »das persönliche Ge-

11 Interview am 18. Januar 2005, 10 Uhr, im Büro von Bernd Pfaffenbach im Bundeswirtschaftsministerium.

spräch« sei seine »wichtigste politische Waffe, sein alle anderen Mittel überragendes Herrschaftsinstrument«[12] – und das wandte der Bundeskanzler eben auch auf die Wirtschaft an. Seinem Mitarbeiter Pfaffenbach blieb es dann überlassen, einen Termin mit dem Stab des Bundeskanzlers abzustimmen und die Treffen inhaltlich vorzubereiten, wozu er sich Positionspapiere aus der Wirtschaft, aus den Regierungsfraktionen und Vorlagen aus dem Ministerialapparat beschaffte.

Pfaffenbach, der vor fast dreißig Jahren als einfacher Beamter im Referat »Grundsatzfragen der Energiepolitik« im Bundeswirtschaftsministerium anfing, sagt zur Diskussion um den Dieselrußfilter: Es sei ein typischer Fall für das Miteinander von Wirtschaft und Politik. Zunächst einmal seien die Argumente der deutschen Autoindustrie nicht von der Hand zu weisen gewesen. Sie habe in rußarme Motoren investiert, auch um ihren Ruf als Hersteller von Spitzentechnik gegenüber den italienischen und französischen Konkurrenten zu beweisen. »Wir haben die Entwicklung im Kanzleramt zunächst beobachtet. Sie müssen sehen: Unser Interesse ist es, zu schauen, was der deutschen Volkswirtschaft und der Gesellschaft nutzt«, so Pfaffenbach. Als sich dann der Filter beim Verbraucher durchzusetzen begann, VW aber keine Rußfilter geordert hatte, habe man die Sackgasse erkannt. Also habe man sich getroffen, um sich in einem Spitzengespräch mit VW-Chef Bernd Pischetsrieder und dem Verbandspräsidenten Bernd Gottschalk offen auszusprechen. Dort habe der Bundeskanzler klar gesagt, wo er helfen könne und wo die Grenzen seiner Einflussnahme in diesem Fall liegen würden.

Im Vergleich zu früheren Interventionen zugunsten der Autoindustrie blieb Gerhard Schröder allerdings seltsam pas-

12 Hogrefe: Gerhard Schröder, S. 190f.

siv. Der alte Spruch – »Was gut ist für VW, ist gut für das Land«[13] – hatte in diesem Fall an Kraft verloren. »Ich kann mir das nur so erklären, dass der Bundeskanzler im Jahr 2004 so sehr damit beschäftigt war, die Agenda 2010 durchzusetzen, dass er auf anderen Politikfeldern dem grünen Koalitionspartner viel Spielraum und politisches Eigenleben zugestehen musste. Nur so kann ich mir erklären, dass Schröder die Sache mit dem Filter nicht an sich gezogen hat«, sagt der Repräsentant von DaimlerChrysler in Brüssel, Hanns Glatz. Das Einzige, worauf sich der Bundeskanzler eingelassen habe, sei die Zusage, er werde eine Förderung von Filtern so lange verhindern, bis eine klare Vorgabe aus Brüssel komme. Öffentlich kündigte er an, Filter von Januar 2005 an steuerlich begünstigen zu wollen. Zumindest so weit wollte er der Automobilindustrie und insbesondere Volkswagen im Angesicht des selbst verschuldeten Filterengpasses helfen oder, wie Staatssekretär Bernd Pfaffenbach es ausdrückt: »Unser Entgegenkommen beschränkt sich darauf, zu verhindern, dass Investitionen in rußarme Motoren entwertet werden.«

Das Spiel in Berlin und Brüssel

Die Entscheidung um den Rußfilter fällt letztlich durch mehrere, parallel laufende Entwicklungen in Brüssel.

Brüssel ist »das Mekka des Lobbyismus«, wie die französische Tageszeitung *Le Figaro* schrieb. Hier werden jährlich rund 100 Milliarden Euro verteilt, schätzungsweise 70 Prozent der nationalen Gesetze in den Mitgliedsstaaten mitgeprägt, ja erzwungen. In Brüssel werden die Paragraphen geschrieben, die den europäischen Markt mit 450 Millionen Kunden und Verbrauchern regulieren. Insofern entwickeln

13 Urschel: Gerhard Schröder: Eine Biographie, S. 133.

Unternehmen verständlicherweise eine immense Energie, ihre Interessen in Brüssel durchzusetzen, wobei mal der eine und mal der andere Lobbyist leer ausgeht.

Lobbying in Brüssel

In Brüssel arbeiten derzeit rund 15 000 Interessenvertreter. Das macht rund fünf Lobbyisten pro Abgeordnetem. »DaimlerChrysler ist dort eines unter vielen großen europäischen Unternehmen«, sagt Hanns Glatz, der das Brüsseler Büro des Autokonzerns leitet. »Sie müssen also zwangsläufig aus ihren nationalen Netzwerken hinaus, wenn sie etwas bewegen wollen. Dazu kommt, dass Beamte aus vielen Nationen in der Kommission arbeiten, sodass auch unsere Mitarbeiter aus verschiedenen Ländern internationale Erfahrung und Perspektive brauchen.«

Welcher Personenkreis ist für die Entscheidung wichtig? So lautet immer die erste Frage. Oben auf der Liste stehen natürlich die EU-Kommission und ihre Beamten in den Generaldirektionen, dann die nationalen Regierungen, die über den Europäischen Rat mitbestimmen, und immer häufiger auch das EU-Parlament, dessen Recht auf Mitentscheidung in den vergangenen Jahren immer weiter ausgedehnt wurde.

Dort gelten allerdings andere Bedingungen als im deutschen Bundestag, weil es in der EU keine gewählte Regierung und damit keine Regierungsfraktionen gibt. So wenden sich die Lobbyisten im Parlament fast immer an die stärksten Fraktionen, die konservative Europäische Volkspartei (EVP) und die Sozialdemokraten. Die Liberalen und die Grünen sind nur dann interessant, wenn die großen Fraktionen uneins oder in sich zerstritten sind.

Viele Abgeordnete zeigen sich für die Informationsbeschaffer und Ratgeber aus der Wirtschaft sehr offen, was auch daran liegt, dass ihnen so etwas wie der Wissenschaftliche Dienst des Bundestags fehlt. Dieser versorgt die Berliner Abgeordneten mit soliden Basisinformationen, beispielsweise indem er der Enquête-Kommission für Umweltfragen mit Fachwissen beispringt.

Der Ausgang des Streits um den Filter wird in den Jahren 2003 und 2004 von mehreren Faktoren bestimmt: der nationalen Politik mehrerer Mitgliedsstaaten, der Lobbyarbeit unterschiedlicher Interessengruppen in Brüssel und dem europäischen »Cafe«-Verfahren *(Clean Air for Europe)*.

Die Europäische Union hat die Hoheit darüber, welche Abgaswerte für Autos in den Mitgliedsstaaten gelten. Die Normen Euro I bis IV hat sie längst erlassen, und dass Euro V und Euro VI kommen, ist beschlossene Sache. Offen ist nur noch, wie sie genau ausfallen werden. Deshalb lässt die Europäische Kommission in den Jahren 2003 und 2004 durch wissenschaftliche Studien und durch weitere Informationsbeschaffung klären, welche Grenzwerte aus gesundheitlichen Gründen geboten und welche im Blick auf die technische Entwicklung etwa in der Automobilindustrie machbar sind. Dieses formelle Verfahren heißt Cafe-Verfahren und auf der Grundlage des Ergebnisses soll die zuständige Generaldirektion Industrie einen Vorschlag für die Abgasnorm Euro V formulieren, der von Dezember 2005 an das Gesetzgebungsverfahren in Brüssel durchläuft.

Gleichzeitig kündigen mehrere Länder an, sie würden – teilweise schon im Jahr 2004 – niedrige Grenzwerte und damit den Einbau eines Filters steuerlich fördern wollen: Die holländische Regierung arbeitet bereits an einem Gesetzesentwurf, Frankreich stellt im Juni einen »Nationalen Plan für Gesundheit und Umwelt« vor, Österreich und Schweden hatten zumindest ein solches Interesse geäußert.

In diesem Umfeld werben Lobbyisten wie etwa der französische Automobilhersteller Peugeot in Brüssel für die Filter-Technik. Sie sei sofort einsetzbar, weswegen es keinen Grund gebe, weniger strenge Grenzwerte festzulegen als die mit einem Filter erreichbaren.

Deutsche Umweltschützer von Greenpeace, vom Verkehrsclub Deutschland VCD und von der Deutschen Umwelthilfe möchten diese Position bei den Generaldirektionen für Industrie und für Umwelt noch verstärken. Deshalb bemühen sie sich um Peugeot und suchen den Kontakt zu mehreren Zulieferern. »Man versucht so viele unterschiedliche Parteien für die eigenen Argumente zu gewinnen wie es geht. Dann kommen, wenn das gelingt, gleiche Botschaften aus mehreren Richtungen bei der EU-Kommission an«, sagt Jürgen Resch von der Deutschen Umwelthilfe.

Die Vorgespräche dürfen natürlich nicht nach außen dringen, weil die Unternehmen unter Beobachtung der deutschen Automobilhersteller stehen, und nicht zuletzt aus diesem Grund gelingt es zunächst nicht, ein Zweckbündnis zu bilden. Erst nach und nach wagen es mehrere Zulieferer, für ihre eigenen Filter auch offiziell zu lobbyieren und gleichzeitig Verbraucherorganisationen wie der Umwelthilfe Spenden zukommen zu lassen.

Wer nicht mit einer Stimme spricht, verliert

Die deutsche Regierung sandte derweil sehr unterschiedliche Signale aus. Das ist nichts Ungewöhnliches. Oft, so ein geflügeltes Wort, könne sich die Regierung nicht einigen oder der Bund und die Länder nicht. Deutschlands Stimme im EU-Parlament sei deshalb oft die Enthaltung.

Im Fall des Rußfilters wurde es vom DaimlerChrysler-Repräsentanten Hanns Glatz so wahrgenommen: »Deutschland hatte zwei Regierungen, die sich widersprachen, eine rote und eine grüne, die mit jeweils eigenen Positionen in Brüssel auftraten.«

Das »rote« Signal besagte: Der Bundeskanzler spricht öffentlich davon, den Filter von 2005 an fördern zu wollen, gleichzeitig verspricht er der Automobilindustrie, nichts zu unternehmen, bevor die EU-Kommission offizielle Grenzwerte festlegt. Diese Botschaft trugen auch die Autohersteller an die EU-Kommission weiter. Das »grüne« Signal lautete: Umweltminister Jürgen Trittin treibt die Diskussion über niedrige Grenzwerte für Dieselautos auf mehreren Treffen des Umweltministerrats voran – zum Missfallen von Bundeskanzler Gerhard Schröder und der Autoindustrie.

Schon im März 2003 brachten Deutsche und Franzosen in Brüssel ein gemeinsames Positionspapier ein, das niedrige Grenzwerte forderte, woraufhin ein Sub-Komitee gegründet wurde. Von September 2003 bis ins Jahr 2004 tagte dieses Sub-Komitee mehrfach, um »die neuesten Informationen zu sammeln«, welche Techniken zur Abgasreduzierung vorhanden seien und zu welchen Kosten sie eingebaut werden könnten. Das Ergebnis sollte es den Beteiligten am Cafe-Verfahren zukommen lassen – um deren Arbeit zu beschleunigen.

Im Protokoll zur Sitzung des Umweltministerrats am 26. Januar 2004 heißt es dann noch einmal, »mehrere Staaten verlangen von der EU-Kommission, die Abgasnormen Euro V und Euro VI schneller zu definieren«. Vor allem Jürgen Trittin drängelte, man kenne ja die gesundheitsschädliche Wirkung von feinen Rußpartikeln.

Der grüne Bundesumweltminister Jürgen Trittin hat immer eine sehr eigenständige Europapolitik betrieben, oft ohne, manchmal auch gegen seinen Bundeskanzler Gerhard Schröder. Mindestens einmal zwang ihn der Kanzler zu einem spektakulären Rückzug. Gerhard Schröder schickte den Grünen im Jahr 2001 nach Brüssel, um eine eigentlich schon verabredete Entscheidung zu revidieren – und wieder war Volkswagen ein auslösendes Moment. Es ging um die künftige Entsorgung von Altautos durch die Hersteller. Diese Idee hatte Ende der neunziger Jahre in Brüssel viele Befürworter gefunden. Nicht der letzte Besitzer sollte die Verschrottung bezahlen, sondern der Hersteller – und die Kosten in den Neuwagenpreis einrechnen. Das war ein Problem bei jenen Autos, die zum damaligen Zeitpunkt schon verkauft und zugelassen waren. Der damalige Volkswagen-Chef Ferdinand Piëch intervenierte, die geplante Rücknahmepflicht ab 2003 sei »die größte Gefahr für Volkswagen«. Die Entwicklung zu dieser Richtlinie hatten die Autohersteller zunächst verschlafen, wie ein Brüsseler Lobbyist inzwischen zugesteht. Piëch sah daraufhin plötzlich fast 30 Millionen alter Fahrzeuge auf sich zurollen und trat bei Bundeskanzler Gerhard Schröder dafür ein, die schon verabredete Richtlinie nicht zu akzeptieren.

Daraufhin wies Gerhard Schröder seinen Minister Jürgen Trittin an, die Entscheidung auf einem Treffen der Umweltminister in Brüssel zu verhindern, obwohl Trittin noch kurz zuvor seinen europäischen Kollegen angekündigt hatte, er werde dem Entwurf der Kommission in seiner ursprünglichen Fassung zustimmen. Schröder ließ Trittin über den grünen Außenminister Joschka Fischer sowie über das Nachrichtenmagazin *Spiegel* mitteilen: »Entweder der nimmt das zurück, oder er fliegt«. Und der deutsche Umweltminister, der kaum Unterstützung von seiner eigenen Partei bekam, gab klein bei. Die EU-Mitgliedsstaaten mussten daraufhin einen neuen Vorschlag erarbeiten, der der Autoindustrie entgegenkam: Schon zugelassene Fahrzeuge müssen deshalb erst vom Jahr 2006 an von den Konzernen kostenlos zurückgenommen werden.

Auf nationaler Ebene entstand derweil im Frühjahr und Sommer ein drittes Signal zum Rußfilter: ein widerstrebendes »Ja« in den Regierungsfraktionen. Die grüne Bundestagsfraktion verkündete im Mai 2004 ihre Zustimmung für niedrige Abgaswerte und steuerliche Anreize. Die SPD zögerte. Trug dazu bei, dass beim Parteivorsitzenden Franz Müntefering Ende Mai ein Brief von VW-Chef Pischetsrieder ankam? Darin forderte er nach Informationen der Deutschen Umwelthilfe, den geplanten Entschließungsantrag fallen zu lassen. Die Folgen einer schnellen Einführung des Rußfilters seien verheerend für die deutsche Industrie. Volkswagen habe mehr als deutlich zum Ausdruck gebracht, dass die Bundesregierung auf jeden Fall »erst ab 2007 den Partikelfilter für Neufahrzeuge fördern« solle, so die Umweltschützer. So verlief also die neue Verteidigungslinie von VW: Wolfsburg spielte auf Zeit.

Weder in jenen Mai-Tagen noch später ist dieser Original-Brief aufgetaucht. Nur wenige im Konzern und einige SPD-Fachpolitiker aus der Bundestagsfraktion kannten seinen Wortlaut. Tatsache ist: Die Sozialdemokraten verschoben die Entscheidung in der Fraktion. Später würde ein einflussreiches Mitglied der SPD-Fraktion zwar erklären, das habe an den noch laufenden Verhandlungen über die Reform des deutschen Föderalismus gelegen. Der Bund und die Länder hätten diskutieren müssen, ob sie die Geldströme aus der Kfz-Steuer dem Bund zuordnen sollten. Die Kfz-Steuer fließt bisher den Bundesländern zu. Bund oder Länder, je nachdem, wer künftig die Steuern erheben würde, hätte im Falle einer steuerlichen Förderung von niedrigen Rußwerten also auf Geld verzichten müssen. Solange nicht klar gewesen sei, wen das künftig treffen würde, habe man das Thema vertagt, so die Argumentation des

SPD-Politikers. Doch musste die Frage, ob die Länder oder der Bund zuständig sein würden, die Bundestagsfraktion davon abhalten, niedrige Abgaswerte für wünschenswert zu halten? So ganz wollte man sich später nicht festlegen, ob der Brief von Pischetsrieder nicht doch eine entscheidende Rolle für eine Verschiebung gespielt hat.

Der politische Vorarbeiter

Es gibt Anhaltspunkte dafür, dass der politische Vorarbeiter des Konzerns, Reinhold Kopp, maßgeblich an dem ominösen Brief mitgewirkt hat. Kopp dementiert das allerdings. Es habe keinen speziellen Brief gegeben – und das schon aus dem Grund, weil in solchen Briefen nichts stehe, was Volkswagen nicht auch öffentlich verkünde. Da man nichts geheim halten könne, sei etwas anderes gar nicht denkbar, so Kopp in einem kurzen Telefonat im Januar 2005. Statt die Haltung von Volkswagen zu verteidigen, taucht er wochenlang ab.

Der Jurist leitet seit 1998 die »Abteilung Regierungsbeziehungen« von VW. Zuvor hatte Kopp in den achtziger und frühen neunziger Jahren für Oskar Lafontaine als Chef der Staatskanzlei und SPD-Wirtschaftsminister im Saarland gearbeitet. Als Beleg besonderer Wirtschaftsfreundlichkeit konnte der Sozialdemokrat die Auszeichnung »Dinosaurier des Jahres« vorweisen, verliehen vom Naturschutzbund im Jahr 1993, weil er als saarländischer Minister »ohne Not zahlreiche ökologiefeindliche Entscheidungen« getroffen habe, wie die linke *tageszeitung* die Umweltschützer zitierte.

Der frühere Politiker kannte die SPD natürlich in- und auswendig, er hatte gute Kontakte und avancierte so zum wertvollen Lobbyisten für die Autobranche. Aber genau deshalb gehört Kopp zu denen, die einen Wechsel hin zu einer Regierung ohne SPD-Beteiligung hätten fürchten müssen. Eine alleinige CDU-Regierung hätte mit einem Schlag große Teile seiner Beziehungen in die Politik wertlos gemacht.

Der Blick des Auto-Repräsentanten war – anders als der seines Vorgängers – von vorneherein stark auf Brüssel ausgerichtet. Insofern spiegelt sich in Kopps Berufung eine Entwicklung der politischen Arbeit von Volkswagen wider. Am Anfang der neunziger Jahre gehörte die Abteilung Regierungsbeziehungen zunächst zum Vorstandsbereich von Jens Neumann, einem Vertrauten des damaligen Vorstandschefs Ferdinand Piëch. Damals sollte der oberste Lobbyist des Konzerns vor allem ein Spezialist für die Bundespolitik sein. Auf dem »europäischen Auge« war der Konzern hingegen ziemlich kurzsichtig. Und so handelte sich Volkswagen in Brüssel einen schlechten Ruf ein, als es zu Konflikten darüber kam, ob der Konzern seinen Händlern genug Freiheit lasse, und das Unternehmen sich darüber hinaus wegen unlauterer Beihilfen beim Bau von Werken in Ostdeutschland verantworten musste. Daraufhin wurde die politische Kommunikation Ende der neunziger Jahre umorganisiert, sie kam in die Verantwortung des langjährigen Arbeitsdirektors Peter Hartz – und der Saarländer suchte sich als neuen Kopf für dieses Ressort den früheren saarländischen Politiker Reinhold Kopp aus.

Kopp positioniert sich als starker Stratege, indem er seine »kompetente, möglichst frühzeitige Beratung als Dienstleistung für politische Entscheider« betont, wie er einmal über seine Arbeit für VW geschrieben hat. Es sei wichtig, »dass Unternehmen bereits frühzeitig Positionen und Entwicklungen identifizieren und ihre Standpunkte erläutern«, und das tat Kopp, als es um den Rußfilter ging. Wenn es galt, ein Konzerninteresse zu formulieren, war er schnell und konsequent. »Er ließ sich von nichts abringen. Hat sich nie bewegt. Ihn für Umweltziele zu gewinnen, war ein vergeblicher Versuch«, sagt Jürgen Resch von der Deutschen Umwelthilfe polemisch, wenn er sich an seine politischen Auseinandersetzungen mit Kopp um den Rußpartikelfilter für Diesel-Pkw erinnert. Resch nannte die politische Arbeit von VW sogar »Raubtier-Lobbyismus«.

Jede Niederlage ist ein Anfang

Im Streit um den Dieselrußfilter attackieren die Umweltschützer den Autokonzern heftig. Jede Äußerung und jeden Schritt begleiten sie mit Pressemitteilungen, sie führen Hintergrundgespräche mit Journalisten und geben exklusive Informationen an Nachrichtenagenturen. Sie wollen die Deutschen von der Notwendigkeit des Rußfilters überzeugen. Denn nur so können sie Bundeskanzler Gerhard Schröder auf indirektem Wege erreichen. Einen Termin mit ihm hat die Deutsche Umwelthilfe, anders als der Vorstandschef von Volkswagen, im Frühjahr und Sommer des Jahres 2004 nicht bekommen, was durchaus typisch für den Berliner Alltag ist. Es zeigt, wie wenig chancengleich Verbraucher und Konzerne sind, wenn es darum geht, dem Bundeskanzler ein Anliegen vorzutragen.

Die Monate von Frühjahr bis Sommer 2004 bringen derweil die Entscheidung auf europäischer Ebene:

7. Juni 2004: Auf einem Autogipfel trifft der VW-Chef Bernd Pischetsrieder mit Bundeskanzler Gerhard Schröder zusammen.

2. Juli 2004: Bernd Pischetsrieder hat gemeinsam mit den Chefs von Fiat, Volvo und Renault einen Termin beim damaligen Präsidenten der EU-Kommission, Romano Prodi. Der VW-Manager leitet die Delegation, weil er gleichzeitig auch Präsident des europäischen Verbands der Automobilindustrie namens Acea ist. Es ist keine leichte Aufgabe für den Deutschen, seine Rolle als Präsident und als Konfliktpartei wahrzunehmen. So konzentriert sich Pischetsrieder darauf, den Präsidenten der EU-Kommission davon zu überzeugen, keine nationalen Alleingänge in Holland oder Frankreich bei der steuerlichen Förderung des Filters zuzulassen, bis die EU ihre offizielle Position bezogen habe. »Doch es wurde uns schon damals angedeutet, dass die Kommission die Alleingänge nicht werde unterbinden können, sondern allenfalls durch eine eigene Empfehlung vorpreschen könne, um die Zersplitterung der Förderpolitik und damit des Marktes zu verhindern«, erinnert sich Hanns Glatz von DaimlerChrysler.

9. Juli 2004: Jetzt beschließt auch die SPD-Fraktion, dass sie niedrige Rußwerte für Diesel befürwortet. Ein weiterer Rückschlag für VW.

13. Juli 2004: Bundeskanzler Gerhard Schröder trifft noch einmal auf Vertreter der Automobilindustrie in Stuttgart und akzeptiert dort eine offizielle Erklärung, in der von einem gewünschten EU-Grenzwert von 8,5 Milligramm Ruß-Ausstoß pro Kilometer die Rede ist. Die Autoindustrie hofft, mit diesem Vorschlag die Diskussion zu beenden. Außenstehende Beobachter sind irritiert, denn diesen Wert könnten kleinere Dieselautos auch ohne Filter erreichen. Setzt sich der Bundeskanzler nun doch für die deutschen Hersteller und gegen die Interessen der Filter-Befürworter in Brüssel ein? Oder sind es nur leere Worte? Vehement protestieren die Umweltverbände, und in Brüssel wird die Verwunderung über den deutschen Schlingerkurs immer größer.

Wenige Tage später reist eine Acea-Delegation zu Bundeskanzler Gerhard Schröder. Wieder sind dabei: Bernd Pischetsrieder als Präsident des europäischen Herstellerverbands, dessen Generalsekretär, Ivan Hodac, dazu die Chefs von Volvo, Leif Johansson, und von Ford Europe, Lewis Booth. Wieder werben sie für die Interessen der Autoindustrie, unter anderem eben auch die Abgasnorm Euro V.

Einer der Besucher erinnert sich später, der Bundeskanzler habe zugesagt, den Filter nicht zu fördern, bevor die EU-Kommission einen offiziellen Vorschlag unterbreitet habe. Zumindest diese Position vertritt er dauerhaft.

Im Spätsommer kommt es noch zu einer aufschlussreichen Begegnung. Ein Automanager bietet der Deutschen Umwelthilfe ein Geschäft an. Die Industrie weiß inzwischen sicher: Fünf Milligramm Ruß pro Kilometer werden als Grenzwert kommen, die Umweltverbände sind darüber noch nicht informiert. Also deutet der Manager scheinbar großzügig an, die Autoindustrie sei von sich aus bereit, auf den von den Umweltschützern gewollten niedrigen Förderwert einzugehen. Dafür, so erinnert sich Jürgen Resch von der Deutschen Umwelthilfe, »wollten Vertreter der Autoindustrie, dass wir auf die von uns geplante Kampagne für niedrige Stickoxid-Werte (NOX) in Autoabgasen verzichten«. Doch die Umwelthilfe lehnt das Scheinangebot ab und bleibt bei ihrem Kampagnenplan.

Im Herbst beschließen die Beamten der Europäischen Union dann, unmittelbar zu handeln, weil sonst Länder wie Holland und Österreich ihren eigenen Weg in Sachen Filter gehen. Sie sprechen eine Empfehlung aus, die rechtlich zwar nicht bindend ist, die aber doch alle so verstehen, dass die Norm Euro V genau so oder sehr ähnlich aussehen wird. In einem *Commission Staff working paper*, das letztlich im Januar 2005 veröffentlicht wird, heißt es: Die EU-Kommission will eine deutliche Verschärfung der Grenzwerte für Autoabgase. Vom Jahr 2010 an sollen unter anderem nur noch Diesel-Pkw zugelassen werden, die praktisch keinen Ruß mehr ausstoßen. Ein Grenzwert von fünf Milligramm Ruß pro Kilometer darf mit dem Segen der EU-Beamten von nun an steuerlich gefördert werden.

Es ist geschehen. Was der Umweltminister wollte, was die Umweltverbände wollten, was die Regierungen in Österreich und den Niederlanden wollten, was der Automobilhersteller Peugeot wollte, ist eingetreten. VW hat diesen politischen Kampf verloren.

Doch die Bundestagswahl wird diese Niederlage mildern. Bis September hatte sich die rotgrüne Regierung nicht mit den Ländern einigen können, wer, wann und zu welchen Bedingungen den Filter fördert. Und wer den dafür notwendigen Gesetzentwurf vorlegen muss. Hintergrund des Konflikts ist, dass die Länder bis heute die Einnahmen aus der Kfz-Steuer erhalten. Da jedes Gesetzgebungsverfahren, das eine alte Regierung nicht vollendet, neu beginnt, wird weitere Zeit verstreichen. Im Koalitionsvertrag heißt es, man werde die »Nachrüstung aufkommensneutral steuerlich fördern und ab 2008 neue Fahrzeuge ohne diesen Standard mit einem steuerlichen Malus belegen.« Etwas Besseres hätte sich Volkswagen nach dem Scheitern von Brüssel kaum wünschen können. Der Konzern gewinnt mindestens ein weiteres Jahr, bis rußarme Diesel-Autos gefördert werden und offenbar zwei Jahre, bis er alle seine Autos den künftigen Abgasnormen angepasst haben muss.

Die politische Renitenz von VW

Ein Tauziehen der Strippenzieher wie beim Rußfilter ist kein Einzelfall. Immer wieder versucht der Volkswagen-Konzern, Gesetze zu verzögern oder zu verhindern. In der Regel geschieht das – wie im Fall des Rußfilters beschrieben – in einer Mischung aus sehr nachvollziehbaren Gründen und einem egoistischen Konzerninteresse, das der Allgemeinheit schadet. Als es Volkswagen im Jahr 1999 gelang, die Rücknahme von Altautos durch die Hersteller, auf die sich der Europäische Rat und die EU-Kommission schon geeinigt hatten, zunächst zu verhindern und später dauerhaft zu entschärfen,

brachte das Unternehmen halb Europa gegen sich auf. Dann kam der Rußfilter, und im Jahr 2004 befolgte der Konzern auch noch monatelang ein Gesetz zur Kennzeichnung seiner Fahrzeuge in den Verkaufsräumen der Händler nur unvollständig. Kunden sollen künftig auf den ersten Blick sehen können, wie viel Gramm klimaschädliches Kohlendioxid das Auto pro gefahrenem Kilometer emittiert und wie viel Liter Treibstoff für einhundert Kilometer getankt werden müssen. Mit dieser Pflicht haben die Autohändler ein Problem – schließlich wird nun für jeden offensichtlich, wie teuer im Verbrauch etwa die schweren und durstigen Geländewagen sind.
Klebt ein Hinweis auf vergleichsweise hohen Benzin-Verbrauch auf dem Auto, entscheiden sich Verbraucher häufiger gegen dieses Fahrzeug als in dem Fall, in dem kein Hinweis vorhanden ist. Das ist bekannt und bewiesen. Insofern ist es verständlich, dass Hersteller vehement gegen diese EU-Richtlinie zur Verbrauchskennzeichnung von Kraftfahrzeugen aus dem Jahr 1999 angingen. Ganz in ihrem Sinne bemühte sich das Bundeswirtschaftsministerium in den darauf folgenden Jahren nicht sonderlich darum, dass die EU-Richtlinie in deutsches Recht umgesetzt wurde, und erst nach wachsendem Druck aus Brüssel sah sich die Bundesregierung gezwungen einzulenken. Das »Energieverbrauchskennzeichnungsgesetz – EnVKG« passierte letztlich am 28. Mai 2004 den Bundesrat. Es verpflichtet Autohersteller und ihre Händler, seit dem 1. Oktober 2004 gut lesbare Hinweise zum Spritverbrauch und zum Ausstoß des klimaschädlichen Gases Kohlendioxid unter der Windschutzscheibe von Neuwagen oder an den Infoständern neben den Fahrzeugen anzubringen. Diese

Pflicht erstreckt sich auch auf Werbung in Zeitungen und Zeitschriften, sobald Angaben zur Motorisierung gemacht werden. Im Internet muss ein vorgegebener Wortlaut auf den beim Händler ausliegenden Leitfaden hinweisen.

Dem Termin folgte ein Test. Mitarbeiter der Deutschen Umwelthilfe (DUH) gingen im Dezember 2004 durch die *Showrooms* deutscher Automobilkonzerne in Berlin und stellten fest: Die Verbraucher wurden nicht oder nachlässig über Spritverbrauch und CO_2-Ausstoß informiert. Volkswagen hatte seine Standardmodelle zwar gekennzeichnet, aber die Aufkleber waren aus durchsichtiger Folie mit weißer, äußerst unauffälliger Schrift. Und ausgerechnet beim bulligen Geländewagen Touareg und den Luxusmodellen der VW-Töchter Bugatti und Bentley fehlte in mehreren überprüften Verkaufsräumen jeder Hinweis auf den Kraftstoffverbrauch.

Die Deutsche Umwelthilfe mahnte die Hersteller daraufhin förmlich ab und kündigte an, jeden weiteren »festgestellten Verstoß unverzüglich zur Einleitung eines Ordnungswidrigkeitsverfahrens« anzuzeigen. Verstöße gegen die Kennzeichnungspflicht können laut Gesetz mit Strafen von bis zu 50 000 Euro geahndet werden. Alle abgemahnten Hersteller gaben ihre Verstöße zu. BMW entschuldigte sich für den »bedauerlichen Einzelfall in Berlin« und begrüßte die »Überwachungsfunktion« der Deutschen Umwelthilfe. Volkswagen verpflichtete sich in seiner Antwort am 14. Dezember 2004 gar zur Zahlung einer Konventionalstrafe in Höhe von 10 000 Euro für jeden weiteren Verstoß.

Der VW-Verpflichtung folgten weitere Stichproben durch die Umweltschützer, und tatsächlich mussten sie im Lindencorso in Berlin weitere Verstöße mit Fotos dokumentieren, woraufhin die Rechtsanwälte der Umweltschützer den Konzern zur Zahlung der fälligen Geldstrafen aufforderten. In einem Antwortschreiben der VW-Anwälte heißt es am 11. Januar 2005: »Sie (weisen) darauf hin, dass sich bei bestimmten Blickwinkeln des Betrachters Spiegelreflexionen ergeben können, die den Hinweis (die Kennzeichnung, Anm. d. Aut.) unlesbar machen. Darauf kommt es jedoch nicht an.« Das Gesetz erfordere »nicht eine deutliche Lesbarkeit, sondern eine deutliche Sichtbarkeit« der Hinweise. Im Übrigen sei die Mandantin VW nicht bereit, die Vertragsstrafen zu zahlen. Nach weiteren unerquicklichen Telefonaten zahlte Volkswagen doch: 20 000 Euro. Geld, das der DUH-Geschäftsführer Jürgen Resch für PR-Arbeit einsetzen will, um Volkswagen dazu zu bewegen, den Kraftstoffverbrauch seiner Flotte zu verringern.

Cars 21 ist Balsam für die Autoindustrie

Der nächste Konflikt zwischen Autoindustrie sowie Umwelt- und Verbraucherschützern zeichnet sich bereits ab. Er heißt »Cars21«.

Zeitgleich mit der sich anbahnenden Entscheidung um den Rußfilter hatten der europäische Herstellerverband Acea und sein Präsident, VW-Chef Bernd Pischetsrieder, in der EU-Kommission dafür geworben, die Autoindustrie vorläufig von weiterer Regulierung zu verschonen. Diese Idee wurde Ende des Jahres 2004 vom neuen Industriekommissar Günter Verheugen aufgenommen und mit einer schon in seiner Generaldirektion vorliegenden Idee kombiniert: Heraus kam eine spektakuläre Initiative mit dem Namen »Cars21«.

Als der SPD-Politiker Anfang Januar 2005 in Brüssel vor die Presse trat, zierte ein kleiner, dunkler Porsche sein Pult. Verheugen sagte damals, die Automobilindustrie sei nun einmal »von entscheidender Bedeutung für die Wettbewerbsfähigkeit Europas« und »für Wachstum und Arbeitsplätze«. Die Industrie sehe sich steigendem Druck ausgesetzt – durch niedrigere Arbeitskosten nicht nur in Osteuropa, sondern auch in Japan und Südkorea, sie müsse mit Überkapazitäten kämpfen, und – zumindest europaweit – sei die Produktivität niedriger als in den USA und in Japan. Deshalb solle »Cars 21« alle EU-Richtlinien auf autofeindliche Regeln überprüfen, damit die EU-Kommission sie gemeinsam mit dem EU-Parlament gegebenenfalls verändern oder entsorgen könne. Mehr Freiheit für die Automobilindustrie, das wäre der passende Slogan von »Cars21«, der Kurzform von *Competitive Automotive Regulatory System for the 21st Century* (Wettbewerbsfähiges Regulierungssystem für die Automobilindustrie im 21. Jahrhundert).

Der damalige Vizepräsident von Ford Europa, Wolfgang Schneider, beeilte sich zu beschwichtigen, es gehe nur um »reine Überzeugungsarbeit«.[14] Der Industrie zufolge wird der Bau von Autos durch 3000 Vorschriften reglementiert, von denen 85 Prozent von der EU erlassen wurden, was die Hersteller eigenen Angaben zufolge etwa 4000 Euro pro Auto kostet. »Das Hauptproblem war für uns in der Vergangenheit, dass die Kommission viele, oftmals unkoordinierte Gesetzgebungsinitiativen gestartet hat, die für sich genommen gerechtfertigt gewesen sein mögen. Kaum einer in Brüssel hat sich aber dafür interessiert, dass sie zugleich auch sehr kostenintensiv und in der Zielsetzung sehr widersprüchlich waren.« Der Ford-Manager Schneider beschrieb dieses Phänomen am Beispiel von Schadstoffredu-

14 *Frankfurter Allgemeine Zeitung*, 13.1.2005, »EU-Kommissar Verheugen will der Autoindustrie helfen«, S. 11.

zierung und Fußgängersicherheit. »Wenn wir es uns als oberstes Ziel setzen, der globalen Erwärmung entgegenzuwirken, müssen wir uns vor allem um die Reduktion von relevanten Schadstoffemissionen kümmern.« Doch wenn gleichzeitig darauf geachtet werden müsse, die Autos auch für Fußgänger sicherer zu machen, erhöhe das beispielsweise das Gewicht durch aufwändigere Knautschzonen oder verändere das Design zu Lasten des Windwiderstands. Beides würde den Kraftstoffverbrauch steigern und so dem Ziel »weniger Emissionen« widersprechen. Man wolle beide Ziele lieber ohne EU-Regeln und mithin »effizienter« erreichen.

Umwelt- und Verbraucherschützer fürchten hingegen, dass VW und andere Hersteller auf Kosten der Umwelt, der Verbraucher oder anderer Industrien um ein Vielfaches wettmachen werden, was sie in früheren Jahren an Regulierung akzeptieren mussten. Die Liste der Mitglieder von Cars21 ist ein Who-is-Who der Branche: Außer den drei EU-Kommissaren für Industrie, Verkehr und Umwelt gehören der Gruppe fünf Vertreter von Mitgliedsländern wie etwa der deutsche Wirtschaftsminister Wolfgang Clement und sieben Manager der Autoindustrie an. Es sind der VW-Vorstandsvorsitzende Bernd Pischetsrieder, der Chief Executive Officer von Renault, Louis Schweitzer, die Chefs von Fiat, Volvo und Ford Europa sowie ein Zulieferer und ein Vertreter der europäischen Mineralölindustrie. Eine dediziert autokritische Organisation wurde nicht dazugebeten.

Bis zum Ende des Jahres 2005 soll Cars21 erste Vorschläge bringen, von denen die EU-Kommission schon im darauf folgenden Jahr einige umsetzen werde, stellte Verheugen in Aussicht. Dafür wird sie in vielen Fragen mit dem Parlament zusammenarbeiten müssen, was anderen Lobbyisten wiederum ermöglicht, Regeln zugunsten der Autoindustrie zu verhindern. Es wird wieder ein großes Gegen- und Miteinander sein. So funktioniert Brüssel.

Am Ende bleibt ein Ungleichgewicht

Ob die Einflussnahme des Volkswagen-Konzerns auf die Politik noch legitim ist, lässt sich nach Ansicht des Hamburger Professors Michael Th. Greven an drei Kriterien ermessen. Greven hat viel über Demokratietheorie und die Veränderung der repräsentativen Demokratie geforscht. Mit der Informalisierung der Politik, unter anderem durch Lobbyismus, hat er sich immer wieder kritisch auseinander gesetzt.

Das erste Kriterium ist – laut Greven – die Transparenz: Einem Redemanuskript von VW-Cheflobbyist Reinhold Kopp zufolge befolgen globale Unternehmen »keine der Regeln, die gemeinhin als Kriterien des Lobbyismus beschrieben werden: Priorität der persönlichen Kontakte, Diskretion und Hinterzimmerkommunikation, Vertretung von gesellschaftskritischen Partikularinteressen, unangemessene Incentives für Politiker.« Beim Ringen um den Filter ist jedoch kaum zu übersehen, dass Volkswagen solche Mittel eingesetzt hat. Eines nach dem anderen. Zwar ist während der Diskussion um den Rußfilter einiges an Einflussnahme ans Licht gekommen, aber oft erst mit zeitlicher Verzögerung und auf Drängen von Umweltschützern und Medien. Kaum auf Betreiben von VW. Die politische Arbeit des Konzerns lief sehr diskret ab – um nicht zu sagen im Verborgenen.

Das zweite Kriterium ist der Zugang zu den Entscheidern. Die Umweltschützer haben kaum Zugang zum Bundeskanzler. Gleichzeitig gelang es ihnen, sich immer wieder in den Bundestagsfraktionen und in den Medien Gehör zu verschaffen, was nicht zuletzt daran lag, dass mehrere Organisationen zusammenarbeiteten. Greenpeace, der Verkehrsclub Deutschland VCD und die Deutsche Umwelthilfe traten gemeinsam auf. Das hat dazu geführt, dass derjenige eine Alternative zu den Vorschlägen der Autokonzerne erkennen konnte, der dafür offen war. Es hat auch dazu geführt, dass VW und andere nicht unwidersprochen behaupten können, ihre Strategie in Sachen Rußfilter sei die einzig richtige, was geholfen hat, mehr Transparenz in der breiten Öffentlichkeit zu schaffen. Zusammen ließen sie erkennen, wie eine professionelle Verbraucherlobby künftig aussehen muss.

Das dritte Kriterium, das über die Legitimität von Einflussnahme entscheidet, ist die Entscheidungsfreiheit: Noch wurde keinem Bundesminister nachgewiesen, dass er sich bestechen ließ und deshalb in seinen Entscheidungen nicht frei war. Andererseits: Was ist es für eine Freiheit, wenn die Grundlagen, auf denen Parlament, Ministerien und Kabinett entscheiden, immer stärker von der Wirtschaft geprägt werden? Zwar ist es seit Beginn der Bundesrepublik üblich, dass die Wirtschaft, meist vertreten durch den BDI, wichtige Gesetzesentwürfe früh zu sehen bekommt, dazu Stellung nimmt und eigene Vorschläge macht. Doch war das damals noch einigermaßen überschaubar im Vergleich zu der heutigen, systematischen Bearbeitung und dem immensen Informationsfluss von der Wirtschaft in die Politik. Die formellen Entscheidungswege der parlamentarischen Demokratie müssen gar nicht davon berührt werden, und doch wird die Freiheit der Entscheidung zu einer gelenkten Freiheit.

Gleichgewicht oder Ungleichgewicht? Das Ringen um den Rußfilter belegt, dass der Volkswagen-Konzern eine beeindruckende Organisationsmacht besitzt und die Nähe zum Bundeskanzler viel wert ist. Dem haben Verbraucherorganisationen wenig entgegenzusetzen. Dass Volkswagen trotzdem teilweise unterlag, ist darauf zurückzuführen, dass es auf der Gegenseite eine ungewöhnliche Koalition zwischen mehreren Umweltschutzgruppen und ausländischen Autokonzernen gab und dass es eine Entscheidung war, bei der Brüssel die Hoheit hatte.

Brüssel bestimmt zunehmend die deutsche Politik. Der Streit um den Rußfilter ist ein beeindruckendes Beispiel dafür, wie mit der Einführung des gemeinsamen Marktes in der Europäischen Union und der daraus erwachsenden politischen Macht Brüssels ein weites Feld für nationale Lobby-Gruppen eröffnet wurde. Konzerne, Industrieverbände und Nationalstaaten bestimmen weiterhin das Spiel, doch Verbraucherinteressen haben eine neue Chance bekommen, gehört zu werden.

Am Ende hieß das für den Filter: Er kommt. Steuerlich gefördert wird er später oder gar nicht. Das ist eines der bestmöglichen Ergebnisse in einem politischen Interessenkonflikt. Keiner hat vollkommen gewonnen, niemand auf ganzer Linie verloren.

4
Der Nutzwert einiger Politiker

Doppelverdiener im Parlament.
Karrieren vom Manager zum Minister und zurück.
Im Beziehungsgeflecht verschwinden die Grenzen zwischen Politik und Wirtschaft.

Heute Bundesminister, morgen Vorstandschef eines Konzerns: Karrieren zwischen Staatsapparat und Privatwirtschaft gehören zum Alltag in Deutschland. Unternehmen und Verbände verweben sich mit politischer Macht, indem sie systematische Wechsel auf die jeweils andere Seite des Schreibtisches einfädeln und fördern. Dabei ist es gar nicht mal so, dass ehemalige Staatssekretäre oder Minister für ihre politischen Entscheidungen von der Wirtschaft direkt entlohnt werden. Das Perfide steckt vielmehr im System: Gewogene (Ex-) Politiker wechseln in die Chefsessel der Wirtschaft, bleiben dabei politische Schwergewichte und übernehmen gleichzeitig die Denkstrukturen eines Konzernlenkers. So gelangen die Interessen ihrer Aktionäre viel eleganter durch die politischen und parlamentarischen Gremien bis in die Gesetzestexte.

Sie schwächen damit die Demokratie, weil sie in Absprachen mit Beamten und Ministern – oft langjährigen Weggefährten – sowie in engem Kontakt mit den von ihnen gepflegten Fachexperten den Gesetzgebungsprozess auf das Engste begleiten – und sogar mitlenken, obwohl sie kein politisches Mandat mehr haben. Den Parlamentariern bleibt oft nur das Abnicken. Regeln, die diese Wechsel auf höchster Ebene verhindern könnten, gibt es nicht. Bis jetzt jedenfalls.

Viel Lärm um Unbekannte

Wer kannte schon Martina Eickhoff, Wilfried Schreck, Jann-Peter Janssen, Ulrike Flach oder Hans-Jürgen Uhl vor Weihnachten 2004? Natürlich, kaum einer. Dennoch sind – oder waren – sie alle in Berlin in politischer Mission unterwegs. Sie sitzen als Abgeordnete im Bundestag und hatten gleichzeitig Arbeitgeber in der Wirtschaft: den Autobauer Volkswagen, die Energiekonzerne Vattenfall und RAG, den Technologiekonzern Siemens. Uhl, Schreck, Eickhoff und viele andere waren unbekannte Bundestagsabgeordnete, die angesichts öffentlicher Debatten plötzlich dem Vorwurf ausgesetzt waren, eine Doppelrolle zu spielen – obwohl keiner der Genannten bis dahin in großen politischen Fragen oder bei der Formulierung eines Gesetzestextes die entscheidende Rolle gespielt hatte. Man darf bezweifeln, dass die Firmen, die diese Damen und Herren mit Nebenjobs versorgten, wirklich glaubten, sie könnten sich so entscheidenden Einfluss verschaffen. Möglicherweise sicherten die Abgeordneten sich mittels zweitem Arbeitsvertrag das »berufliche Risiko« für ihre Zukunft nach dem Ablauf des Abgeordnetenmandats auf Zeit ab. So jedenfalls hat es Reinhard Schultz, SPD-Bundestagsabgeordneter und selbst aufgrund seiner Nebentätigkeiten in Dauerkritik, in einem Brief an die *Westfälischen Nachrichten* dargelegt. Die BAT-Abgeordneten, also Beamte und Angestellte des öffentlichen Dienstes, erklärt Schultz, müssten zwar ihre Berufstätigkeit während der Dauer ihres politischen Mandats ruhen lassen, könnten jedoch jederzeit auf ihre alte Stelle zurückkehren. Große Firmen sichern ihren Mitarbeitern des Öfteren ein ähnliches Rückkehrrecht zu. Ein beeindruckendes Beispiel für die Kombination politischer Mandate bei gleichzeitiger Tätigkeit für die Wirtschaft lieferte der CDU-Politiker und Bundestagsabgeordnete Laurenz Meyer. Der hatte eine Zeit lang gleich drei

Jobs: CDU-Generalsekretär, nordrhein-westfälischer Landtagsabgeordneter und Manager des Dortmunder Energiekonzerns VEW, der in der Essener RWE AG aufging. Andere Arbeitnehmer und Freiberufler hätten nicht die Absicherung, nach Ablauf ihres Mandats an ihren alten Arbeitsplatz zurückzukehren, moniert Schultz. Vor allem selbstständige Unternehmer seien davon betroffen. Würden sie ihre berufliche Tätigkeit aufgrund des politischen Mandats komplett aufgeben, hätten sie so gut wie keine Chance, nach dem Ausscheiden aus dem Parlament den Anschluss in der Wirtschaft oder auf dem Arbeitsmarkt zu finden. Deshalb sei die Nebentätigkeit legitim, schlussfolgert der umtriebige Abgeordnete.

Wissenschaftler sehen das anders. Abgeordnete, die parallel zu ihrer parlamentarischen Tätigkeit zusätzlich bezahlte Jobs ausüben, seien keine »Vertreter des ganzen Volkes« mehr, wie es eigentlich das Grundgesetz vorsieht. »Diener zweier Herren« nennt der Parteienkritiker Hans Herbert von Arnim solche Politiker in Doppelrolle. Der emeritierte Professor der Deutschen Hochschule für Verwaltungswissenschaften in Speyer saß unter anderem in der gemeinsamen Kommission der Bundesländer Bayern und Nordrhein-Westfalen zur Neuordnung der Bezüge von Mitgliedern der Landesregierungen.

Die Erkenntnis, dass sich Abgeordnete immer wieder zwischen Gesetz bzw. Moral einerseits und dem eigenen Vorteil andererseits entscheiden müssen, ist so alt wie das Parlament selbst. Auch der ehemalige Bundestagspräsident Wolfgang Thierse wusste um die Interessen seiner Abgeordneten. »Die Vorstellung, dass Abgeordnete Menschen ohne Eigenschaften sind, ohne Interesse, ohne Verwurzelung in einer sozialen, wirtschaftlichen, beruflichen Sphäre, diese Vorstellung ist naiv«, relativierte Thierse Anfang Februar 2005 im NDR die öffentliche Schelte der Parlamentsmitglieder. Menschen würden schließlich aufgrund ihrer offensichtlichen Interessen gewählt. Es sei öffentlich bekannt, dass Sozialdemokraten traditionell eine große Nähe zu Arbeitnehmern und zu Gewerkschaften hätten. »Und deshalb werden sie gewählt«, war der Bundestagspräsident überzeugt. Ebenso sei bekannt, dass Freie Demokraten und Christdemokraten dem Arbeitgeberlager nahe stehen, also in sozialen oder wirtschaftlichen Fragen anders denken – und dafür würden sie wiederum gewählt. Thierse plädierte – wie fast alle Politiker – für mehr öffentliche Transparenz und ein offensives Umgehen mit Vorwürfen. Es sei immens wichtig, dass Interessenverknüpfungen nicht im Geheimen stattfinden und dass Abgeordnete nicht auf geheime Weise für Interessenvertretung bezahlt werden. »Das ist verboten«, erklärte Thierse. Das Abgeordnetengesetz untersage ganz eindeutig finanzielle Bezüge, denen keine wirkliche Arbeitsleistung entspreche.

Diesem Vorwurf sah sich auch der ehemalige Vorsitzende der CDU-Sozialausschüsse, Hermann-Josef Arentz, ausgesetzt. Der Abgeordnete kassierte rund 60 000 Euro jährlich vom Energiekonzern RWE, ohne dass im Unternehmen überhaupt ein Schreibtisch für ihn vorhanden war. Als das bekannt wurde, beschimpfte Arentz zuerst die »Denunzianten« in der Presse. Er fühlte sich intrigiert, durch die Medien verfolgt und verleumdet. Von Schuldbewusstsein keine Spur. Aus der Arroganz, der Unsensibilität wurde schnell hilfloses Krisenmanagement, dem der Rücktritt folgte. Seine Partei manövrierte zum Jahreswechsel 2004/05 schwer angeschlagen durch diese Affäre und die ihres zu gierigen Generalsekretärs Meyer. Bei diesem sah es mit der Sensibilität ähnlich krass aus. Meyer erhielt bei der Übernahme des politischen Mandats eine Abfindung in sechsstelliger Höhe, ohne dass er seinem Arbeitgeber RWE den Rücken kehrte. Als er als Generalsekretär schließlich seinen Hut nehmen musste – versüßt durch eine großzügige Abfindung seiner Partei –, stand der studierte Volkswirt bei dem Konzern wieder auf der Matte. RWE-Vorstandschef Harry Roels wollte Ende Februar 2005 auf der Bilanzpressekonferenz des Konzerns zwar keine Details zu »einzelnen Vertragsverhältnissen« sagen. Wenig später wurde jedoch bekannt, dass der Abgeordnete Meyer mit einer weiteren sechsstelligen Abfindung endgültig aus dem Konzern verabschiedet wurde. An Meyers Moral wurden noch mehr Zweifel laut, weil er seine im Rahmen der Affäre angekündigte großzügige Spende an SOS-Kinderdörfer nach seinem Abgang als CDU-Generalsekretär zunächst offensichtlich »vergessen« hatte. Meyer, seine Mitarbeiter und sogar die SOS-Kinderdörfer flüchteten sich bis Februar 2005 auf Nachfragen der *Bild*-Zeitung, ob Meyer die kurz vor Weihnachten 2004 angekündigte Spende in Höhe von 80 000 Euro an die SOS-Kinderdörfer überwiesen habe, in Floskeln. Schließlich zahlte Meyer die 80 000 Euro an seinen ehemaligen Arbeitgeber zurück. Der Konzern legte noch 20 000 Euro drauf und überwies die Summe Anfang März 2005 an die SOS-Kinderdörfer. Geschadet hat Meyer die Affäre offensichtlich nicht. Überraschend sitzt der Unionspolitiker nicht nur im Bundestag der 16. Legislaturperiode, seine Fraktion wählte ihn sogar trotz seiner Industrie-Affinität zum Chef der Arbeitsgruppe Wirtschaft und Technologie.

Natürlich sitzen gierige Politiker nicht allein bei den Christdemokraten. Auch bei den Sozialdemokraten hat es fragwürdige Fälle gegeben. Im Sommer 2002 führten undurchsichtige Geldflüsse zwischen dem PR-Berater Moritz Hunzinger und Verteidigungsminister Rudolf Scharping zur Entlassung des Letzteren. Auch der kleine Regierungspartner stolperte über unerfahrene oder gierige Politiker in den eigenen Reihen. Der grüne Bundestagsabgeordnete Cem Özdemir gab schon nach wenigen Monaten rotgrüner Regierungszeit zu, dass er einen Kredit über 80 000 Mark beim Politikberater Moritz Hunzinger aufgenommen hatte, um eine Steuerschuld zu begleichen, und gleichzeitig dienstlich erworbene Bonusmeilen der Lufthansa für private Flüge verwendet hatte. Anschließend räumte er seinen Posten als innenpolitischer Sprecher. Sein Parteifreund Rezzo Schlauch, unter Schröder II Staatssekretär im Bundesministerium für Wirtschaft und Arbeit, saß dagegen die Bonusmeilenaffäre schlicht aus.

Bundespolitik ist Anwalts Liebling

Die größte im Bundestag vertretene Berufsgruppe hat sich bisher geschickt gegen öffentliche Schelte verteidigt: die Anwälte. Und das, obwohl Juristen so häufig wie keine andere Berufsgruppe nebenher tätig sind. Zwar gab es aufgrund mancher Verquickung von Kanzlei- und politischem Mandat öffentliche Kritik vom *Stern* oder in der Online-Ausgabe des *Spiegel*. Konsequenzen zogen die so Kritisierten daraus nicht, schließlich unterstützt sogar ihr oberster Dienstherr das Doppelspiel: Ex-Bundestagspräsident Wolfgang Thierse warnte davor, den »gläsernen Abgeordneten« einzuführen und damit alle die zu verschrecken, die den Bundestag lebendiger machen: Unternehmer, Selbstständige, Mediziner. Friedrich Merz (CDU), Ole Schroeder (CDU), Olaf Scholz (SPD), Rainer Wend (SPD), Matthias Wissmann (CDU) waren einige der 70 Juristen im Parlament der 15. Legislaturperiode, die angaben, nebenbei als Anwalt tätig zu sein. Fast zwei Drittel der laut *Stern* insgesamt 117 das Hohe Haus bevölkernden Juristen übten nebenher ihren Beruf aus. Was sie dabei genau taten, ob sie Verkehrssünder verteidigten, Briefe aufsetzten oder milliardenschwere Fusionen verhandelten, darüber dürfen die Anwälte schweigen. Mandantenschutz.

Die wohl schillerndste Person unter ihnen ist der auf den ersten Blick unauffällige CDU-Politiker Matthias Wissmann, der gewissermaßen zwischen Beruf und Berufung pendelt. Der Bundesminister a. D. sitzt seit 1976 im Bundestag. Er kannte den politischen Betrieb in Bonn und er kennt ihn in Berlin. Wissmann gab in den neunziger Jahren ein Intermezzo als Bundesforschungsminister, danach war er bis zur verlorenen Wahl im Herbst 1998 Bundesverkehrsminister und als solcher auch mal Präsident des Rates Europäischer Verkehrsminister. Als die Union in die Opposition gezwungen wurde, avancierte Wissmann zum wirtschaftspolitischen Sprecher seiner Fraktion, und seit November 2002 sitzt der inzwischen praktizierende Rechtsanwalt dem Europaausschuss des deutschen Bundestags vor. Parallel zu seiner Oppositionsarbeit begann Wissmann, seine exzellenten politischen Kontakte und Erfahrungen als Partner der international tätigen Kanzlei Wilmer Cutler Pickering Hale and Dorr LLP zu vermarkten, der er 1999 beitrat. Eine Verbindung von gegenseitigem Vorteil: Der *Stern* schätzte, der CDU-Politiker kassiere ein Jahresgehalt um die 200 000 Euro als Teilzeit-Anwalt.[15] Dafür finden sich auf der Homepage der Kanzlei Hinweise auf Wissmanns Verdienste als Minister um die Liberalisierung des Transportsektors sowie die Privatisierung von Bundesbahn und Lufthansa.

Abgeordnete könnten »prima Aufträge akquirieren«, erzählt Verbraucher-Anwalt Rainer Geulen. Wissmann ist der gleichen Auffassung. »Recent highlight«, steht auf seiner Kanzlei-Homepage weiter zu lesen, sei das »representing major international companies in their successful transactions in the energy sector«. Liberalisierungs-Experte Wissmann vertritt jetzt das Klientel, das bei der Öffnung des europäischen Energiemarktes ganz vorn mitmischen will. Beispielsweise den Karlsruher Energiekonzern EnBW, dessen Beirat Wissmann angehört. Interessenkonflikte weist der Politikprofi weit von sich. Er halte sich strikt an

15 *Stern*, 6/2005, »Bundestag ist Anwalts Liebling«, S. 46ff.

ethische Regeln und betreibe keinen Lobbyismus, beschied Wissmann dem *Stern* auf dessen Nachfrage.

Trotz dieser Verquickungen ist bislang nicht bekannt, dass Rechtsanwälte aufgrund öffentlicher Schelte ihre Kanzleien verlassen hätten – so, wie andere Abgeordnete ihre Verträge mit früheren Arbeitgebern ruhen ließen oder sogar beendeten. Denn im Gegensatz zu ihren Kollegen im Bundestag, die ihre Beschäftigungsverhältnisse mit Vattenfall oder Volkswagen offen legen müssen, können die Juristen auf ihre Schweigepflicht verweisen. So bleiben die öffentlichen Vorwürfe an den schwächsten oder unerfahrenen Abgeordneten hängen. Im Nachhinein fällt an der Kampagne über die Nebentätigkeiten der Volksvertreter ohnehin auf, dass besonders jene Abgeordnete hart in die Kritik gerieten und zu Konsequenzen gezwungen wurden, die zu den so genannten Hinterbänklern im Parlament zählen.

Ulrike Flach, die FDP-Politikerin, ist zwar Vizechefin der Parlamentsgruppe Luft- und Raumfahrt im deutschen Bundestag. Es ist jedoch nicht überliefert, dass die seit 1998 im Parlament sitzende Siemens-Übersetzerin in entscheidender Weise Gesetzesvorhaben zugunsten des Technologiekonzerns beeinflusst hat. Nun ruht ihr Arbeitsverhältnis mit Siemens. Der Abgeordnete und Verkehrsminister a. D. Matthias Wissmann dagegen kümmert sich als gut dotierter Teilzeit-Anwalt um Luftfahrt, wirbt auf der Kanzlei-Homepage mit seiner Ausschusstätigkeit im Bundestag und hat gute Chancen, nach den Neuwahlen wieder Bundespolitik aktiv mitzugestalten.

Offensichtlich geht der öffentliche Sturm auf die Hinterbänkler an den eigentlichen Strippenziehern vorbei. Die bundesdeutsche Abgeordneten-Gesetzgebung fördert verschwiegene Berufsgruppen und Nebenjobs auf Privatrechnung, indem sie Juristen und Unternehmensberater nicht zur Offenlegung ihrer Nebenjobs einschließlich der betreuten Klienten und der dafür gezahlten Honorare auffordert.

Vielmehr können diese sich auf Vertraulichkeitsklauseln und Schweigepflicht berufen – und ungehindert ihrer Doppeltätigkeit nachgehen. Und: Konzerne und Verbände wenden sich bei Problemen mit Gesetzesvorhaben oder Verordnungen primär an unbekannte Hinterbänkler unter den 601 Abgeordneten. Ohnehin hat der einzelne Mandatsträger wenig Einfluss auf parlamentarische Entscheidungen. Der Bundestag ist ein sich selbst korrigierendes System, in dem unterschiedlichste Interessen aufeinander treffen und Mehrheitsfindung nur durch Interessenausgleich möglich ist. Ein guter Draht zum Abgeordneten XY genügt nicht, um Partikularinteressen durchzusetzen. Wer gezielt Einfluss auf politische Entscheidungen nehmen will, wird nicht im Parlament oder bei einzelnen Volksvertretern vorstellig werden, sondern in den Ministerien und im Kanzleramt.

Wenig Lärm um Einflussreiche

Als Hans-Dietrich Genscher noch mit politischem Mandat an den Schalthebeln der Macht saß, war Hartmut Knüppel einer seiner wichtigen Zuarbeiter. Heute steht der 50-jährige promovierte Wirtschaftsingenieur in den Diensten der Allianz Group und residiert unter nobler Adresse Pariser Platz Hausnummer 6. Von dem ursprünglich als Hauptstadtposten für Vorstände der Dresdner Bank geplanten Büro spinnt Knüppel seine Fäden ins politische Berlin: Sein Auftrag ist es, die Interessen des Finanzkonzerns den Beamten und Abgeordneten des Deutschen Bundestags nahe zu bringen. Knüppel wechselte Anfang 2004 als Leiter der Public-Affairs-Abteilung der Dresdner Bank von Frankfurt an die Spree – und avancierte gleichzeitig zum stellvertretenden Repräsentanzchef der Allianz Group.

Solch ein politisches »Frühwarnsystem« wie die Allianz

Group haben nahezu alle großen Konzerne und Wirtschaftsverbände installiert. In den Chefsesseln der Repräsentanzen, die seit dem Umzug der Regierung nach Berlin wie Pilze aus dem Boden geschossen sind, machen sich ehemalige Politiker besonders gut bezahlt. Diese wissen, wer in welchen Gremien wann Gesetze schreibt. Und so ist bei der Besetzung dieser Posten eine gewisse Rangfolge zu beobachten. In der Ebene unter den Konzernvorständen sorgen immer mehr hochrangige Ex-Minister für den schnellen Draht zur Exekutive und Legislative. So führt der frühere baden-württembergische Wirtschaftsminister Dieter Spöri die DaimlerChrysler-Repräsentanz in Berlin, Ex-Verkehrsminister Reinhard Klimmt ist für die Deutsche Bahn aktiv, Ex-Verkehrsminister Kurt Bodewig berät und vertritt unter anderem die Wirtschaftsprüfungsgesellschaft KPMG, und Ex-Staatssekretär Hansgeorg Hauser arbeitet für die Commerzbank.

Wer welchen Posten in der Wirtschaft bekommt, hängt oft davon ab, auf welcher Stufe der Karriereleiter die politische Laufbahn endete – und in welcher Partei. Als qualifiziert für den Job eines Mitarbeiters in Konzernrepräsentanzen gilt gemeinhin, wer über spezielles oder intimes Know-how und die richtigen Telefonnummern in den Regierungsapparat verfügt. Infolgedessen trifft man auf den Fluren der Konzernvertretungen oft ehemalige Fachreferenten. Zum Beispiel den Emissionshandelsexperten Henning Rentz aus dem Bundesumweltministerium beim Essener Braunkohlenverstromer RWE.

Die Personalpolitik der Konzerne lohnt sich doppelt, denn neben dem Nutzen für das Unternehmen werden diese Firmenexperten zuweilen sogar ausdrücklich von Ministerien auf Arbeitsebene (wieder) angefordert, um bei Gesetzesvorhaben zu beraten. So waren unter Rotgrün Mitarbeiter verschiedener deutscher Großbanken regelmäßig im Finanzministerium aktiv, wenn es galt, komplizierte Finanzmarktgesetze zu formulieren. Mitarbeiter von Gas- und Stromversorgern wurden vom Wirtschaftsministerium angefordert, beispielsweise um Regeln für eine schnelle Eingreiftruppe gegen schwarze Schafe der Branche zu formulieren, die den Wettbewerb verhindern. Diese Aufgabe der Task-Force »Netzzugang« konnte das Wirtschaftsministerium nicht ohne das technische Wissen der Branche bewältigen.

Allerdings gilt: Je mehr ein politisches Vorhaben grundsätzliche Industrie-Interessen betrifft und je höher die Summen sind, um die es geht, umso häufiger greifen statt Konzernrepräsentanten oder Fachexperten die Vorstände oder sogar die Vorstandsvorsitzenden höchstpersönlich in den politischen Prozess ein. Solche Treffen zwischen Bundeskanzler und Wirtschaft sind so alt wie die Bundesrepublik. Konrad Adenauer und Finanzpapst Hermann Josef Abs waren das legendäre Team im Nachkriegsdeutschland. Helmut Schmidt wurde immer eine gewisse Nähe zu Daimler-Chef Edzard Reuter testiert. Und Helmut Kohl vergaß niemals, wer ihn gefördert hatte, als er noch ein junger Landespolitiker war: der Chemiekonzern BASF in Ludwigshafen. Der Kanzler habe für die Interessen von BASF als Großverbraucher von Strom immer ein offenes Ohr gehabt, erinnert sich noch heute ein Lobbyist der Energieerzeuger, der anonym bleiben will. Sein Unternehmen dagegen habe unter Helmut Kohl keinen Fuß in die Tür des Kanzleramts bekommen.

Das änderte sich nach der Bundestagswahl 1998. Schröder empfing die Energiefürsten mit offenen Armen. Schon als Ministerpräsident von Niedersachsen und Kanzlerkandidat gratulierte Schröder am 16. Mai 1998 im Hannoverschen Schloss Herrenhausen dem damaligen PreussenElektra-Chef und späteren E.on-Energie-Lenker Hans-Dieter Harig zum 60. Geburtstag. Als eine neue Generation an die Spitze der Konzerne rückte, lud der Bundeskanzler die Vorstandschefs der vier großen Unternehmen zum Diner ein. Zwecks Kennenlernen, ließ Schröder die Öffentlichkeit wissen. Dann plauderten der Kanzler, sein Büroleiter und der Wirtschaftsminister mit den Managern an einem lauen Augustabend des Jahres 2003 im Kanzleramt über Gott und die Welt. Nachgesagt wird dem SPD-Kanzler auch eine Duz-Freundschaft mit dem als öffentlichkeitsscheu bekannten Vorstandschef des größten deutschen Gasversorgers Ruhrgas, Burkhard Bergmann. Der Gas-Manager war es auch, der dem Bundeskanzler und dem russischen Präsidenten Wladimir Putin am 31. Mai 2003 in Puschin bei St. Petersburg quasi den roten Teppich ausrollen ließ, als die Regierungschefs gemeinsam die Türen zum rekonstruierten Bernsteinzimmer öffneten. Mit 3,5 Millionen US-Dollar hatte sich Ruhrgas außergewöhnlich stark für den Wiederaufbau des Bernsteinzimmers engagiert, das als einzigartiges Symbol für das wechselvolle deutsch-russische Verhältnis gilt. Von dem »positiven Impuls«, den der russische Kulturminister Michail Schwydkoi der deutsch-russischen Kunst-Kooperation bescheinigte, profitieren nicht nur die politischen Beziehungen zwischen Schröder und Putin. Er passt Ruhrgas auch wirtschaftlich ins Konzept: als Aktionär des weltweit größten Gaskonzerns Gazprom.

Bundeskanzler Gerhard Schröder lud generell gern zu Konsens- und Bündnisrunden ins Kanzleramt ein. Die Rotweinabende sind längst legendär. Der sozialdemokratische Regierungschef hatte offensichtlich weniger Geduld mit den langwierigen demokratischen Entscheidungsprozessen als seine Vorgänger. Gern kürzte er mit seinem »Kanzlerwort« Prozesse ab, trieb Entscheidungen außerhalb des Parlaments voran. Während die Spitzenvertreter der deutschen Industrie mit dem Bundeskanzler und den richtigen Ministern beim Jahrgangswein plaudern, warten in anderen Räumen des Kanzleramtes Lobbyisten und Fachreferenten mit Detailkenntnissen und Unterlagen. Die Treffen tragen dazu bei, dass der Parlamentarismus weiter ausgehöhlt wird. Es ist kein Zufall, dass die gewählten Volksvertreter unter der rotgrünen Regierung so schwach erschienen wie selten vorher. Als hätte es eines letzten Beweises bedurft – auch Schröders Ankündigung am Abend des 22. Mai 2005, sich Neuwahlen organisieren zu lassen, und zwar im Herbst und damit ein Jahr früher als geplant, traf von Bundespräsident Horst Köhler über die eigene Partei und den grünen Koalitionspartner auch die Parlamentarier unerwartet. Der Bundeskanzler hatte seine Entscheidung an ihnen vorbei getroffen.

Spitzenjobs für Spitzenpolitiker

Zu einer wirklichen Gefahr für den Parlamentarismus können die Wechsel von Spitzenpolitikern auf Manager- und Vorstandsposten werden. Die hohe Schule der vorausschauenden Personalpolitik funktioniert, aus Konzernsicht und stark vereinfacht dargestellt, folgendermaßen: Diejenigen, die in der Bundes- oder Landespolitik hohe Ämter bekleideten, erfolgreich und loyal waren, haben gute Chancen auf wohl dotierte Anschlussjobs in Unternehmen. Eine in der Bundesrepublik in jeder Hinsicht nahezu beispiellos effiziente Personalpolitik hat der Branchenprimus E.on hingelegt.

E.on ist ein Konzern der Superlative. Seine Farbe ist rot, sein Name Programm: *energy: on!* Er ist Europas größter Energiedienstleister – oder Deutschlands drittgrößter Konzern, hervorgegangen aus der 1929 gegründeten Veba, die im Jahr 2000 mit der 1923 gegründeten Viag fusionierte. Beide Konzerne betrieben Logistik, Handel, Spezialchemie und Telekommunikation, aber beide besaßen auch jeweils eine höchst einträgliche Stromtochter: Veba die Preussen-Elektra und Viag das Bayernwerk. Mit der Fusion wurde

Strom zu E.ons Kerngeschäft, dirigiert vom Königsplatz in München. Die Holding residiert derweil in Düsseldorf an einem Logenplatz in Ufernähe mit traumhaftem Blick auf Rheinbrücken und Schiffsverkehr. Die Adresse lautet E.on-Platz Nummer 1. Prominenter Nachbar des E.on-Tempels ist der neu gestaltete Düsseldorfer Kunstpalast. Die Kosten für dessen optischen Relaunch hat der Stromriese übernommen. »Mehr als nur ein willkommener Nebeneffekt dieses Sponsorenengagements ist ... der exponierte neue Standort«,[16] lässt E.on-Manager Harig in seinem Buch »StromAufwärts« schreiben. »Solch ein Baugrund ist bei einer Stadt nicht ohne weiteres herauszuleiern. Da zeigt man sich gern großzügig im Dienst der Öffentlichkeit.«

Ebenso zielstrebig und stilsicher zeigt sich E.on-Macher und Vorstandschef Ulrich Hartmann bei der strategischen Ausrichtung des Konzerns. Gleich auf der ersten Hauptversammlung treibt er Ruhrgebietsnostalgikern beinahe die Tränen in die Augen, als er verkündet: Energie ist unser Geschäft, *energy is on,* alle anderen Sparten werden verkauft, sind *off*. Atemberaubend geschickt fädelt Hartmann auch eine politische Personalie nach der anderen ein. Sein Ziel ist es, den Einfluss E.ons in der Berliner Republik auf lange Zeit zu sichern.

Hartmanns strategische Personalpolitik zeigt bald Erfolge. So trägt der Atom-Kompromiss die Handschrift zweier ehemals hochrangiger Beamter, die mit den Gepflogenheiten des Politikbetriebs bestens vertraut waren: zum einen Walter Hohlefelder, bis 1994 Leiter der Abteilung Reaktorsicherheit im Bundesumweltministerium, anschließend in leitender Position bei Veba tätig und mittlerweile im Vorstand von E.on-Energie. Zum anderen Gerald Hennenhöfer, Hohlefelders Nachfolger als Abteilungsleiter im Umweltministerium, für den Umweltminister Jürgen Trit-

16 Margrethe Schmeer: StromAufwärts – Hans-Dieter Harig und E.on Energie, Wiesbaden 2002, S. 266.

tin nach dem Regierungswechsel im Herbst 1998 keine Verwendung mehr hatte. Bei Viag fand Hennenhöfer ein neues Betätigungsfeld. Hohlefelder und Hennenhöfer verhandelten für die E.on-Vorgänger Veba und Viag den so genannten Ausstieg aus der Kernenergie. Die Konsensvereinbarung trage die Paraphe der beiden Ex-Beamten. Das Parlament konnte das daraus entstandene »Gesetz zur geordneten Beendigung der Kernenergienutzung« übrigens nur noch absegnen, sagten Abgeordnete später der *Zeit*. Der mühevoll zwischen Kernkraftwerksbetreibern und Regierung errungene Kompromiss für einen Gesetzesentwurf ließ kein Quäntchen Änderung zu. Die Atomnovelle sei »das Jüngste Gericht für das Parlament« gewesen.

Seit dem Beschluss über den Ausstieg aus der Kernenergie in Deutschland produzieren die hiesigen Atomkraftwerke so viel Strom wie noch nie. Bis zur Ankündigung von Neuwahlen hatte kein einziger Betreiber von Atomkraftwerken den Ausstieg je wieder öffentlich in Frage gestellt. Denn für dieses Schweigen garantierte die rotgrüne Konsensvereinbarung den Kernkraftwerksbetreibern einen von »politischen Störungen« freien Betrieb. Doch das »Ende« der Kernenergie war längst nicht nach dem Geschmack der Atommanager. Die Anträge zur Verlängerung der Laufzeiten der Atommeiler lagen unter Rotgrün gut gehütet in den Schubladen der Konzerne. Die richtige Zeit, diese der Politik zu präsentieren, reife in den Diskussionen über Klimaschutz und Energiemix – und mit dem Wahlsieg der Kanzlerkandidatin Angela Merkel heran, so dachten sie.

Rechtsanwalt Gerald Hennenhöfer wechselte derweil nochmals den Schreibtisch. Er berät inzwischen bei der Kanzlei Redeker Sellner Dahs & Widmaier in Sachen Kernkraft. Zu seinen Klienten gehören sowohl Befürworter wie der Technologiekonzern Siemens als auch Gegner wie die Düsseldorfer Landesregierung, die im Frühjahr 2004 die Castor-Genehmigung für die Dresden-Ahaus-

Transporte zu Fall bringen wollte – und nach eigener Aussage auch Kanzlerin Angela Merkel.

Hohlefelder und Hennenhöfer waren längst nicht die prominentesten Zugänge aus der Politik. Im September 2000, nachdem die Grünen dem Atomkonsens zugestimmt hatten, bekam die ehemalige Parteichefin der Grünen, Gunda Röstel, einen Managerposten bei der damaligen E.on-Tochter Gelsenwasser. Und Petra Uhlmann, früher CDU-Umweltministerin in Mecklenburg-Vorpommern, wechselte als Pressesprecherin zu E.on-Energie und später zu E.on-Kernkraft.

Auch mit der regierenden SPD ist E.on bestens vernetzt. Wertvolle Lobbydienste leistet hier der ehemalige Energiereferent der SPD-Bundestagsfraktion: Gert von der Groeben. Von seinem früheren Chef, dem SPD-Energiepolitiker Volker Jung, als »Stratege mit ausgezeichneten Kontakten« gelobt, war von der Groeben in der sozialliberalen Koalition Vertrauter der früheren Forschungsminister Volker Hauff und Andreas von Bülow. Später wurde er Energiereferent und formulierte unter anderem die Positionen der SPD zur Atompolitik mit. Als von der Groeben nach dem Regierungswechsel 1998 nicht wie geplant eine leitende Position im Regierungsapparat bekam, offerierte E.on dem Polittalent ein angemessenes Betätigungsfeld. Seitdem zieht er als Generalbevollmächtigter im Auftrag des Düsseldorfer Konzerns die Strippen, wenn es um heikle energiepolitische Vorhaben geht. Hilfreich ist ihm dabei das über Jahre gesponnene Netzwerk in die SPD-Fraktion hinein – und sein Wissen um die »Leichen« mancher Abgeordneter, wie sich einer von ihnen ausdrückt.

Sein größter Erfolg war es, dass das rotgrüne Gesetz zur Förderung der umweltfreundlichen Kraft-Wärme-Kopplung wesentlich entschärft wurde. Auch in der von Rotgrün inszenierten Energiemarktreform mischt von der Groeben mit. Er stand nicht nur mit dem Wirtschaftsministerium in Kontakt, sondern vertrat bei kleinen Gipfeln schon mal seinen jetzigen Vorstandschef Wulff Bernotat.

Die Hannover-Connection

Die Beschäftigung ehemaliger Minister, Staatssekretäre, Referenten, Bürgermeister oder Ministerialbeamter nach dem Ende ihrer Amtszeit auf der anderen Seite des Schreibtischs sei »nahezu perfide«, sagt der langjährige SPD-Bundestagsabgeordnete Hermann Scheer. Scheer ist ob dieser Aussagen nicht unumstritten und gilt unter Kritikern in den eigenen Reihen als *one trick pony* – als jemand, der vor allem bei seinem Lieblingsthema Solarenergie spitze ist.

Dennoch ist es das Verdienst einiger als unkonventionell geltender Abgeordneter rund um Scheer, dass die Arbeit des Parlaments über die Jahre transparenter wurde. Schon vor Jahren setzte der SPD-Politiker unter anderem eine Änderung des Bundesbeamtengesetzes durch. Seither müssen Staatsdiener immerhin anzeigen, zu welchem Arbeitgeber sie wechseln. Spitzenbeamte benötigen die Erlaubnis ihres Ministers, wenn sie in Industriebetriebe wechseln wollen, die zuvor in ihren politischen Zuständigkeitsbereich fielen.

Solche Ministererlaubnisscheine sind bisher kaum verweigert worden. Zudem reichen diese Regeln längst nicht aus, um die ganz großen Geschäfte zu verhindern, nämlich solche Wechsel, die strukturpolitische Folgen für das ganze Land haben.

Der spektakulärste Fall der jüngeren deutschen Industriegeschichte fand in den Jahren 2002 und 2003 statt: Bundeswirtschaftsminister Werner Müller und sein Staatssekretär Alfred Tacke erteilten eine Ministererlaubnis zur Fusion des größten deutschen Stromkonzerns mit dem größten deutschen Gaskonzern – und kurze Zeit später wechselten die beiden auf die Vorstandsstühle von Beteiligungen der begünstigten Konzerne.

Der Kanzler-Berater

Alfred Tacke galt als einer der wichtigsten Wirtschaftspolitiker unter Schröder. Als niedersächsischer Ministerpräsident hatte Schröder den in Celle geborenen promovierten Wirtschaftswissenschaftler und Gewerkschaftsfunktionär in die Staatskanzlei nach Hannover geholt. Fortan koordinierte Tacke die niedersächsische Wirtschaftspolitik, schon nach einem Jahr stieg er zum beamteten Staatssekretär im Landesministerium für Wirtschaft, Technologie und Verkehr auf. Nach Schröders Wahl zum Bundeskanzler folgte er ihm als beamteter Staatssekretär ins Bundeswirtschaftsministerium. Dort führte er die Verhandlungen zum Atomausstieg und erteilte die Ministererlaubnis zur Fusion der Energiekonzerne E.on und Ruhrgas. Im November 2000 ernannte Schröder seinen Vertrauten zum Sherpa für die Vorbereitung der Weltwirtschaftsgipfel. Anfang 2002 übernahm Tacke zusätzlich noch die Aufgaben des Koordinators der Bundesregierung für die Luft- und Raumfahrtindustrie. In der Energiewirtschaft genoss Tacke einen besseren Ruf als der ebenfalls beamtete Staatssekretär Georg Wilhelm Adamowitsch, an den er im Jahr 2002 unter dem neuen Wirtschaftsminister Wolfgang Clement das Energiereferat abgeben musste. Tacke war später für mehrere Spitzenämter in Wirtschaft und Politik im Gespräch und wechselte schließlich zum 1. Dezember 2004 an die Spitze des Energiekonzerns Steag, ein Tochterunternehmen der RAG, die wiederum von E.on kontrolliert wird.

Leichtfüßig erklomm der stämmige Alfred Tacke am 5. Juli 2002 die Stufen zum großen Saal der Bundespressekonferenz in Berlin. Strahlend stellte sich der Staatssekretär aus dem Wirtschaftsministerium den erwartungsvollen Blicken der vollständig versammelten wirtschaftspolitischen Journaille. Noch ein Atemzug, ein schweifender Blick, dann verkündete er seine Entscheidung: Ja. Er habe das Ansinnen E.ons, den Gasversorger Ruhrgas zu übernehmen, positiv beschieden. Tacke blickte nach vorn in die Stille. Dann holte er aus zur Begründung. Das sei wichtig für Deutschland. Die Übernahme des größten Gasversorgers durch den größten Stromversorger erhöhe die Versorgungssicherheit Deutschlands. Von Marktbeherrschung könne keine Rede sein. Die Presse hatte diese Entscheidung latent erwartet – und wurde von Tackes klarem »Ja« dennoch überrascht.

E.on nicht. Denn »zwischenmenschlich«, so schreibt Kronzeuge Harig in seinem Buch »StromAufwärts«, hatte E.ons Vorstandschef Hartmann das unglaubliche Geschäft bestens abgesichert. »Hartmanns größter Trumpf ist jedenfalls sein Beziehungsnetz«. Die Lenker der betroffenen Unternehmen waren Harig zufolge leicht zu überzeugen. Klaus Liesen, der Aufsichtsratschef der Ruhrgas, saß auch dem E.on-Aufsichtsrat vor. Der Chef der mächtigen Industriegewerkschaft Bergbau, Chemie, Energie (IGBCE), Hubertus Schmoldt, war ebenfalls Kollege im E.on-Aufsichtsrat – und stimmte für den Deal. Der Aufsichtsratsvorsitzende von Thyssen-Krupp, Gerhard Cromme, war im E.on- und im Ruhrgas-Aufsichtsrat zu finden und erklärte sich ebenso wie die Kollegen von Vodafone und Preussag bereit, seinen Ruhrgas-Anteil an E.on zu verkaufen. Burkhard Bergmann, Ruhrgas-Chef und Kanzler-Freund, beschwor die Politik geradezu, die Übernahme zu genehmigen. Mit der Finanzkraft E.ons erhalte der Gasversorger das nötige Kapital für weitere Investitionen in Russland – mithin Voraussetzung für die sichere Versorgung der Bundesrepublik mit Erdgas.

Ob dieser Begründung schlugen die Gegner der Megafusion Alarm. »Alle Macht einem Unternehmen zu geben, erhöht die Abhängigkeit von deren Energielieferungen, statt sie zu senken«, moniert etwa die grüne Energiepolitikerin Michaele Hustedt. Das Bundeskartellamt befürchtete für Deutschland »eine wettbewerbsabträgliche marktbeherrschende Stellung« und verbot die Fusion. Selbst die vierköpfige Monopolkommission votierte dagegen. Der Widerstand hätte wohl jeden Manager dazu bewogen, sein Vorhaben aufzugeben. Nicht so Ulrich Hartmann. Lange bevor der Plan an die Öffentlichkeit drang, hatte der E.on-Chef die Chancen auf Erfolg sorgfältig abgeklopft. Er wusste: Die definitive Entscheidung lag bei der Bundesregierung. Oder, genauer gesagt, beim Wirtschaftsminister. Dieser hatte die Möglichkeit, per Ministererlaubnis alle anderen Vetos außer Kraft zu setzen – falls er überragende Gemeinwohlinteressen feststellen sollte. Und diese Gemeinwohlinteressen wurde Hartmann nicht müde zu predigen.

Die Ministererlaubnis ist eine deutsche Spezialität. In der Geschichte der Bundesrepublik wurde sie bis zur E.on/Ruhrgas-Entscheidung in 23 Fällen erteilt. E.on-Chef Hartmann durfte hoffen, auch im Ministerium zwischenmenschlich »auf Vorteil« spielen zu können, wie sich Harig erinnert. Schließlich leitete ein ehemaliger Mitarbeiter seines Konzerns das Ministerium in der Berliner Scharnhorststraße: Werner Müller. Nur eins hatte Hartmann unterschätzt, und das war die Macht der Medien: Die unternehmensnahe Vita des Ministers geriet zum Bumerang für den Manager. Müller, dem langjährigen Energiemanager eines E.on-Vorgängerunternehmens und überraschenden Politik-Quereinsteiger, wurde öffentlich massive Befangenheit vorgeworfen. »Nach langem Zögern«, erinnert man sich bei E.on, sah sich

Müller gezwungen, die Ministererlaubnis an seinen Staatssekretär Alfred Tacke zu delegieren. Überzeugt, dass sie dadurch »sauberer« wurde im Sinne politischer Hygiene, sei man bei E.on nicht gewesen, schreibt Harig. Denn Tacke war normalerweise an des Ministers Weisungen gebunden, gehörte zu Müllers Haus und außerdem wie der Minister seit den vergangenen Hannoveraner Tagen zur Spezies der *Frogs*, der »Friends of Gerhard«. Damit war klar, dass auch Schröder selbst indirekt in das Verfahren involviert war. Später kolportierte die Energiewirtschaft, der Kanzler habe seinem langjährigen Vertrauten Tacke zu einem »Ja«, also zur Megafusion geraten.

Die Freude in der Düsseldorfer Holding über Tackes »Ja« dauerte nur einige Tage. Eilanträge einiger Stromhändler beim Oberlandesgericht Düsseldorf stoppten die Übernahme. Eine Hängepartie folgte. Es war ein Kampf David gegen Goliath. Der rote Koloss schien verwirrt vom Widerstand der Winzlinge im Energiegeschäft. Eilanträge der Konkurrenz störten Hartmanns Regieplan. Der Herbst 2002 geriet zu einem heißen Verhandlungsmarathon. Mit seinem in der Großindustrie bewährten Konzept »zwischenmenschlicher Beziehungspflege« schien Hartmann bei den Newcomern im Markt auf Granit zu beißen.

Als am 31. Januar 2003 dann alles vorbei war und E.on seine kleinen Konkurrenten für 90 Millionen Euro und mit einigen geheim gehaltenen Zugeständnissen abgefunden hatte, da war Werner Müller schon längst nicht mehr Minister in der Berliner Scharnhorststraße. Der Parteilose war nach der Bundestagswahl als Wirtschaftsminister nur noch zweite Wahl. Trotz eines öffentlichen Bekenntnisses, gerne weitermachen zu wollen, musste er seinen Schreibtisch für den designierten Superminister Wolfgang Clement räumen. Derart ausgemustert, tauchte Werner Müller ins Privatleben ab und ein paar Monate später, im Juni 2003, an überraschender Stelle wieder auf: als Vorstandsvorsitzender des Essener Energie- und Chemiekonzerns RAG, an dem E.on 39,2 Prozent der Anteile hält und damit größter Aktionär ist.

Für Werner Müller ist sein neuer Posten in der Energiewirtschaft ein *back to the roots*. Ende der siebziger Jahre vermittelte eine Garde junger Mitarbeiter zwischen den Vorständen des RWE-Konzerns, die miteinander nicht reden mochten. Zu diesen so genannten »Pimpfen« gehörte auch Werner Müller, schreibt der ehemalige E.on-Energie-Vorstandschef Hans-Dieter Harig in seinen Erinnerungen »StromAufwärts«. Müller war 1973 nach dem Studium der Volkswirtschaft in Mannheim, der Philosophie und Linguistik in Duisburg und Bremen sowie einiger Semester Musikwissenschaften per Bewerbung auf eine Stellenanzeige als Referatsleiter für Marktforschung in den Essener Stromkonzern und so in die Nähe der Vorstände gekommen. Offenbar lastete ihn sein Job nicht aus, was nicht verwundert, schließlich gab es damals für den Stromkonzern keinen Markt, sondern nur Versorgungsgebiete. Müller promovierte nebenbei in Linguistik und schrieb zusammen mit seinem damaligen Vorgesetzten Bernd Stoy, Direktor für den Bereich Energieanwendungen, das Buch »Entkopplung. Wirtschaftswachstum ohne mehr Energie?«, von dem man im Energiekonzern nichts wusste. Die RWE-Vorstände erfuhren von dem Buch erst anlässlich einer Pressekonferenz zum Erscheinen im Jahr 1978. Ob der Aussagen waren die Konzernlenker *not amused*. Müller mahnte sehr unzeitgemäß mehr Energieeffizienz an, als der Trend zum Zweit- und Drittkühlschrank und zur privaten Schwimmbadheizung ging. Seine Arbeitgeber propagierten dagegen wachsenden Stromverbrauch, um ihre Großkraftwerke zu rechtfertigen.

Zwei Jahre später verließ Müller RWE und wechselte zum Energiekonzern Veba nach Düsseldorf, in dessen Diensten er bis 1997 blieb. Zunächst tätig im Vorstandsstab von Veba-Chef Rudolf von Bennigsen-Foerder, stieg er zum Generalbevollmächtigten auf. Mit von Bennigsen-Foerders überraschendem Tod Anfang der neunziger Jahre sank Müllers Stern. 1992 wurde er auf einen Vorstandsposten der Veba-Tochter Kraftwerke Ruhr AG (VKR) versetzt. Später wurde die VKR zusammen mit den anderen Kraftwerksunternehmen des Konzerns einer neuen Kraftwerksgesellschaft der Veba-Tochter PreussenElektra zugeschlagen. Für den leidenschaftlichen Klavierspieler war im verkleinerten Vorstand kein Platz mehr. Mit einer siebenstelligen Abfindung stieg er zum 31. Oktober 1997 aus dem Konzern aus und ließ sich als selbstständiger Berater nieder. Nach der Bundestagswahl holte ihn die SPD zu den Koalitionsverhandlungen mit Bündnis 90/Die Grünen und sicherte auf diese Weise der Stromwirtschaft großen Einfluss auf die künftige Regierungspolitik. Zwei Wochen vor Jost Stollmanns offiziellem Abgang als designierter Wirtschaftsminister fragte Schröder dann bei Müller an, ob er für den Software-Verkäufer einspringen würde. Er würde, erklärte der langjährige Strom-Manager.

Müllers und Schröders Wege hatten sich schon 1990 gekreuzt, nachdem die rotgrüne Koalition in Hannover die Regierungsgeschäfte übernommen hatte. Irritiert richtete der damalige Veba-Konzern einen Krisenstab ein, um seine Interessen auf dem niedersächsischen Strommarkt zu sichern. Veba fürchtete nach dem Regierungswechsel eine Wende in der stromproduzentenfreundlichen Energiepolitik des Landes. Doch dann fand Müller einen Kompromiss, der Schröder Erfolg und Veba Gewinn garantierte: Dem Ministerpräsidenten wurde die Gründung einer gemeinsam von Veba und anderen Stromkonzernen sowie dem Land getragenen Energieagentur vorgeschlagen, um Konzepte für einen »Energiemix der Zukunft« zu erarbeiten. Es war ein wirklich verlockendes Angebot für den in Energiefragen bis dahin unbeleckten Schröder; schließlich präsentierte das Energieunternehmen ihm die Agentur schlüsselfertig und inklusive Mitarbeitern. Die zweite Investition in die Zukunft erfolgte 1991. Für ein symbolisches Honorar von einer Mark pro Monat aus Schröders Privatschatulle beriet Müller den Ministerpräsidenten Schröder bei den Energiekonsens-Gesprächen. Schröders Energiepolitik werde wohl in der Vorstandsetage der Veba entwickelt, kommentierte Jürgen Trittin, seinerzeit Minister für Bundes- und Europa-Angelegenheiten in Niedersachsen und später Müllers Gegenpart im Bundeskabinett Schröder.

Viele Monate nach dem spektakulären Abgang als Bundeswirtschaftsminister und dem nicht weniger spektakulären Aufstieg als RAG-Vorstandsvorsitzender fühlte sich Werner Müller zu einem späten Geständnis bemüßigt. Er habe noch als Berliner Minister eine E.on-Rente bezogen. Und zwar schon 2002, als das Verfahren zur Erteilung der Ministererlaubnis für die E.on/Ruhrgas-Fusion bereits lief. Die *Berliner Zeitung* durfte das Geständnis am 18. Januar 2005 drucken. Zusammen mit einem Exklusiv-Interview, das Müller die Gelegenheit gab, alle Zweifel an seiner Integrität zu zerschlagen. Es sei Zufall, dass der Leser in derselben Ausgabe der *Berliner Zeitung* auf Seite sieben unter dem Titel »Die neue Steag« eine ganze Seite mit Artikeln über die »Perle des RAG-Konzerns« lesen konnte, versichert ein leitender Redakteur. Die Steag habe diese Anzeige, die mit PR-Texten ganz im Layout der Zeitung gestaltet ist, in einer Reihe von Wirtschaftszeitungen geschaltet, heißt es beim Konzern. Ein Geschmäckle bleibt, denn die Seite lässt sich trotz des oben rechts und links platzierten, etwa fünf Millimeter hohen Wörtchens »Anzeige« erst bei näherem Hinsehen als solche identifizieren. Jedenfalls, so Müller, habe er zu keiner Zeit in dem Rentenanspruch eine Beeinträchtigung seiner Unabhängigkeit als Minister gesehen. Schließlich habe er nicht auf der E.on-Gehaltsliste, sondern auf der Pensionsliste gestanden, weil er »einen seit 1973 begründeten Anspruch auf eine Pension« gehabt habe.

Die rotgrüne Bundesregierung wusste von diesem langjährig erworbenen Pensionsanspruch offensichtlich nichts. Den Antworten der Regierung Schröder auf eine kleine Anfrage der FDP-Bundestagsfraktion vom 10. Februar 2005 ist jedenfalls zu entnehmen, dass man erst aus der Presse von den Pensionsbezügen des ehemaligen Ministers erfuhr. Allerdings sehe das Bundesministergesetz eine Anrechnungsregelung für eine solche »private Rentenart« nicht vor. »Es besteht daher auch keine Verpflichtung, den Bezug anzuzeigen«, beantwortete die Bundesregierung eine entsprechende Frage der FDP. Außerdem sei angesichts der demografischen Entwicklung der Aufbau »jedweder privatfinanzierter Altersversorgung, wozu Betriebsrenten, aber zum Beispiel auch Lebensversicherungen zählen«, für alle Bevölkerungsgruppen angezeigt. Daraus ergebe sich keine Notwendigkeit einer Anrechnung auf öffentlich finanzierte Alterssicherungen wie Renten oder Ruhegehalt und auch nicht auf die Amtsbezüge eines Bundesministers.

Das Zertifikat blütenweißer Reinheit trägt das Verfahren zur Erteilung der Ministererlaubnis nicht – hat doch der Kartellsenat des Oberlandesgerichts Düsseldorf »gravierende Verfahrensfehler« festgestellt. Dennoch ist das Votum des weisungsgebundenen Staatssekretärs gültig.

Auch Alfred Tacke hat Berlin inzwischen hinter sich gelassen. Er nutzt seine Erfahrung aus der Politik jetzt als Vorstandsvorsitzender des Energiekonzerns Steag – und zählt nun ebenfalls zu den führenden Energiemanagern des Landes. Und als könnte es gar nicht anders sein: Die Steag gehört zum RAG-Konzern, dem Werner Müller vorsitzt und dessen größter Aktionär die damals von Tacke in Funktion des Staatssekretärs begünstigte E.on ist. Seit dem 1. Dezember 2004 ist Tackes alter Chef also auch sein neuer Chef. Ein von Müller angeregter Rohstoffkongress Anfang März 2005 in Berlin bot Tacke die Gelegenheit für den ersten großen Auftritt im Kreise der neuen Managerkollegen. Genauso strahlend wie knapp zwei Jahre zuvor, als er vor der Bundespresse seine Ministererlaubnis bekannt gab, erklomm der korpulente Tacke nun die Stufen im Atrium des Hauses der Wirtschaft. Gut gelaunt schüttelte der ehemalige Staatssekretär die Hände der Manager der deutschen Wirtschaft. Er gehört jetzt zu ihnen. Offiziell.

Wie er sich fühlt, der ehemalige Staatsdiener, der Ruhrgas der E.on zuschlug und nun einer Beteiligung des Konzerns vorsitzt, darüber mag Tacke nicht reden. Über Gründe für sein Schweigen auch nicht.

Steag – der Kohleverstromer aus dem Pott

Die Steag war 1937 als Kraftwerksgesellschaft innerhalb des Hermann-Göring-Plans zur autarken Energieerzeugung in Deutschland entstanden. Sie betrieb die Kraftwerke der Ruhrzechen, deckte deren Strombedarf aus Ruhrkohle und verkaufte den restlichen Strom ins öffentliche Netz. Nach dem Krieg wollte Steag ein eigenes Stromnetz aufbauen, was RWE und VEW verhinderten. Schließlich kam es zu einem Kompromiss. RWE gab eine Stromabnahmegarantie für 30 Jahre zu Festpreisen und Steag benutzte im Gegenzug das RWE-Netz. Mit VEW wurde eine ähnliche Abmachung ausgehandelt.

Kodex und Konkurrenzklausel

Dass die Bürger bei solch einem ungeheuerlichen Vorgang weniger aufschreien als bei vergleichsweise geringen Nebeneinkünften von einzelnen Abgeordneten liegt offensichtlich daran, dass der Bürger zu »seinem Abgeordneten« mehr Nähe hat als zu Industriemanagern oder Ministern. Und es liegt daran, dass die Konzerne sehr geschickte Lobbyarbeit im Verborgenen betreiben. Und es liegt an der Selbstverständlichkeit und der Arroganz, mit der sich die Mächtigen durchsetzen (können).

Der Lobby-Effekt, den ehemalige Minister und Spitzenbeamte durch ihre Wechsel erzielen, ist umso größer, ja, kaum zu quantifizieren. Pendler zwischen den Schreibtischen wie der ehemalige Manager, spätere Politiker und jetzige RAG-Chef Werner Müller oder der einst hoch geschätzte Wirtschaftspolitiker und jetzige Steag-Vorstandschef Alfred Tacke dürften die wichtigsten Telefonnummern in den Ministerien schon aus gemeinsamen Zeiten in Hannover gespeichert haben.

Das einstige Team aus Niedersachsen, das in Schröders Zeit als Ministerpräsident entstand und nach der Bundestagswahl 1998 nach Berlin wechselte, um auf Bundesebene Politik zu machen, hat sich in den Jahren der rotgrünen Koalition auch in der Hauptstadt bewährt. Das Beziehungsnetz ist stabil geblieben. Wenngleich zwei Männer des Quartetts zwischenzeitlich die Seiten wechselten und später, im Herbst 2005, die große Koalition in Berlin die Regierung übernahm, dürften sich die Funktionen im Team nicht grundlegend verändern: Auch als Altkanzler und Berater des Medienkonzerns Ringier wird Schröder wohl weiterhin mit seinen langjährigen politischen Vertrauten Steinmeier, Müller und Tacke rechnen können. Und sie mit ihm. Der Wechsel Tackes, ließ Schröder die Presse kurz danach wissen, habe das Vertrauen in keiner Weise beschädigt. Auch Müllers guter Draht zum Kanzler hat das Ausscheiden aus der Politik überstanden. Schröder diktierte noch als Kanzler der Nachrichtenagentur dpa, dass er die Pläne des RAG-Chefs befürworte, sein Unternehmen börsenfein zu machen und dafür das unrentable Geschäft mit der Steinkohle an den Staat abzustoßen.

Die hier beschriebene Personalpolitik ist eine Art der

legalen Lobbyarbeit, gegen die es bisher praktisch kein Gegenmittel gibt. Die gezielten Personalwechsel an den Schalthebeln von Politik und Wirtschaft zählen zu den effizientesten Formen der Beeinflussung. Verbraucherorganisationen werden solche Lobbyarbeit nicht leisten können. Dafür fehlt zweierlei: Finanzen und Einfluss.

Es gibt Bundestagsabgeordnete, die sich damit nicht abfinden wollen. Sie wollen mehr Transparenz in jedwede Interessenvertretung bringen, wollen Interessenvertretungen vom Verbraucher über die Umweltorganisation bis zum Industrieunternehmen berücksichtigen. Und sie wollen Schluss machen mit dem Aushöhlen des Parlamentarismus. Deshalb wollen sie durchsetzen, dass ein Wechsel des Schreibtischs auf höchster Ebene, also zwischen Konzernchefs und Ministerialbürokratie, künftig nur noch mit einer Karenzzeit vollzogen werden darf. Der SPD-Abgeordnete Scheer plädiert dafür, in das Bundesbeamten- und in das Ministergesetz eine Art Konkurrenzklausel einzufügen. Danach soll für Spitzenbeamte und für Minister eine Karenzzeit von bis zu drei Jahren gelten, in der ein Wechsel aus dem Ministerium in einen solchen Konzern ausgeschlossen wird, der im vorherigen Zuständigkeitsbereich lag. Poche ein Staatsdiener dennoch unter Verweis auf das Grundgesetz auf den sofortigen Wechsel in die Wirtschaft, dann müsse dieser auf seine staatlichen Pensionsansprüche verzichten. Der Abgeordnete verweist zur Begründung in die Wirtschaft selbst. Dort wird der Wechsel von Vorstandschefs zwischen Konzernen der gleichen Branche ebenfalls nahezu unmöglich gemacht. Meist erhalten Vorstände für eine definierte Zeit nach ihrem Ausscheiden umfängliche finanzielle Fortzahlungen – und wechseln nicht zur Konkurrenz.

Aber auch für Abgeordnete und Nichtregierungsorganisationen sollen schärfere Regeln gelten. Ginge es nach Scheer, bliebe die Tür zu Aufsichtsratsmandaten in rein privaten Unternehmen für Parlamentarier künftig geschlossen. Statthaft wären dann nur noch Aufsichtsmandate in staatlichen oder halbstaatlichen Unternehmen oder gemeinnützigen Organisationen. Schließlich fordert Scheer auch solche Nichtregierungsorganisationen auf, die teilweise oder ganz aus staatlichen Geldern finanziert werden, ihre Geldgeber transparent zu machen. »Wer seine öffentlichen Geldgeber nicht transparent macht, hat seine Stellung als kritische Stimme der Zivilgesellschaft eingebüßt«, sagt Scheer.

Schließlich fehlt es in den Ministerien an einem Kodex, der die Regeln im Umgang mit Interessenvertretern festschreibt. »Selbstverständlich« halte man sich an die Vorschriften zur Korruptionsbekämpfung, beantwortet ein Sprecher des Wirtschaftsministeriums auf Nachfrage. Diese Vorschriften seien aber nicht bei ihm, sondern im Innenministerium erhältlich. Spezielle Vorschriften für das eigene Ministerium gebe es nicht. Es liege im Ermessen jedes Beamten, die vielfältigen Interessen abzuwägen. In anderen Ministerien verweist man zwar auch auf die einschlägigen Bestimmungen des Strafrechts sowie des Beamten- und Dienstrechts. Generell sei alles zu vermeiden, was den Verdacht der Bestechlichkeit und Vorteilsannahme begründen könnte. Allerdings: Die große Koalition unternahm in Gestalt des neuen Bundestagspräsidenten Norbert Lammert gleich nach Regierungsübernahme den Versuch, die kurz vor der Sommerpause noch unter Rotgrün im Bundestag verabschiedeten verschärften Regeln über die Meldepflicht von Nebentätigkeiten aufzuweichen.

Eigentlich müssen alle Nebeneinkünfte bis zum 18. Januar 2006 der Bundestagsverwaltung zur Veröffentlichung gemeldet sein. Diese Frist will Lammert jetzt kassieren, um später die Veröffentlichungspflicht zu schwächen: Einkünfte aus Berufstätigkeiten sollen doch nicht öffentlich werden.

5
Mediale Mobilmachung

Millionen für den Bewusstseinswandel.
Wie man Medien in der Krise nutzt.
Konzepte für den Wahlsieger.

Wenn wir erst die »gehobene Pilzform« erreicht haben, ist es zu spät. Bernd Raffelhüschen hebt die Stimme – und macht eine Pause. Dieser Pilz ist gefährlich. Allein in der Pflegeversicherung kostet er die Deutschen in den nächsten 30 Jahren mindestens 250 Milliarden Euro zusätzlich, rechnet der Ökonom vor. Das sei, ganz nebenbei, die beste aller angenommenen Entwicklungen – und spätestens jetzt hören alle Journalisten hin. Sie sind am 7. April 2005 ins Haus der Bundespressekonferenz gekommen, weil sie etwas über diesen Pilz und seine Folgen lernen wollen. Denn dieser Pilz, das sind die Deutschen.

Raffelhüschen, der einen Lehrstuhl für Finanzwissenschaft an der Albert-Ludwigs-Universität in Freiburg hat, spricht von der wachsenden Zahl alter Menschen und der schrumpfenden Zahl der jungen. Deswegen verliert die Alterspyramide ihre bekannte Form und verwandelt sich bis zum Jahr 2035 in einen Alters-Pilz. Mit einem Demographiemodell, das er selbst mit entwickelt hat, rechnet Raffelhüschen aus: »Die entstehenden Kosten für die Pflegeversicherung können wir mit den heutigen Beiträgen bei weitem nicht decken«, und er zieht daraus den Schluss: »Schafft die Pflegeversicherung in ihrer jetzigen Form ab. Stattdessen soll jeder eine private Versicherung abschließen.«

Überall in deutschen Medien ist am darauf folgenden Tag zu lesen: »Den Pflegekassen droht der Kollaps« *(Frank-*

furter Allgemeine Zeitung) und »Heftige Kritik an Pflegeversicherung« *(Stuttgarter Nachrichten)*. Aber das ist längst nicht alles: Raffelhüschens Auftritt ist mehr als ein Beitrag zur deutschen Reformdebatte. Dieser Auftritt gehört zu einer auf Jahre angelegten politischen Strategie, organisiert und finanziert von der Initiative Neue Soziale Marktwirtschaft – kurz Initiative genannt. Sie ist eine der modernsten Lobbyorganisationen des Landes. Sie hat es nach Ansicht von Politikprofessor Manfred Schmidt, der an der Heidelberger Universität über Demokratietheorie und Sozialpolitik forscht, weit gebracht. Die Initiative sei »die bislang erfolgreichste Lobby, die die Wirtschaftsliberalen in Deutschland je hatten«, und ein schneller Regierungswechsel in Berlin war unbestritten in ihrem Sinne.

Wenn es nach dem Willen der Initiative geht, sollen Millionen Deutsche morgen anders denken als heute. Sie sollen privat für ihre Rente, ihre Krankenversicherung und auch eine mögliche Pflege im Alter vorsorgen und den behütenden Staat, der dies bisher organisiert, als überholt betrachten. Ihn ablehnen. Das sollen sie als Weg zu mehr Freiheit und Wohlstand begreifen. Und wenn sie das nicht können, sollen sie wenigstens einsehen, dass dieser Weg unvermeidlich ist.

Die Initiative Neue Soziale Marktwirtschaft

Ihre Geschäftsführer Tasso Enzweiler, ein ehemaliger Journalist, und Dieter Rath, der frühere Sprecher des Bundesverbands der Deutschen Industrie, haben ihre Büros in Köln. Mit vielleicht einem Dutzend Angestellten arbeiten sie am Rheinufer im selben Gebäude wie das arbeitgebernahe Institut der Deutschen Wirtschaft (IW). Auch sonst gibt es Parallelen: Ein Strukturplan des IW zeigt, dass die Initiative einer Tochtergesellschaft des Instituts zugeordnet ist, dem Deutschen Institutsverlag. Finanziell sind die Lobbyisten der Initiative aber nicht auf das IW angewiesen. Während die Wirtschaftsforscher von den Beiträgen und Aufträgen mehrerer Arbeitgeber- und Wirtschaftsverbände (u. a. Verband der Chemischen Industrie) sowie einer ganzen Reihe von Unternehmen (u. a. Siemens AG) leben, hat die Initiative einen großen Geldgeber: den Arbeitgeberverband Gesamtmetall.

Eine Lobbyorganisation, die etwas in der Bundespolitik bewegen will, kann heute nicht mehr ausschließlich von Köln wirken. Deshalb sind Rath und Enzweiler oft in Berlin. In der Hauptstadt haben sie außerdem einen Dienstleister engagiert, der ihnen mit bis zu zwei Dutzend Mitarbeitern zuarbeitet: die Werbe- und PR-Agentur Scholz & Friends. Die Agentur hat eine eigene Abteilung für politische Kommunikation, die sie »Agenda« nennt und die vom politikerfahrenen Klaus Dittko geleitet wird. Dittko arbeitete in den neunziger Jahren als Redenschreiber unter Bundeskanzler Helmut Kohl im Kanzleramt und ging dann in die Berliner Landespolitik, wo er Sprecher von Finanzsenator Peter Kurth (CDU) war. Jetzt sorgt er bei Scholz & Friends dafür, dass die Ideen der Initiative in Anzeigenkampagnen übersetzt werden. Seine Mitarbeiter beobachten das politische Geschehen genauso sorgfältig wie Enzweiler und Rath, um dann mit ihnen zusammen die nächste Aktion zu besprechen. Sie produzieren TV-Bilder über Veranstaltungen, betreuen die Internetseiten der Initiative und sorgen für einen großen Teil der dortigen Meldungen.

Die Initiative Neue Soziale Marktwirtschaft kann beständiger arbeiten als andere Lobbygruppen der Wirtschaftsliberalen, weil sie bis zum Jahr 2010 mehr als zehn Millionen Euro jährlich erhält, wovon ihr nach Abzug der Steuern fast neun Millionen Euro bleiben. Finanziert wird das Budget durch Mitgliedsbeiträge, die dem Arbeitgeberverband Gesamtmetall zufließen, und zwar von Unternehmen wie DaimlerChrysler, dem Haushaltsgerätehersteller Bauknecht und ZF Friedrichshafen, einem Zulieferer für die Automobilindustrie. Die Unterstützung aus der Wirtschaft ist in dieser Form nicht nur einmalig. Diese fast neun Millionen Euro nach Steuern sind auch ein immenses Budget für Lobbyisten. Von so einer Summe für PR kann manche Gewerkschaft nur träumen.

Über die vergangenen fünf Jahre hinweg haben es die Lobbyisten geschafft, häufiger in den Medien zu Wort zu kommen als alle anderen wirtschaftsliberalen Zusammenschlüsse, seien es »Bürgerkonvent«, »Aufbruch jetzt!«, »Deutschland packt's an« oder »Klarheit in die Politik«. Belegt wird das etwa in einer Untersuchung des Politologen Rudolf Speth, der an der Freien Universität Berlin als Privatdozent lehrt und eine umfangreiche Studie über die Initiative für die gewerkschaftsnahe Hans-Böckler-Stiftung verfasst hat. Dort heißt es, im Jahr 2003 sei keine andere Organisation der Wirtschaftsliberalen so oft zitiert worden wie die Initiative Neue Soziale Marktwirtschaft. Und seit sie so unangefochten an der Spitze steht, ist beim zweitplatzierten »Bürgerkonvent« das Geld knapper geworden.

Um Einfluss zu erlangen, ist es aber nicht immer erforderlich, von den Medien zitiert zu werden. Es reicht, dass die Themen der Initiative in die Medien kommen – und wenn es mithilfe von Kuratoren, Unterstützern oder so genannten »Botschaftern« geschieht. Und davon hat die Initiative mehr als genug: In ihrem Sinn schreiben und sprechen bekannte Persönlichkeiten, denen die Medien ihre Aufmerksamkeit schenken. Das Kuratorium leitet der frühere Präsident der Bundesbank, Hans Tietmeyer, und mit ihm sitzen dort Männer wie Martin Kannegiesser, Präsident des Arbeitgeberverbandes Gesamtmetall, und Michael Hüther, der Direktor des Instituts der Deutschen

Wirtschaft. Außerdem haben sich fast zwei Dutzend »Botschafter« für die Initiative gefunden, die mit ihr deutlich sympathisieren, ohne sich ganz an sie zu binden. Einige von ihnen werben für die Initiative, andere treten als Redner auf Veranstaltungen auf oder erstellen auf Anfrage wissenschaftliche Studien.

Zu diesen »Botschaftern« zählt der Steuerrechtler und frühere Verfassungsrichter Paul Kirchhof genauso wie der Ökonomieprofessor und langjährige Vorsitzende des Sachverständigenrates, Juergen B. Donges, der frühere CDU-Ministerpräsident und heutige Manager Lothar Späth, der Unternehmer Arend Oetker und der Vorstandschef des Chemie- und Pharma-Unternehmens Altana, Nikolaus Schweikart. Der Grünen-Politiker Oswald Metzger unterstützt die Initiative ebenfalls; er wird für diverse Anlässe gegen ein stattliches Honorar gebucht. Zusätzlich arbeiten Ökonomen wie Bernd Raffelhüschen der Initiative zu, wenn ihre Thesen zu denen der Lobbyisten passen. In den Medien werden diese Männer als unabhängige Experten gehandelt, was nur in gewissem Sinne stimmt. Sie lassen sich zwar nicht vollkommen von der Initiative vereinnahmen, lassen sich aber zu deren Sprachrohr machen. So tritt die Initiative mit ihnen auf, ohne selbst in Erscheinung zu treten – weil sie einen ihrer »Experten« in den Medien, auf Podien oder als Redner mit den entsprechenden Botschaften platziert.

Fürsprecher hat die Initiative also genug. Darüber hinaus hat sie aber auch eine überaus erfolgreiche Methode: Sie arbeitet im Innersten der deutschen Medienrepublik, dort, wo die Nachrichten des nächsten Tages entstehen, dort, wo die veröffentlichte Meinung gemacht wird. Mit ihren Botschaften hat sie es in die *Süddeutsche Zeitung, Frankfurter Allgemeine Zeitung, Financial Times Deutschland, Die Welt* und gelegentlich ins Fernsehen geschafft. Mit ihrer Art von Lobbyismus sollen Stimmungen verstärkt oder sogar gedreht, Nachrichten gemacht und medialer Druck erzeugt werden. Wer am Ende die Herrschaft in einer Debatte erringt, dem winkt der höchste Preis: eine Politik nach seinem Gusto.

Im Prinzip versuchen sich daran alle Akteure im politischen Geschehen – die Gewerkschaften, die Spitzenverbände, die Kirchen und die Parteien. Die Initiative ist ihnen gegenüber allerdings im Vorteil, weil sie nicht Teil einer großen, föderalen Organisation ist. Außerdem beherrscht sie die Medienarbeit so gut wie wenige andere, weshalb es in diesem Kapitel vor allem um ihre Methoden und ihre Ziele gehen soll.

Das Drehbuch einer Attacke

Noch gibt es die umlagefinanzierte Pflegeversicherung. Aber wie lange noch?, fragen die Lobbyisten im Auftrag des Arbeitgeberverbands Gesamtmetall. Seit Anfang des Jahres 2004 nutzen sie jede Gelegenheit, das Ende der derzeitigen Versicherung zu beschleunigen. Sie tun das über die und mit den Medien.

Als Bundeskanzler Gerhard Schröder Anfang 2005 kundtat, er mache sich Sorgen um die Finanzierung der Pflege, und im März hinzufügte, die Versicherung »auf eine solide Finanzierungsbasis zu stellen«, entwarf die Initiative sofort eine große Anzeige und veröffentlichte sie unter anderem in der *Frankfurter Allgemeinen Zeitung*. Zu sehen ist, wie der frühere Sozialminister Norbert Blüm einen Bumerang namens »Pflegeversicherung« wirft, der ihn am Ende beinahe selbst trifft. Daneben ist zu lesen:

»1995: Start der Pflegeversicherung.«

»2002: 380 Mio. Euro Defizit.«

»2004: rund 900 Mio. Defizit.«

»2005: voraussichtlich mehr als 1 Mrd. Euro Defizit.«

Blüm, dieser Politiker von gestern, so suggeriert die Initiative und muss gar nicht mehr hinzufügen, dass es so ja wohl nicht weitergehen kann. Und weil eine Anzeige sicher nicht reicht, den Bundeskanzler und die Mehrheit der Deutschen vom Ende der umlagefinanzierten Pflegeversicherung zu überzeugen, hat die Initiative auch eine Studie in Auftrag gegeben und finanziert. Es ist jene Studie, die Bernd Raffelhüschen am 7. April 2005 in Berlin vorgestellt hat.

»Wenn keine Wunderpille kommt, werden die Beiträge bis 2035 um das Drei- oder Vierfache steigen. Denn die Zahl der Empfänger steigt in einer alternden Gesellschaft, während die der Beitragszahler auf zwei Drittel oder drei Viertel der heutigen Anzahl sinkt«, erläutert Raffelhüschen an jenem Tag. Wer noch alle Demenzkranken mit einbeziehen wolle, wie Rotgrün das vorhabe, müsse wohl mit dem »Fünf- bis Sechsfachen Beitragssatz« rechnen. Aber auch der Vorschlag der CDU, die Leistungen der Pflegeversicherung langfristig zu senken, sei keine befriedigende Lösung.

Nachdem Raffelhüschens Botschaft schon in den Tagen vor diesem 7. April gezielt an die *Zeit* und die *Frankfurter Allgemeine Zeitung* gegeben wurde, überbrachte er sie danach bei n-tv und im ZDF. Außerdem wurde Raffelhüschen in den Nachrichtenagenturen dpa und AP zitiert, was wiederum das Internetportal Yahoo verbreitete. Und es ging weiter: Raffelhüschen im *Handelsblatt,* in der *Financial Times Deutschland,* in den *Stuttgarter Nachrichten* und einem guten Dutzend Regionalzeitungen. Die Initiative Neue Soziale Marktwirtschaft hat dafür gesorgt, dass Millionen Deutsche Anfang April 2005 die Botschaft eines Wissenschaftlers hören und lesen konnten. Sie hatte dieses Ereignis erschaffen, und Dutzende von Journalisten berichteten darüber.

Die Studie war nicht die erste Attacke der Initiative auf die Pflegeversicherung, und es wird nicht die letzte gewesen sein. Veränderungen dieser Größe bräuchten eben Zeit und einen günstigen Moment, sagt Bernd Raffelhüschen, und Lobbyisten wie die von der Initiative wüssten darum. Deshalb machen sie weiter und hoffen, dass sie irgendwann durchbrechen: mit Werbung, Studien, PR, Medienkooperationen und Kampagnen. Wer ihre Arbeit kennt, durchschaut die Mediendemokratie.

Die Regeln der Mediendemokratie

Nicht immer gelingt der Versuch, eine Regierung zu beeinflussen. Aber selten waren die Chancen dafür so groß wie heute. Deutschland erlebt eine wirtschafts- und sozialpolitische Wendezeit, oder, wie der damalige SPD-Parteichef Franz Müntefering im Frühjahr 2005 mit Blick auf die Wirtschaft sagte: »Unsere Demokratie steckt in einer Phase der Bewährung.« Seit fünf Jahren stagniert die Wirtschaft, die Arbeitslosenzahlen lagen 2005 offiziell bei über fünf Millionen. Jeder weitere Monat, jede Firmenpleite, Massenentlassung oder Verlagerung von Standorten ins Ausland verschärft die Frage: Was ist dagegen zu tun? Wer es in dieser Situation schafft, eine Mehrheit für seine wirtschafts- und sozialpolitischen Ideen zu gewinnen, kann das Land verändern, wie uns die Geschichte zeigt: Die wirtschafts- und sozialpolitischen Entscheidungen der sechziger und siebziger Jahre prägen unser Land bis heute.

Lobbyisten, PR-Agenturen, Wissenschaftler, Politiker und auch Journalisten sind davon überzeugt, dass Medien die Politik heute stärker beeinflussen als noch vor zwanzig, dreißig oder vierzig Jahren. Je mehr über Medien kommuniziert wird, umso mehr bestimmt die in den Medien veröffentlichte Meinung die politische Öffentlichkeit. Diese Entwicklung beschrieb schon der Soziologe Jürgen Habermas in seinem Buch »Strukturwandel der Öffentlichkeit«

im Jahr 1962. Nun sind Medien bis heute nicht allmächtig und Parteien nicht bedeutungslos, wenn es um den Kurs von Regierung und Opposition geht. Zwei Drittel der Deutschen fühlen sich immer noch einer Partei verbunden, sagt der Politologe Manfred Schmidt. Aber diese Zahl schrumpft kontinuierlich. Gleichzeitig sinkt auch die Zahl der Parteimitglieder: Mit jedem Austritt verlieren CDU, SPD, FDP und Grüne einen Botschafter, der ihr Anliegen in die Gesellschaft trägt. Schmidt sagt dazu: »In dem Maß, in dem sich die Bevölkerung von einzelnen Parteien löst, werden die Medien zum Bindeglied von Wähler und Regierung. Sie werden für viele zum einzigen Ort, an dem sie politische Debatten wahrnehmen.« Je größer ihre Zahl wird, umso zutreffender ist es, von einer Mediendemokratie zu sprechen.

Verstärkt wird dieser Trend noch durch den Umstand, dass trotz sichtbarer Parteienpräferenz die Zahl der politisch Interessierten und damit auch wahrscheinlich Informierten erschreckend gering ist. Nach einer Studie des Instituts polis für den SPD-Parteivorstand bezeichneten sich vor drei Jahren nur 1 Prozent der Befragten als »hochinteressiert«, 10 Prozent als »interessiert«, 15 Prozent als »mäßig interessiert« und 75 Prozent als »kaum oder gar nicht interessiert« an politischen Fragen.[17]

Und wo schaut diese Mehrheit hin, wenn doch einmal ein politisches Ereignis ihre Aufmerksamkeit weckt? Vermutlich in Zeitungen, Zeitschriften und auf Fernsehbildschirme. Die Medien werden so zu einer »eigenständigen Machtsphäre« und sind nicht länger nur ein »verlängerter Arm des Politischen«, glaubt die Vizepräsidentin des Bundestags Antje Vollmer (Die Grünen).[18] Nicht mehr Beob-

17 Zitiert bei: Thomas Leif: Verkürzte Realität, verflachter Sinn, stillgelegter Diskurs. Von den Auswirkungen medialer Präsenz, in: *Vorgänge* 2/2002, S. 32–38.

18 Leif: Verkürzte Realität, verflachter Sinn, stillgelegter Diskurs, S. 32ff.

achter, sondern Teil des politischen Apparats zu sein, wäre eine ganz neue Bedeutung des Begriffs »Vierte Gewalt« im Staat.

Der Journalist Richard Meng schrieb vor drei Jahren in seinem Buch »Der Medienkanzler« dazu: »Die Mediengesellschaft, in den Kohl-Jahren wenig mehr als ein Schlagwort, hat inzwischen reale Gestalt angenommen. Das politische Institutionensystem mag noch so sehr ächzen und stöhnen, es vollzieht den Prozess mit. Die politische Klasse verändert sich via Generationswechsel nachhaltig, und sie erweitert sich endgültig um den medialen Flügel, die Journalisten. Die Entscheidungsprozesse verlassen die alten Bahnen, und der Bedeutungsverlust der institutionellen Gremien wird erstmals offen propagiert, anstatt ihn schamvoll zu verdecken.«[19] Diese Entwicklung führt Meng zufolge dazu, dass »für die Generation Schröder die Institutionen, vor allem die Parteien« zu dem werden, »was unter Kohl die Medien waren: zu notwendigem Handwerkszeug bei der Legitimation von Politik, die ansonsten auf einem anderen Spielfeld stattfindet.«[20] Das ist überzogen, beschreibt aber die merkliche Veränderung des politischen Alltags – hin zu den Medien. Für Lobbyisten bedeutet das: Wer seine Themen oft und an prominenter Stelle in die Medien bringt, wer Journalisten auf seine Seite zieht, kann sowohl auf Politiker als auch auf einen wachsenden Teil der Gesellschaft beträchtlichen Einfluss nehmen. Es kann erfolgversprechender sein, einige wichtige Zeitungen und TV-Sender für sich zu gewinnen, als einige Politiker. Denn Politiker werden in der Logik der Mediendemokratie meistens so handeln, wie die veröffentlichten Stimmungen und wie es die Meinungsumfragen nahe legen. Das gelingt sicher nicht immer, aber spektakuläre Fälle wie der von »Florida-Rolf« nähren die Über-

19 Richard Meng: Der Medienkanzler. Was bleibt vom System Schröder?, Frankfurt 2002, S. 14.
20 Meng: Der Medienkanzler, S. 20.

zeugung, dass Medien in wachsendem Maß zu Handelnden im politischen Tagesgeschäft werden: Im Jahr 2003 schrieb die *Bild*-Zeitung mehrfach über einen Sozialhilfeempfänger, der auf Kosten des Staates im amerikanischen Bundesstaat Florida lebte. »Florida-Rolf« wird sein Leben lang bedauern, ins Blickfeld der Boulevard-Zeitung geraten zu sein, weil er nach Deutschland zurückkommen musste. Die rotgrüne Regierung hatte innerhalb weniger Wochen auf die Berichterstattung reagiert und die Gesetze über Sozialhilfe im Ausland verändert.

Lobbyisten, die an jene Mächte glauben, die »Florida-Rolf« zum Auszug aus dem amerikanischen Paradies zwangen, haben bessere Arbeitsbedingungen als je zuvor. Es war nie leichter, etwas in den Medien zu platzieren, seit in den Redaktionen Spar- und Personalnot grassieren. Oft genug müssen sich Redaktionen daher auf Zahlen und Fakten verlassen, die ihnen von Lobbyisten gereicht werden – wenn sie nur Auflage und Aufmerksamkeit versprechen. Nun war »Florida-Rolf« keine PR-Geschichte. Aber das politische Prinzip, das ihn vorgestern ereilte, könnte morgen zum Ende der Pflegeversicherung beitragen und übermorgen eine unternehmensfreundliche Steuerreform ermöglichen.

Die tägliche Speisung der Journalisten

Diese Art des Lobbyismus über und mit den Medien beherrschen wenige so gut wie die Initiative Neue Soziale Marktwirtschaft. Kaum eine andere Lobbygruppe richtet ihr Tagesgeschäft so konsequent nach den Regeln der Mediendemokratie aus.

Um ihre Botschaften zu verbreiten, haben die Macher der Initiative eine Strategie gewählt, von der sie glauben, dass sie mit ihren neun Millionen Euro Budget eine Wirkung erzielen können, als wenn es hundert Millionen Euro wären. Dafür »wenden wir uns an Multiplikatoren, also Journalisten, Wissenschaftler, Prominente, Lehrer und Priester. Wenn wir sie überzeugen, kann daraus ein Trickle-down-Effekt werden, der nach und nach auch weite Teile der Bevölkerung erreicht«, erläutert Dieter Rath.

Der Hunger der Medien nach Nachrichten war nie größer, sagt Siegfried Weischenberg, Professor für Journalistik an der Universität in Hamburg: »Themen tauchen immer schneller auf und ab, es wird skandalisiert, personalisiert und durch die gestiegene Zahl der Medien wächst die Konkurrenz um Nachrichten.« Deshalb stillt die Initiative den täglichen Hunger der Zeitungen, Magazine und TV-Sender nach Ereignissen, aus denen sich Nachrichten machen lassen. Wobei sie es deutlich besser versteht, ein Anliegen in Zeitungen und Zeitschriften unterzubringen als im Fernsehen. Das Fernsehen ist flüchtiger, die Kosten für die Produktion von fernsehtauglichen Botschaften, Events und Bildern sind deutlich höher. Hier stößt selbst die Initiative an ihre finanziellen Grenzen.

Aber es gibt auch noch andere und günstigere Methoden, Öffentlichkeit herzustellen. Der ehemalige Journalist Enzweiler und der frühere BDI-Sprecher Rath erfanden in den vergangenen Jahren die »Ludwig-Erhard-Lecture«, eine Veranstaltungsreihe für die intellektuelle Elite des Landes, zu der sie schon die liberale Ikone Lord Ralf Dahrendorf und den katholischen Kardinal Karl Lehmann einluden. Dort näherte sich sogar Kardinal Lehmann der Erkenntnis, dass sozial sei, was Arbeit schaffe. Und der Kuratoriumsvorsitzende und ehemalige Bundesbankpräsident Hans Tietmeyer breitet seine Ansichten regelmäßig in der Presse aus, zum Beispiel in seiner Kolumne im *Handelsblatt*. Für die studentische Zielgruppe wurde der ehemalige Fußballnationalspieler Oliver Bierhoff angeworben, um ihnen das Leistungsprinzip nahe zu bringen. Und damit die Themen der Initiative auch in Boulevard-Medien unterkommen, durfte ein Marktschreier namens »Aale-Dieter« eingeschweißte Plastikgehirne unters Volk werfen, um auf diese Weise für mehr und bessere Bildung zu werben. Wie es gerade gebraucht wird, mischt die Initiative Werbung und Events, PR und wissenschaftliche Arbeiten, Intellektuelles und Deftiges.

Die Initiative nutzt bei ihrer PR-Arbeit eine Gewohnheit im Mediengeschäft. Denn traditionellerweise gibt es im Journalismus ein Geschäft auf Gegenseitigkeit: »Gib mir eine Nachricht exklusiv, dann verspreche ich dir einen guten Platz.« Nach diesem Muster veröffentlichte die *Zeit* einmal die Ergebnisse eines Bildungsmonitors, in dem die Initiative Neue Soziale Marktwirtschaft die Bildungssituation in den sechzehn Bundesländern bewertete.

Darüber hinaus, und das ist eine Entwicklung der vergangenen vier Jahre, nehmen Kooperationen zwischen der Initiative und den Medien immer größere Formen an. Für die *Wirtschaftswoche* entstand nach Absprache ein eigenes Reformbarometer. Die *Financial Times Deutschland* bekam einen Zuschuss für eine fünfzehnteilige Broschüre »Ökonomie. Die Klassiker kompakt«, die jeweils mittwochs dem Blatt beilag und durch einen Beitrag im redaktionellen Teil flankiert wurde. Die Kurzfassungen der Werke von Ludwig Erhard über Friedrich August von Hayek bis Karl Marx bescherten der Wirtschaftszeitung wochenlang eine überdurchschnittliche Mittwochsauflage. Mitglieder der Initiative kürten gemeinsam mit der *Wirtschaftswoche* die beste kommunale Verwaltung sowie mit der *Frankfurter Allgemeinen Sonntagszeitung* den »Reformer des Jahres« und den »Blockierer des Jahres«. So entstehen nicht nur einzelne Nachrichten, sondern ganze Ereignisketten mit Vor-, Begleit- und Nachberichterstattung.

Journalisten verleihen der Initiative auf diese Weise ein

Stück Glaubwürdigkeit, denn sie akzeptieren sie als Quelle, sie schätzen ganz offensichtlich ihre Informationen – und in einigen Fällen treten sie sogar gleichberechtigt mit der Initiative auf.

Einmal erteilte die Zeitung *Die Welt* der Initiative sogar einen Rechercheauftrag. Rath und Enzweiler gehen offen damit um, denn weder die Zeitung noch sie selbst haben je ein Geheimnis daraus gemacht. Geschrieben von »Welt-Autor Peter Hahne und der Initiative Neue Soziale Marktwirtschaft« stand über dem doppelseitigen Artikel im Wirtschaftsteil, wobei nicht weiter erläutert wurde, wer hinter der Initiative steht.

»Ein Redakteur von der *Welt* hat uns angerufen und gefragt, ob wir ihnen ein Dossier zusammenstellen können«, erinnert sich Dieter Rath. Das tat die Initiative und lieferte einen Text, auf dessen Grundlage der Artikel in der *Welt* entstand, der am 4. Februar 2005 erschien. Die Zahl der offiziell gemeldeten Arbeitslosen war gerade zum ersten Mal über fünf Millionen gestiegen, und so fand sich schnell die knackige Headline »Die größten Jobvernichter der Bundesrepublik«. In einer Reihe von Texten wurden dort alle wichtigen sozialpolitischen Entscheidungen aufgelistet – von der Dynamisierung der Rente im Jahr 1957 bis zur Sozialpolitik der siebziger Jahre. Anhand der Arbeitsmarktfreundlichkeit dieser Maßnahmen entstand die Rangliste der »Jobvernichter«. Am schlimmsten war demnach die sozialliberale Koalition unter Helmut Schmidt (SPD), die geringsten Verfehlungen hat sich die CDU-Regierung Konrad Adenauer zu Schulden kommen lassen.

Es war ein starker Auftritt. Aber war es noch eine journalistische Leistung? Das Dossier der Initiative wurde zwar nicht eins zu eins in der Zeitung abgedruckt. Der bearbeitende Journalist hat eigene, zusätzliche Recherchen angestellt und viele Passagen geschrieben. Doch das Dossier der Lobbyisten lieferte den Grundstock an Fakten –

und selbst einige ihrer Formulierungen fanden den Weg in die Zeitung. Der zuständige Ressortleiter der *Welt,* Marcus Heithecker, sagt dazu: »Die Artikel analysieren und bewerten ordnungspolitische Sündenfälle. Wir haben überlegt, wie man dafür an notwendige Hintergrundinformationen kommt. Deshalb haben wir die Initiative gefragt. Der Autor hat die Ausarbeitung und andere Quellen für seine Texte verwendet. Und wir haben hinterher das Ranking erstellt.«

Am Ende bleibt, dass die *Welt* einen wesentlichen Teil der Recherche und die zugehörigen Kosten an eine Lobby-Organisation abgegeben hat. »Die Recherche ist die originäre Arbeit von Journalisten und in Deutschland ohnehin nicht sonderlich stark ausgeprägt, vergleicht man es mit der angelsächsischen Tradition«, sagt der Journalistikprofessor Siegfried Weischenberg dazu. »Insofern ist es Teil einer Entgrenzung zwischen Journalismus und PR, wenn man Recherche an Lobbyisten abgibt, um sie billiger zu haben.«

Der Initiative geht es darum, Begriffe zu besetzen und Symbole zu schaffen, die andere übernehmen. Im Sommer 2003 hängten die Lobbyisten für ihr Sommerfest ein Plakat halb in die Spree: »Deutschland. Höchste Zeit für Reformen« stand darauf, wobei das Wort »Deutschland« halb im Wasser versank. Das Nachrichtenmagazin *Spiegel* illustrierte damit wenig später einen Aufmacher zur Reformpolitik, das *Handelsblatt* wählte es zum Bild der Woche und auch andere Blätter wie etwa die *Berliner Zeitung* drucken es noch immer nach, wenn sie ein Foto brauchen, das den Reformbedarf illustriert. So wurde es zum Symbol. »Es ist ein glücklicher Zufall gewesen«, sagt Rath. »Ein Fotograf der Nachrichtenagentur AP hat das Bild gemacht – und von da an nahm die Sache ihren Lauf.« So ist es immer. Die Initiative muss Bilder und Ereignisse schaffen, aber wirken können sie erst und nur, wenn Medien darüber berichten.

Bei einigen Themen sei der Einfluss der Initiative besonders groß gewesen, meint auch Klaus Dittko. Seine Mitarbeiter bei Scholz & Friends sammeln, wo und wann die Initiative in den Medien auftaucht. »Wenn sich bei den Kernthemen der Initiative die veröffentlichte Meinung und die Demoskopie in unserem Sinne verändern, dann ist es plausibel, dass die Initiative einen Anteil daran hatte.« Das gelte etwa für die Diskussion um die Pflegeversicherung und den *Brain Drain,* den Fortzug vieler hoch talentierter Nachwuchskräfte aus Deutschland. Besonders nachhaltig war die »Sozial ist ...«-Kampagne aus dem Jahr 2002. »Sozial ist, was Arbeit schafft« – wenige Wochen nach Beginn einer Anzeigenkampagne mit diesem Thema benutzte Hans Tietmeyer diesen Slogan, der heutige Wirtschaftsminister Wolfgang Clement griff ihn auf und sogar der damalige Kanzlerkandidat Edmund Stoiber rief in seinem Wahlkampf: »Sozial ist ...« So veränderte sich die Bedeutung des Wortes »sozial« in der politischen Debatte ein Stück weit und bekam einen neuen Beiklang. Sozial ist nicht nur Umverteilung, sondern »Sozial ist, was Arbeit schafft«.

Seit es Medien gibt, werden ihnen exklusive Informationen gesteckt und lanciert, und dabei steht immer unausgesprochen im Raum: »Aber damit wir uns verstehen: Ich verlange als Gegenleistung, freundlich behandelt zu werden.« So entstehen Abhängigkeiten für beide Seiten. Journalisten schonen einen Politiker oder Manager, von dem sie Informationen bekommen, um kritisch über Dritte berichten zu können. Es ist eine wichtige Voraussetzung, auf deren Grundlage die Presse ihre Wirkung, auch die als »Vierte Gewalt«, erst entwickeln kann. Denn es muss immer einen Informanten geben, der redet, der Unterlagen besorgt oder E-Mails weiterleitet.

Doch seit der Wettstreit nicht mehr nur um Nachrichten läuft, sondern seit dem Jahr 2000 auch die Anzeigenerlöse einbrachen, tobt der Kampf ums ökonomische Überleben. Seither haben Geschäfte auf Gegenseitigkeit einen anderen Charakter bekommen. Zugang gibt es in einer wachsenden Zahl von Fällen nur noch, wenn derjenige, über den berichtet wird, auch die Kontrolle über die Inhalte bekommt.

Eine inzwischen häufiger praktizierte Methode, eine Berichterstattung zu lenken, ist der »Produktionskostenzuschuss« im Fernsehen. So gelangte vor einigen Jahren eine Sendereihe mit dem Namen »Abenteuer Landwirtschaft« in den öffentlich-rechtlichen Kulturkanal 3sat. Teilweise finanziert wurde sie von der CMA, dem Verband der traditionellen Agrarwirtschaft (»Bestes vom Bauern«), was im Abspann auch erwähnt wurde. Doch wer schaut schon einen Abspann? Was bringt eine Offenheit, die quasi im »Kleingedruckten« steht? Sollten solche Beiträge in einem von der Allgemeinheit finanzierten Fernsehsender laufen? Ein Beitrag über »ökologische Landwirtschaft« fehlte in der Reihe.

Die Initiative Neue Soziale Marktwirtschaft machte es ähnlich, als sie den Filmemacher Günther Ederer mit 66 000 Euro unterstützte, um »Das Märchen vom gerechten Staat«, »Das Märchen von der sicheren Rente« und »Das Märchen vom blühenden Arbeitsmarkt« zu drehen. Die Stücke liefen in der ARD. Dem gleichen Prinzip folgten die Entwicklungshilfeorganisation World Vision, Kirche in Not und die SOS-Kinderdörfer, die sich an der Finanzierung von bis zu 24 Dokumentationen über Entwicklungshilfe für den privaten Nachrichtenkanal n-tv beteiligten. Enthüllt wurde diese Unterstützung vom evangelischen Fachdienst *epd-medien* im Frühjahr 2005. Jede Sendung hat etwa 33 000 Euro gekostet, schätzt der Journalist Volker Lilienthal. Wie World Vision bestätigt, wurden die Kosten im Wesentlichen von den Entwicklungshelfern getragen. Die Organisationen wurden positiv erwähnt. Ein Hinweis auf die Geldgeber war wie bei der CMA und der

Initiative im Abspann der TV-Stücke kurz zu sehen. So werden Einzelfälle zur Routine im Fernsehen.

Inzwischen erzählen sich PR-Manager und Werber unter der Hand, dass sie es sogar schaffen, unveränderte Werbetexte oder ganze Interviews in großen Tageszeitungen unterzubringen. Beweisen lässt es sich noch nicht, und öffentlich sagen würde es auch niemand. Aber die Anekdoten darüber mehren sich.

Schmidt, Kohl, Schröder und die Medien

In Deutschland haben sich die politische Öffentlichkeit und damit die Rolle der Medien, nicht zuletzt des Fernsehens, für den politischen Alltag verändert. Vor allem das Fernsehen hat dabei gewonnen. Aufgrund seiner Reichweite, der steigenden durchschnittlichen Sehdauer und der suggestiven Kraft von Bildern soll Bundeskanzler Gerhard Schröder einmal gesagt haben, *Bild, Bams (Bild am Sonntag)* und Glotze seien für ihn die wichtigsten Medien.

Was er meint, zeigt beispielhaft der offene Briefwechsel zwischen der CDU-Parteichefin und damaligen Oppositionsführerin Angela Merkel, dem bayerischen Ministerpräsidenten Edmund Stoiber und dem Bundeskanzler Gerhard Schröder im Februar 2005. Sie wollten vielleicht auch ihre Besorgnis über die mehr als fünf Millionen Arbeitslosen ausdrücken, vor allem trieben sie den politischen Gegner in die Enge. Zeitlich passend zu den Abendnachrichten gaben beide Seiten abwechselnd ihre Vorschläge bekannt, was nun gegen die Arbeitslosigkeit getan werden müsse. Am Ende stand ein großer »Job-Gipfel«, der ebenfalls nach den für die Medien entscheidenden Kriterien organisiert wurde. In den Tagen zuvor wurden Journalisten nach und nach über Einzelheiten zu den Themen des Treffens informiert. Zur mediengerechten Inszenierung der Veranstaltung gehörte auch, dass der Job-Gipfel rechtzeitig zur besten Sendezeit beendet wurde. Schließlich wollten es die Politiker noch in die Abendnachrichten und die Tageszeitungen des darauf folgenden Tages schaffen.

Helmut Schmidt und das US-Fernsehen

Der frühere Bundeskanzler Helmut Schmidt schrieb in den achtziger Jahren seine Eindrücke von der amerikanischen Politik nieder. Die Bedeutung, die Schmidt dem US-Fernsehen beigemessen hat, war und ist nicht auf Deutschland übertragbar, weil hierzulande mehr gelesen wird und Zeitungen insofern mehr zur politischen Meinungsbildung beitragen als in Amerika. Aber sein distanziertes Staunen verrät viel über den früheren deutschen Politikalltag: »Das Medium Fernsehen verführt dazu, den vermuteten oder durch Meinungsumfrage ermittelten Wünschen und Instinkten des breitesten Publikums nach dem Munde zu reden, möglichst in einfachen, griffigen, plakativen Formeln. Ronald Reagan ist ein Meister darin.«[21] Daraus zieht Helmut Schmidt den Schluss: In den Vereinigten Staaten sei das Fernsehen »als Instrument – und als Quelle! – der politischen Meinungsbildung schon vollendet«.

»Die Abendnachrichten und Kommentare im Fernsehen zu verfolgen, war schon für Jimmy Carter und seinen Stab wichtiger als das tägliche Studium von New York Times« und anderen Zeitungen, »denn erst die Beobachtung der täglichen Nachrichtensendungen gab Carter und gibt Reagan und ihren Stäben einen Eindruck von dem, was aktuell ist und was ihr Publikum gerade bewegt«. Aus dem, was sie sehen, würden

21 Helmut Schmidt: Menschen und Mächte, Berlin 1987, S. 288.

die US-Regierungen ihre praktische Politik ableiten. »Fernsehdramaturgie tritt vielfach an die Stelle von Staatskunst.«[22] Aus solchen Gründen seien damals, so Schmidt, viele Ereignisse zu erklären: ein Weizenembargo gegen die Sowjetunion und der Boykott der Olympischen Spiele in Moskau, ein Embargo gegen Polen nach der dortigen Verhängung des Kriegsrechts und selbst »die Invasion Grenadas verfolgte auch den Zweck, von den demütigenden Bildern der Sprengung amerikanischer Kasernen im Libanon abzulenken.«

Auch Helmut Schmidt musste schon Rücksicht auf die Sendezeiten der Fernsehnachrichten nehmen und glaubte daher, dass »auch wir in Europa auf dem Wege von der parlamentarischen Demokratie zur Fernsehdemokratie unaufhaltsam fortschreiten«.[23]

Wie anders war doch das Verhältnis des früheren Bundeskanzlers Helmut Kohl zu den Medien. Er sortierte sie nach guten, also konservativen, und feindlich gesinnten Medien, schäumte über den »Rotfunk« in der ARD und gab dem Nachrichtenmagazin *Spiegel* in sechzehn Jahren Regierungszeit kein einziges Interview. Zu diesem Verständnis passt, dass er erstmals 1994 in einer Talkshow kleine Einblicke in sein Privatleben gab und einen »menschelnden« Bundeskanzler darstellte. Das größte Macht- und Regierungsinstrument von Helmut Kohl waren nicht die Medien, sondern war seine Partei. In der CDU hatte er über Jahrzehnte dafür gesorgt, dass fast alle Funktionäre, vom wichtigen Kandidaten für einen Sitz im Landtag bis zum Bundesminister, ihre Karriere ihm persönlich ver-

22 Schmidt: Menschen und Mächte, S. 300ff.
23 Schmidt: Menschen und Mächte, S. 301.

dankten. Mit Telefonaten bis in die hinterste Provinz beeinflusste er Wahlen in der Partei.

Um es kurz zu sagen: Kohl regierte seine Partei und durch seine Partei; Gerhard Schröder hingegen setzte seine Kanzlerkandidatur erst gegen die SPD mithilfe der Medien durch. Ihm half ein fester Kreis von ihm wohlgesinnten Journalisten von *Spiegel, Stern* und *Woche,* die sich letztlich sogar – so schrieb Richard Meng von der *Frankfurter Rundschau* – als Kanzlermacher, wenn nicht gar als heimlicher Teil der »Kampa«, der SPD-Wahlkampfmaschine, verstanden. Dem entsprechend schenkte Gerhard Schröder während seiner Regierungszeit den Stimmungen in den Medien mindestens so viel Aufmerksamkeit wie den Strömungen in seiner Partei – wenn nicht sogar mehr.

Das bedeutet aber auch, dass ein Bundeskanzler über die Medien zum Handeln gedrängt werden kann, wenn seine Politik in überwältigender Weise kritisiert wird. Er muss reagieren, wenn er nach den beschriebenen Regeln der Mediendemokratie davon ausgehen muss, dass ihm über kurz oder lang mehrere Hunderttausend oder gar Millionen Wählerstimmen verloren gehen, weil er in Zeitungen und TV-Sendern als politischer Versager vorgeführt wird. Besonders klar erkennbar wurden diese Zwänge nach der Bundestagswahl 2002. Damals geschah im großen Maßstab, was bei »Florida-Rolf« im Kleinen zu beobachten war. Im Winter 2002 wüteten deutsche Manager vehement, aber ungeordnet gegen die rotgrüne Regierung, und praktisch alle führenden Medien gaben diesen Angriffen breiten Raum. Es passte in die Linie vieler leitender Journalisten, die schon im ganzen Jahr vor der Wahl Schröders »Politik der ruhigen Hand« als gefährliche Zeitverschwendung im deutschen Reformprozess betrachteten. Der November des Jahres 2002 wird Gerhard Schröder insofern als ein äußerst unangenehmer Monat in Erinnerung bleiben. Der Präsident der Bundesvereinigung Arbeitgeberverbände, Dieter Hundt, warf der Regierung »Wirklichkeitsverlust« und »Realitätsverweigerung« vor und fügte hinzu, die Wirtschaftsverbände hätten sich bei den Koalitionsverhandlungen nach der Bundestagswahl nicht ausreichend konsultiert gefühlt. In der *Bild*-Zeitung war groß zu lesen »Was nun, Kanzler? Wirtschaft läuft Sturm« und die *Frankfurter Allgemeine Zeitung* schrieb, die Manager der 30 größten börsennotierten Unternehmen wollten einen gemeinsamen Termin mit dem Bundeskanzler, um ihre massive Kritik an seiner Wirtschaftspolitik persönlich vorzutragen.

Ein Höhepunkt der damaligen großen Interessengleichheit zwischen Journalisten und Managern bot die *Financial Times Deutschland* am 16. Dezember 2002. Sie hatte führende Manager befragt, »Wie wir aus der Krise kommen«, und eine überwältigende Resonanz erhalten. 34 Konzernchefs gaben so bereitwillig Auskunft wie selten vorher.

Die Manager versuchten, Schröder zu Reformen zu treiben. Schröder ertrug das mehrere Monate lang und blieb passiv. Er verweigerte jedes Gespräch mit dem damaligen BDI-Präsidenten, Michael Rogowski, der sich ohnehin unbeliebt gemacht hatte, weil er sich vor der Bundestagswahl deutlich für den Kanzlerkandidaten Edmund Stoiber ausgesprochen hatte. Doch als auch das von Gerhard Schröder initiierte »Bündnis für Arbeit« scheiterte, stellte sich der Bundeskanzler im März 2003 im Bundestag hin und hielt eine viel beachtete Rede, in der er seine »Agenda 2010« skizzierte. Die Unternehmer hatten den Bundeskanzler, wo sie ihn haben wollten.

Gerhard Schröder hält an diesen Reformplänen fest, obwohl er darüber beinahe die Gefolgschaft der rotgrünen Bundestagsabgeordneten und damit seine Kanzlerschaft verloren hätte. Doch er konnte an den realen, finanziellen Löchern der Sozialkassen nicht mehr vorbeisehen. Er musste

Die Stimmen der Manager

Herbert Hainer, Vorstandsvorsitzender des Sportartikelherstellers Adidas: »Wie wohl die Mehrheit der Bürger und Bürgerinnen in Deutschland bin ich entsetzt, wie konzeptionslos die Bundesregierung zurzeit agiert.«

Werner Wenning, Vorstandsvorsitzender des Pharma- und Chemiekonzerns Bayer: »Anstatt der Wirtschaft zu helfen, werden ihr immer neue Bürden aufgelastet. ... Bitter notwendig ist der Mut zu umfassenden Reformen. Die Stichworte lauten: Deregulierung, Abbau von Bürokratie, Ausgabenreduzierung einschließlich einer deutlichen Verringerung der Subventionen auf breiter Front, Steuer- und Abgabensenkung sowie Sanierung der Renten- und Gesundheitspolitik.«

Jürgen Strube, bis Mai 2003 Vorstandsvorsitzender des Chemiekonzerns BASF: »In Deutschland fehlen auch nach der Bundestagswahl die notwendigen Reformsignale. Statt den Umbau der Sozialsysteme einzuleiten, das Steuersystem zu vereinfachen, die Staatsquote und die Lohnnebenkosten zu senken, sieht es danach aus, als würde die Steuerschraube bei Bürgern und Unternehmen weiter angezogen. Aus unserer Sicht ist der Kurs der Regierung nicht geeignet, die Störung des gesamtwirtschaftlichen Gleichgewichts zu beheben.«

Dieter Rampl, seit 2003 Vorstandsvorsitzender der Hypovereinsbank: »Die Strukturschwächen am Arbeitsmarkt und eine Bundesregierung, die Wirtschaft und Verbraucher mit immer höheren Steuern belastet, produzieren kein Wachstum, sondern reduzieren es.«

(Quelle: *Financial Times Deutschland*, 16.12.2002)

zudem akzeptieren, dass sein neokorporatistischer Ansatz mit dem »Bündnis für Arbeit« an den Arbeitgeberverbänden und den Gewerkschaften gescheitert war. Und schließlich sagte ihm sein sonst immer so zuverlässiger Seismograph, nämlich die Medien, mit einer Deutlichkeit, die er selten zuvor erlebt hatte, er solle politisch umschwenken.

Klaus Dittko, der PR-Manager bei Scholz & Friends, meint dazu: »Man kann gar nicht hoch genug einschätzen, welche Bedeutung Politiker den Medien beimessen. Sie orientieren ihre Entscheidungen im Zweifel viel stärker an der täglichen Medienwahrnehmung als an den persönlichen Erfahrungen. Den politischen Richtungswechsel vom rotgrünen Koalitionsvertrag nach der letzten Bundestagswahl bis zum 18. März 2003, der Agenda-2010-Rede, können sie letztlich nur durch medialen Druck erklären.«

Den Wandel im Visier

Die Antwort auf eine einfache Frage, gestellt vor sechs Jahren, ist der Ursprung der Initiative Neue Soziale Marktwirtschaft. »Haben die Deutschen eine gute Meinung von der Marktwirtschaft?«, wollten damals die Arbeitgeber der Metallindustrie wissen, und wie sich Martin Kannegiesser, der Präsident von Gesamtmetall, erinnert, hat ihn das Ergebnis aufgerüttelt. Gerade einmal 22 Prozent der Ostdeutschen und nur 44 Prozent der Westdeutschen antworteten mit »Ja«, ermittelten die Demoskopen von Allensbach in einer Umfrage. Daraufhin ließ der Arbeitgeberverband weiterforschen und eine geistige Landkarte der Republik zusammenstellen: Das Ergebnis ist in einer grünlichen Kladde des Instituts der Deutschen Wirtschaft nachzulesen, deren Papier schlecht ist und inzwischen schon vergilbt. Es besagt, dass sechs von zehn Deutschen Ende der neunziger Jahre überzeugt waren, der Markt sei schuld an der hohen Arbeitslosigkeit, und in Ostdeutschland sah man Gerechtigkeit in der Planwirtschaft eher verwirklicht als in der sozialen Marktwirtschaft.

Gerade einmal jeder Fünfte erkannte zudem in der sozialen Marktwirtschaft eine Ordnung, die dem Einzelnen besonders viel Freiheit biete. »Wer sich damit nicht abfinden will, kommt fast zwangsläufig dazu, so etwas wie die Initiative Neue Soziale Marktwirtschaft zu gründen«, sagt Kannegiesser. »Der Wert von Freiheit und persönlicher Verantwortung war für die meisten verschüttet. Der Zusammenhang, dass erst erwirtschaftet werden muss, was später verteilt werden kann, war verloren gegangen. Wir brauchten einen Konsens darüber, was für Reformen sinnvoll sind und das Land stärken. Diesen Bewusstseinswandel soll die Initiative vorantreiben« – und deshalb finanziert Gesamtmetall ihre Arbeit.

Bis noch vor wenigen Jahren hätten Politiker aller Parteien im trauten Gespräch zugestimmt, dass Reformen nötig seien, der Sozialstaat schrumpfen müsse und die Wirtschaft mehr Freiheiten brauche, erinnert sich Initiative-Geschäftsführer Dieter Rath. Dann hätten diese Politiker hinzugefügt, dass sie dies nicht öffentlich sagen würden – aus Angst vor Niederlagen bei der nächsten Wahl. Als abschreckendes Beispiel kursierte unter Berliner Politikern die Geschichte des schwedischen Ministerpräsidenten Carl Bildt. Dieser hatte von 1991 bis 1994 die Sozialsysteme des Landes reformiert und war dafür abgewählt worden. Sein Nachfolger konnte die Erfolge der Reform genießen, ohne für ihre Härten verantwortlich gemacht zu werden.

»Die Gefahr, dass ein Reformer abgewählt wird, besteht auch heute noch«, sagt der frühere Bundesbankpräsident Hans Tietmeyer. Gleichzeitig ist er sich aber sicher, dass »wir das Bewusstsein für die Notwendigkeit von Reformen gestärkt haben. Ich würde nicht alles monokausal auf die Initiative zurückführen, aber wir haben geholfen, den Boden für Reformen zu bereiten, und tun das auch weiter.« Was der frühere Bundesbankpräsident beschreibt, schlägt sich in den regelmäßigen Umfragen des Bundesverbands der deutschen Banken nieder. 2004 antworteten bereits 43 Prozent der Deutschen auf die Frage, ob die soziale Marktwirtschaft mehr Markt oder mehr Sozialstaat brauche: »mehr Markt«. Vor elf Jahren sagten das gerade einmal 25 Prozent. Damit hat sich die Statistik nicht vollkommen im Sinne der Initiative Neue Soziale Marktwirtschaft gewandelt, doch sie nähert sich den von ihr herbeigesehnten Werten. Zugleich ging auch die Zahl derer zurück, die verlangten, die Zukunft der sozialen Marktwirtschaft müsse »mehr soziale Absicherung« bringen. Diese Ansicht vertritt heute nur noch eine Minderheit. Die Umfrage liefert noch weitere Anhaltspunkte für einen Bewusstseinswandel. Waren 1994 noch fast die Hälfte der Deutschen der Meinung, es sei die Aufgabe des Staates, den Wohlstand zu sichern, ging diese Zahl inzwischen auf ein Drittel zurück. Die anderen zwei Drittel vertraten den Standpunkt, sie seien selbst dafür verantwortlich, ihren Wohlstand zu sichern.

Mehr Markt, weniger (Sozial-)Staat. Mehr Eigenverantwortung, weniger Regeln. Es hat in den vergangenen Jahren ein geistiger Wandel stattgefunden, wobei der Freiburger Professor Bernd Raffelhüschen sagt: Die Initiative Neue Soziale Marktwirtschaft »ist da nicht alleine. Sie prägt den Zeitgeist gemeinsam mit Männern wie Kurt Biedenkopf, Sozialforscher Meinhard Miegel, Ökonomen wie Hans-Werner Sinn und Bert Rürup – und dazu noch fünf bis zehn Journalisten.«

Zwei Dinge unterscheiden die Initiative von anderen Lobbyisten der Wirtschaft: Erstens entwickelt sie wirtschafts- und sozialpolitische Visionen. Zweitens wendet sie sich nicht ausschließlich ans Parlament, die Regierung und den Beamtenapparat in den Ministerien, sondern auch an die breite Öffentlichkeit. Denn am Ende müssen ihre Reformideen von Politikern verwirklicht werden. Politikern, die sich alle vier Jahre einer Wahl stellen müssen und mehr als je zuvor aus den Medien Volkes Stimme extrahieren.

Die Initiative ist insofern eine Mischform. Sie betreibt Lobbyismus. Gleichzeitig meinen manche Beobachter, sie habe das Zeug, sich zum Prototyp einer neuen politischen Bewegung zu entwickeln. »Es ist keine Partei, kein Verband und keine traditionelle Bürgerinitiative – und dennoch eine Stimme in der politischen Debatte«, sagt der Politologe Claus Offe. Man kann kein Mitglied werden, sie nicht wählen und auch nicht auf den üblichen Wegen, also über Programm- und Strategiekommissionen, die Inhalte der Initiative mitbestimmen. Immerhin hatte die Lobby-Gruppe Mitte des Jahres 2005 einen Förderverein gegründet, um Unterstützer in der Bevölkerung zu gewinnen. »Wenn die Initiative noch einige Jahre durchhält und weiteren Einfluss gewinnt, wäre das ein tatsächlicher Wandel in der deutschen Politik«, so Offe. Der Wille dazu ist bei den Geschäftsführern, Kuratoren und Botschaftern jedenfalls vorhanden. Enzweiler sagt in Anlehnung an die Studentenproteste der sechziger Jahre: »Wir sind eine bürgerliche APO«, eine neue außerparlamentarische Opposition.

Ein Blick in die deutsche Geschichte zeigt noch einen weiteren Grund, warum die Initiative Neue Soziale Marktwirtschaft gegründet wurde: Es gibt derzeit keine Manager wie den 1989 von der RAF ermordeten Vorstandschef der Deutschen Bank, Alfred Herrhausen, oder einen seiner frühen Vorgänger, Hermann Josef Abs. Es gibt keinen, der im Unternehmerlager zum großen Berater eines Bundeskanzlers taugt und gleichzeitig eine Leitfigur für andere Unternehmer wäre. Niemand hat sich bislang mit einem umfassenden, wirtschafts- und gesellschaftspolitischen Programm hervorgewagt, es fehlt das *political animal* im Unternehmerlager. In diesem Kontext versucht die Initiative, möglichst viele Reformbefürworter zu versammeln und es dabei besser zu machen als frühere Vereine der Wirtschaftsliberalen in den siebziger Jahren, etwa der Aktionskreis Soziale Marktwirtschaft. Sie handelt nach dem Motto: Einer muss die Debatte organisieren, um sie bestimmen zu können.

Viel Rücksicht nimmt diese selbst ernannte »APO« nicht: Edmund Stoiber legte sein Amt als Botschafter nieder, nachdem die Initiative gegen die Subventionen in der Landwirtschaft plakatiert hatte (»Ein Schweinegeld«). Auch mehrere SPD-Politiker folgten zunächst dem Ruf der Initiative und traten dann schnell wieder aus. Norbert Blüm wurde erst in einer Kampagne für lebenslanges Lernen als Vorbild gelobt, weil er es vom Werkzeugmacher zum Bundesminister schaffte. Erst danach bekam er wegen der Pflegeversicherung fast einen Bumerang an den Kopf. Enzweiler und Rath fingen sich sogar schon einen bösen Anruf ihres Kuratoriumsvorsitzenden Hans Tietmeyer ein, nachdem sie »Die größten Jobvernichter der Bundesrepublik« für die *Welt* zusammengestellt hatten. Denn Tietmeyer fühlte sich als ehemaliger Beamter im Bundeswirtschaftsministerium und Präsident der Bundesbank persönlich getroffen. Tietmeyer selbst wettert derweil auch gegen die Geldgeber der Initiative: »Verbände« – wie eben Gesamtmetall – »haben zu viel Macht«. Beim Sommerfest der SPD-Parteizeitung *Vorwärts* trat die Initiative im vergangenen Jahr sogar als Sponsor von »Hau den Lukas« auf: Sie verlieh einen Journalistenpreis für einen Fernsehbeitrag, der im früher als »rot« geschmähten Magazin *Panorama* gesendet wurde.

So trifft es scheinbar jeden aus der alten Deutschland AG. Ist die Initiative am Ende einfach nur freiheitlich, unorthodox und unterstützenswert?

Auf mittlere Sicht hat die Initiative Neue Soziale Marktwirtschaft vielleicht sogar die Chance, der FDP Konkurrenz zu machen, indem sie zum ausschlaggebenden liberalen Taktgeber für die Regierung wird.

Schon im Herbst 2005 hat sie dafür einen weiteren Anhaltspunkt geliefert: Die Stiftung Marktwirtschaft hat ein Konzept für eine umfassende Steuerreform vorgelegt. Rund 70 Steuerfachleute, Professoren, Fachpolitiker aus allen Parteien und Beamte aus dem Bundesfinanzministerium haben daran gearbeitet und es galt schon Monate vor der Wahl als offenes Geheimnis, dass die Stiftung Marktwirtschaft ihr Tun als Vorarbeit für den Sieger des Urnengangs versteht. Die CDU warte schon auf die Ergebnisse, hieß es im Frühjahr 2005.

Formell haben Stiftung und Initiative zwar nichts miteinander zu tun, doch gibt es enge Bindungen. Stiftungsvorstand Michael Eilfort sowie zwei seiner wissenschaftlichen Beiräte sind gleichzeitig Botschafter der Initiative. Und es gab deutliche Signale sowohl aus der Stiftung wie aus der Initiative, dass sich beide Organisationen über das neue Konzept für eine große Steuerreform ausgetauscht haben und dass beide Seiten vorhaben, dafür zu werben. Sie wollen zusammen eine breite mediale Unterstützung für ihre Thesen organisieren, und so spricht einiges für die Einschätzung eines anonymen Kritikers, der in der Zeitschrift *The International Economy* zitiert wurde: Die Initiative Neue Soziale Marktwirtschaft sei »das nationale Kampagnen-Hauptquartier der Neokonservativen« aus Wirtschaft und Politik.[24]

Jenseits einer Steuerreform plädiert die Initiative für eine Abkehr vom fürsorgenden, allgegenwärtigen Staat und für

24 *The International Economy*, »Battle of the Economists. The inside story of Germany's internal policy knifefight«, Winter 2005, S. 22ff.

die Freiheit von Unternehmen. Die Stichworte für diese Ansichten lauten: weniger Bürokratie, keine Agrarsubventionen, keine Eigenheimzulage zum einen, Lohnnebenkosten und Körperschaftssteuer senken zum anderen. Michael Hüther vom Institut der Deutschen Wirtschaft erläutert: »Investitionen zu stimulieren hat Vorrang, weil sie unmittelbar zu Wachstum führen.« Vorfahrt für Unternehmen also? Die Initiative hatte ja bereits den Slogan »Sozial ist, was Arbeit schafft« geprägt. Denkt man die beiden Aussagen zusammen, ergibt sich beinahe der im Frühjahr 2005 von Bundespräsident Horst Köhler vorgebrachte Appell »Vorfahrt für Arbeit«. Ist die geistige Verwandtschaft nur ein Zufall? Der heutige Bundespräsident begann seine berufliche Laufbahn jedenfalls unter dem heutigen Kuratoriumsvorsitzenden der Initiative, Hans Tietmeyer. Beide arbeiteten damals im Bundeswirtschaftsministerium.

Um eine Antwort darauf zu geben, woher die Arbeit kommen soll, hat die Initiative mit Michael Hüther die »Vision D« entwickelt und im Frühjahr 2005 vorgestellt. Dafür wurde die unterschiedliche Wachstumsdynamik in den Vereinigten Staaten, Großbritannien und Schweden untersucht und verglichen. Gemeinsam sei den Ländern, dass »die Staatshaushalte konsolidiert wurden«, sagt Hüther. Auf dieser Basis hätten die Vereinigten Staaten dann Investitionen gefördert und Großbritannien für niedrige Löhne gesorgt, während Schweden besonders viel in Bildung investiert habe. »Es steht jedem Land frei, den Weg zu wählen, der zu ihm passt. Es gibt unterschiedliche Wege zu einem ähnlich hohen Wachstum«, meint Hüther und stellt klar, welchen Weg er für den richtigen hält: einen ausgeglichenen Staatshaushalt und eine möglichst umfassende Entlastung der Unternehmen.

Die einäugigen Auguren

Kritiker halten die Initiative wegen ihrer Ziele und Methoden für eine moderne Ideologiemaschine, die nur dazu dient, die Interessen der Wirtschaft gegenüber den Arbeitnehmern durchzusetzen. »Medien, Politiker und Wissenschaftler werden zu Werkzeugen einer geschickten PR für das Kapital«, schrieb der Wissenschaftler Rudoft Speth im gewerkschaftseigenen *Mediummagazin*.[25] Der seit zwei Jahrzehnten im Bundestag arbeitende Abgeordnete Hermann Scheer (SPD) findet für die Initiative noch deutlichere Worte: »Das ist eine reine Undercover-Organisation der Unternehmen.« Ihm zufolge geht es der Initiative um eine reine Umverteilung zu deren Gunsten.

So weit wie Scheer muss man nicht gehen. Denn das Faszinierende an der Initiative ist: Sie sammelt viele kluge Köpfe um sich, die Deutschland reformieren wollen. Das Ernüchternde an der Initiative ist: Politisch bleibt sie einseitig und einäugig, weil für sie in ihrer Lobbyarbeit die Frage des sozialen Ausgleichs bisher nicht zählt – und sie damit ebenjene auf ihre Weise beantwortet. Ihre Macher schreiben das Soziale in der sozialen Marktwirtschaft kleiner als andere. Doch die Frage, wie klein sie es schreiben, beantworten sie bis heute nicht. Der Sozialstaat bleibt eine Leerstelle, hat keine erkennbare Zukunft. Es ist daher nicht untypisch, wenn der frühere Bundesbankpräsident Hans Tietmeyer verklausuliert sagt: »Wir haben einen zu hohen Anspruch bei der Umverteilung angesetzt. Nicht genügend Freiheitsraum gelassen. Ich glaube, wir waren schon zu undifferenziert in der Art und Weise, wie wir 1957 die Rente an die Entwicklung der Löhne gekoppelt haben. Schon damals hat die Überlastung der Sozialsysteme ihren Lauf genommen.« Doch was genau folgt daraus?

25 Rudolf Speth: »Zweifelhafte Botschafter«, in: *Mediummagazin* 12/2004, S. 8–13.

Einseitig und einäugig wird die Initiative Neue Marktwirtschaft, wenn sie Wissenschaftlern nur dann ein Podium verschafft, wenn sie den Abbau von Sozialleistungen, ein Mehr an Freiheit für den Einzelnen und besonders für Unternehmer fordern, während dieselben Wissenschaftler an anderer Stelle durchaus für mehr Sozialstaat plädieren. Bernd Raffelhüschen ist beispielsweise nicht nur dafür, die Pflegeversicherung abzuschaffen, sondern fordert auch, dass Familien sehr viel höhere staatliche Hilfen bekommen als bisher. Doch dafür organisiert ihm die Initiative keine Pressekonferenz in Berlin. Und sicher auch keine Anzeigenkampagne.

»Es ist die große Schwäche vieler Wirtschaftsliberaler und offensichtlich auch der Initiative Neue Soziale Marktwirtschaft, dass sie Wirtschaftspolitik und Sozialpolitik nicht zusammendenken«, sagt Politikprofessor Manfred Schmidt. »Sie haben für das Anliegen derjenigen, für die Sozialpolitik gemacht wird, kein überzeugendes Angebot. Den umgekehrten Fehler hat damals Norbert Blüm gemacht. Der hatte nur die Sozial- und nie die Wirtschaftspolitik im Blick.«

Letztlich fügen sich das politische Programm und das Handwerk politischer Kommunikation ineinander. Sie bilden eine Einheit, was wiederum ein Beleg dafür ist, wie geschlossen und professionell die Initiative Neue Soziale Marktwirtschaft arbeitet. Es ändert aber nichts daran: Ihre Ziele bleiben fragwürdig, solange sie einen umfassenden wirtschafts- und sozialpolitischen Anspruch hat, dann aber lediglich eine Klientelpolitik für die obere Mittelschicht und Unternehmer betreibt, sobald sie konkret wird.

So flüchtig das tägliche Nachrichtengeschehen auch ist: Es gelingt den Lobbyisten, langfristige wirtschafts- und sozialpolitische Ziele zu verfolgen. Sie zeigen damit, dass sich konsequente Botschaften trotz der inhaltlichen Beliebigkeit in der Mediendemokratie durchsetzen lassen, und liefern ein beeindruckendes Beispiel für moderne, politische Kommunikation und Strategie. Die Strippenzieher der Initiative können sich dabei auf Geld, Organisationsmacht und Expertise stützen. Sie kennen die Arbeitsweise und die Prioritäten von Journalisten, haben Kontakte in die Medien und die Möglichkeit, Studien zu erstellen, sich also im journalistischen Alltag nützlich zu machen. All das sind absolut notwendige Voraussetzungen, um diese Art des Lobbyismus zu betreiben.

Nachahmung und andere Konsequenzen

Ob sie am Ende politischen Erfolg haben wird oder nicht: Die Initiative Neue Soziale Marktwirtschaft ist ein Pionier in der Medienrepublik und wird schon jetzt zum Vorbild für andere. Sowohl der Deutsche Gewerkschaftsbund als auch eine Öko-Kampagne verwenden inzwischen die Methoden der Initiative.

In einem Papier aus der Strategieabteilung des Deutschen Gewerkschaftsbundes vom März des Jahres 2005 heißt es: »Vom konzertierten Vorgehen der Wirtschaftselite kann man durchaus lernen. Höchste Zeit, die eigenen Kräfte zu bündeln und zum einen bestehende Verbindungen, wie etwa zu Intellektuellen, Kirchen und Sozialverbänden, zu beleben und neue Kontakte, z. B. mit Attac, aufzubauen.« Zu den weiteren Schritten gehöre, dass »Gewerkschaften ihre Gegnerbeobachtung professionalisieren« und »alle Einflusskanäle nutzen müssen, um für mehr soziale Gerechtigkeit in diesem Land zu sorgen«. Es passt durchaus in diesen Zusammenhang, dass die Gewerkschaften den Studien der Wirtschaftsliberalen – unter anderem der Initiative Neue Soziale Marktwirtschaft – ein eigenes Forschungsinstitut entgegenstellen. 2005 hat das

Institut für Makroökonomie und Konjunkturforschung unter der Leitung des Ökonomen Gustav Horn mit Sitz in Düsseldorf seine Arbeit aufgenommen.

Das von der Initiative praktizierte Prinzip der Medienbeatmung haben auch die Ökoenergieverbände für eine im Frühling 2005 begonnene Kampagne imitiert. Milan Nitzschke, Geschäftsführer des Bundesverbandes der Erneuerbaren Energien, beschreibt das grüne Vorhaben als »eine eigenständige und überparteiliche Informationskampagne der Branche der Erneuerbaren Energien, des Bundesumweltministeriums und des deutschen Anlagenbaus«. Ziel ist es, für Ökoenergien zu werben. Aber nicht mit Anzeigen oder Plakaten. Nein, mit »unendlich viel Energie« will die Branche mittels Medienpartnerschaften, kostenloser Informationsangebote, Workshops, vorproduzierter Artikel und Fernsehfilme versuchen, ihre Position in den Medien zu platzieren – im redaktionellen Teil, wohlgemerkt. Bei »heftigen Angriffen auf einzelne Energieträger«, heißt es kämpferisch im Eckpunkte-Papier, soll »die Informationsdichte erhöht werden«. »Von zentraler Bedeutung ist es, die Hauptmedien anzusprechen und TV und Hörfunk zu erreichen. Um das erhebliche Informationsdefizit im Bereich Erneuerbare Energien bei Journalisten zu decken, wird ein eigener Informationsdienst eingerichtet. Bei der Einbeziehung von Agenturen und Medienberatern ist der Zugang zu Schlüsselmedien ein zentrales Kriterium.« Dazu wurden eigens zwei Redakteure und zwei Rechercheure eingestellt, die im Berliner Energieforum in der Stralauer Allee sitzen, um die Republik zu begrünen: mit Zahlen, Fakten, Tendenzen und Geschichten rund um Energie aus Sonne, Wind, Biomasse und Erdwärme. Das Budget der dreijährigen Kampagne beläuft sich zunächst auf drei Millionen Euro. Mehr als die Hälfte sollen Unternehmen und Verbände der Branche beisteuern. Den Rest zahlen das Bundesministerium für Verbraucherschutz, Ernährung und

Landwirtschaft sowie das Bundesumweltministerium. Schirmherr ist kein anderer als Klaus Töpfer, Direktor des UN-Umweltprogramms.

Diese neue Qualität des Lobbyismus erzählt auch sehr viel über Medien. In der gegenwärtigen Entwicklung lassen sich drei Einflussgrößen oder Parameter ausmachen, die mit einer Funktion als »neutrale Arena« in der Mediendemokratie konkurrieren und ihr widersprechen: die Nachrichtenkonkurrenz, der ökonomische Druck und das journalistische Selbstverständnis. Diese drei Parameter erleichtern es Lobbyisten, die veröffentlichte Meinung zu gestalten und die Arena in einigen Fällen sogar zu dominieren.

1) Nachrichtenkonkurrenz: Die Konkurrenz um politische Nachrichten hat zugenommen. Ein Grund dafür ist die im Vergleich zu Bonner Zeiten größere Zahl von politischen Journalisten in Berlin. Aus diesem Grund wird ein Thema, das es auf die Titelseite oder an die erste Stelle in den TV-Sendungen geschafft hat, tendenziell schneller durch die nächste schlagzeilenträchtige Nachricht ersetzt als in der Bonner Republik. Themen »tauchen schneller auf und ab«, wie es der Journalistik-Professor Siegfried Weischenberg auf den Punkt bringt. Für ein Medium ist der Wettbewerb um Nachrichten aus zwei Gründen zentral: Medien sind erstens aus Imagegründen daran interessiert, möglichst oft von anderen zitiert zu werden. Das vergrößert oder schmälert seinen Ruf. Zweitens dürfen Zeitungen und Magazine auf einen höheren Verkauf am Kiosk hoffen, wenn sie die »Nachricht des Tages« exklusiv verbreiten können. Nicht viel anders ist es im Fernsehen. Nur geht es dort nicht um die Auflage, sondern um die Quote und damit um die Preise, die ein Sender für einen Werbespot verlangen kann.

Die Initiative Neue Soziale Marktwirtschaft profitiert von dieser Entwicklung, weil sie in der Lage ist, Ereignisse so zu inszenieren, dass sie – nach den Regeln der Medien – als Nachricht taugen. In der erwähnten Studie von Raffelhüschen über die Pflegeversicherung wurden die Mehrkosten durch die Alterung der Bevölkerung nicht von ungefähr für die nächsten 30 Jahre berechnet. Man hätte auch jährliche Durchschnittswerte nehmen oder die Mehrkosten auf einen Durchschnittsverdiener umrechnen können. Aber: Je größer die Zahl, desto wahrscheinlicher ist es, dass am nächsten Tag etwas in der Zeitung steht. Raffelhüschen nahm die Zahl 250 Milliarden Euro.

2) Ökonomischer Druck: Medien werden oft idealisiert und als unabhängige Wächter der Demokratie oder als »Vierte Gewalt« beschrieben. Viele Journalisten nehmen diesen Anspruch im Alltag ernst. Doch gleichzeitig sind Verlage und TV-Sender Wirtschaftsbetriebe. Je größer die ökonomischen Zwänge werden, umso seltener können Medien dem Ideal einer »Vierten Gewalt« entsprechen.

Am deutlichsten wird das an den »Produktionskostenzuschüssen« im Fernsehen: Aus ökonomischen Gründen werden zunehmend die Wünsche eines Werbekunden oder eines Kooperationspartners berücksichtigt. Das geschieht umso intensiver, je größer die Konkurrenz ist und je größer der ökonomische Druck wird. Was anhand der Initiative beschrieben wurde, ist dabei nur ein winziger Ausschnitt einer sehr viel komplexeren Wirklichkeit, die eine aktuelle Studie des Hamburger Journalistik-Professors Weischenberg beschreibt, die 2006 veröffentlicht werden soll. Doch es zeichnete sich in mehr als 1000 Interviews mit Journalisten ab, dass Anzeigenkunden oder Kooperationspartner immer offensiver fordern, Einfluss auf den redaktionellen Teil zu nehmen. Vergleichbares zeigte sich in einer Untersuchung der Universität Mainz. Die Professoren Rudolf Gerhardt und Hans Mathias Kepplinger sowie der Assistent Marcus Maurer haben herausgefunden, dass fast vier Fünftel der Redakteure beobachtet haben, dass bei ihrer Zeitung im redaktionellen Teil auf Interessen von Inserenten Rücksicht genommen wird. Mehr als die Hälfte äußert die Auffassung, dass diese Übergriffe eher zugenommen haben, und eine genauso große Anzahl hat erlebt, dass redaktionelle Beiträge zur werblichen Unterstützung eines Inserenten oder einer Branche verfasst werden mussten.

Dass Redakteure wegen des gewachsenen Arbeitsdrucks immer weniger eigene Recherchen anstellen können, hat im Grunde den gleichen Effekt. Beinahe zwangsläufig werden sie offener für vorgegebene Inhalte, die sie nur moderat verändern. Der Initiative Neue Soziale Marktwirtschaft kommt das bei ihrer Arbeit durchaus entgegen, weil sie fertige Botschaften, Bilder, Radioaufnahmen und Fernsehbeiträge liefert.

Sowohl die Konkurrenz um Nachrichten wie auch der ökonomische Druck führen dazu, dass die Zahl der Medieninhalte zunimmt, bei denen ein wirtschaftlicher Nutzen überwiegt. Journalisten werden so zum verlängerten Arm von Unternehmen. Oder sie initiieren die Anlässe sogar selbst, über die sie berichten.

3) Journalistisches Selbstverständnis: Je mehr eine Gesellschaft ihre Politik in den Medien verhandelt, umso mehr bestimmt die dort veröffentlichte Meinung das Handeln einer Regierung. In der Medienrepublik sind Journalisten deshalb weniger denn je bloße Beobachter. Journalisten werden zum Teil des politischen Systems. Früher war das noch ein Einzelfall, heute ist es die Regel.

Dieser Wandel lässt sich mit einem Bild beschreiben: Eine wachsende Zahl von Journalisten wechselt – freiwillig oder durch wachsenden ökonomischen Druck gezwungen – von der Rolle des Theaterkritikers in die des Dramaturgen. Der Journalist als Theaterkritiker könnte hemmungsloser Bewunderer eines Schauspielers oder eines Regisseurs sein, und wenn er es infolgedessen an Augenmaß fehlen ließe, dann könnte sich das Publikum sicher sein: Es liegt am Kritiker. Objektiv ist er nie, aber immerhin dem Theater nicht verpflichtet.

Der Journalist als Dramaturg dagegen wird zum Teil der Inszenierung. Er setzt einen vorgegebenen Stoff um, den er mitgestalten darf. Ohne ihn würde der Zuschauer weniger aufmerksam sein oder gar nicht mehr zuschauen, doch eine Theaterkritik werden sie dem Dramaturgen nicht mehr so ohne weiteres abnehmen. Er ist Teil der Aufführung.

Wenn man diese Entwicklung wieder auf die Initiative Neue Soziale Marktwirtschaft bezieht, dann bieten die Lobbyisten unterschiedlichen Journalisten und Verlagen Medienkooperationen an, bei denen die zentrale Botschaft vorgegeben ist. Jedem Medium steht frei, darauf einzugehen, aber jeder Journalist, der es tut, droht seinen Platz als Beobachter (Theaterkritiker) einzubüßen und Teil einer Inszenierung zu werden.

Klar wird dabei: Wenn ein Medium veröffentlicht, was ökonomisch nützlich ist, und nicht, was journalistisch geboten ist, dann leidet die Glaubwürdigkeit seiner Journalisten. Wenn immer mehr Menschen sich bei ihrer politischen Meinungsbildung auf das verlassen, was sie in den Medien sehen, hören und lesen, dann gerät die Demokratie in Gefahr, wenn die Medien ökonomisch dauerhaft schwach sind.

6
Türen öffnen, Einfluss nehmen

Wie ein Netzwerk entsteht.
Wie Beziehungen zu Geld werden.
Freie Berater in Berlin.
Dem Erfolgsgeheimnis von WMP auf der Spur.

»Sehr geehrter Herr Bilges,
... Sie werden mir langsam ein bißchen zu frech ... Im übrigen sind Sie für unseren Beruf einfach viel zu indiskret.
Mit freundlichen Grüßen

Moritz Hunzinger«

So beginnt ein gezielt öffentlich gemachter Dialog zwischen zwei Männern, die in der Regierungszeit von Bundeskanzler Gerhard Schröder zu den gefragtesten Public-Affairs-Beratern Deutschlands gehörten: Hans-Erich Bilges, Vorstand der WMP AG in Berlin, und Moritz Hunzinger, Gründer und lange Jahre Vorstandsvorsitzender der Hunzinger Information AG in Düsseldorf. Die E-Mails, die Hunzinger am 5. Dezember 2002 an mehrere Vertraute weiterleitet, werfen ein ungewöhnlich helles Licht auf die Sitten in der Branche.

Moritz Hunzingers E-Mail war die scharfe Reaktion auf eine öffentliche Äußerung von Bilges in der Presse. Dort hatte sich Bilges von Hunzingers Geschäftsgebaren bzw. von dessen Kommunikationsberatung distanziert, insbesondere im Zusammenhang mit dem Rücktritt des Verteidigungsministers Rudolf Scharping (SPD). Scharping hatte sich des Verdachts zu erwehren, er habe sich für fast 55 000 Mark eingekleidet, die Rechnung aber von Hunzinger bezahlen lassen.

Bilges' glättende Antwort auf die erboste Mail lässt nicht

lange auf sich warten. »... es tut mir leid, wenn ich Sie despektierlich dargestellt hätte; aber das war nicht der Fall. Ich rede stets sehr anständig über Sie. Sie wissen doch, wie Äußerungen gelegentlich umgedeutet werden ... Vielleicht treffen wir uns mal – mir wäre das sehr genehm ...«. Woraufhin Hunzinger dem Berliner Public-Affairs-Berater und allen anderen Empfängern dieser E-Mail-Auseinandersetzung meldet: »Das Angebot von Herrn Bilges nehme ich an.« Streit ist schlecht für das Geschäft, ebenso wie üble Nachrede. Also lässt der Angegriffene nur ein wenig Dampf ab. Danach trifft man sich zum Tee. Da sind die Herren ganz Profis.

Bilges und sein Konkurrent leben auf unterschiedliche Weise von den gleichen Leuten. »Wir kommen für vielleicht 400 bis 500 potenzielle Kunden in Frage«, sagt Hans-Erich Bilges. Einzelpersonen, Unternehmen, Regierungen und Organisationen bietet er sein Wissen darüber an, nach welchen Regeln der politische Betrieb und die Medien funktionieren. Dazu kommen seine Kontakte in Ministerien, Staatskanzleien und Redaktionen, seine Bekanntschaften und manchmal auch seine Männerfreundschaften. Sie sind in einem jahrzehntelangen Berufsleben gewachsen und werden von Bilges besonders sorgfältig gepflegt, seit er nicht mehr als Journalist, sondern als Public-Affairs-Berater sein Geld verdient. Um zu unterstreichen, wie notwendig seine Arbeit für die Demokratie sei, zitiert der Berater-Profi gerne einen ehemaligen SPD-Bundestagsabgeordneten. Ohne einen seriösen politischen Lobbyismus sei eine faire Gesetzgebung gar nicht möglich, lautete dessen Credo.

Was Bilges von anderen Beratern und Lobbyisten unterscheidet: In Erinnerung an seine Vergangenheit als Journalist hat er mit der Wochenzeitung *Die Zeit* einmal offen über seine Arbeit geredet und damit eine Branchenregel, nichts über niemanden zu erzählen, bewusst gebrochen: »Ich sehe es als eine unserer Aufgaben hier, die politische und wirtschaftspolitische Beratung zu entmystifizieren. Da ist in den Jahrzehnten zuvor viel Zwielichtiges passiert, bis hin zu Durchstechereien. Korrumpierung. Na, wir kennen das ja. Damit aufzuräumen ist ein Ziel von mir. Wir haben ja nichts zu verbergen. Im Gegenteil. Wir haben eine Botschaft loszuwerden.«

Bilges ließ die Öffentlichkeit konsequenterweise einen Blick ins Innere seines Unternehmens werfen, verlas einige Termine aus seinem Kalender, beschrieb ein paar Verbindungen zwischen Personen aus Politik, Wirtschaft und Medien. Das öffentliche Echo darauf hat Bilges nach eigenen Angaben zwar einen neuen Kunden, ihn selbst jedoch zum Schweigen gebracht. Nicht nur Moritz Hunzinger, der in der Branche als Entertainer gilt, monierte, Bilges sei zu indiskret. Die Branche schwieg danach noch eiserner, wenn es um konkrete Fälle von Lobbyismus ging. Und so entpuppte sich, was als Beitrag für mehr Transparenz gedacht gewesen war, als Rückschlag. Noch im Jahr 2005 – zweieinhalb Jahre liegt seine Offenheit da schon zurück – werden die von ihm gelieferten Fakten von Medien, Öffentlichkeit und Konkurrenten genutzt, um ihn als »Kronzeugen« für die angeblich verwerflichen Machenschaften von Interessenvertretern dazustellen. »Das ärgert mich maßlos«, sagt Bilges, und in seinem Umkreis heißt es, die vernichtende Resonanz habe ihn »weidwund« gemacht.

Berater dienen vielen Herren

Im deutschen Politikbetrieb gab es bis vor fünfzehn Jahren praktisch keine Public-Affairs-Berater. Heute sind sie aus der Lobbyisten-Szene nicht mehr wegzudenken. Hans-Erich Bilges gehört trotz mancher Flops zu den Schwergewichten unter ihnen, was er sich gut bezahlen lässt. Unter einer Viertelmillion Euro Jahressalär nimmt er den Telefonhörer gar nicht in die Hand, und offensichtlich klingelt es häufiger bei ihm, denn die Bilanz seiner Unternehmensgruppe weist laut *Welt* für das Jahr 2002 einen Umsatz von sechs Millionen Euro und ein Grundkapital von 300 000 Euro aus.

»Das politische System ist auf Zuarbeit angewiesen«, sagt Professor Klaus Kocks, der Kommunikationsmanagement an der Fachhochschule Osnabrück lehrt und gleichzeitig eine Sozietät für Kommunikationsberatung betreibt. Ohnehin glaube er »nicht an die höhere Intelligenz der preußischen Beamten«. Kocks hat den politischen Betrieb aus vielen Perspektiven beobachtet. Bevor er als Berater anfing, leitete er die Öffentlichkeitsarbeit des Volkswagen-Konzerns, des Mineralölkonzerns Aral, des früheren Energieversorgers Viag und des Essener Gaskonzerns Ruhrgas.

Dominiert wurde die Lobbyszene jahrzehntelang vom deutschen Verbandswesen, allen voran vom Bundesverband der Deutschen Industrie (BDI). Doch heute findet immer häufiger eine gezielte Kommunikation von einzelnen Unternehmen mit der Politik statt. Manager wollen in dringenden Fragen direkt mit einem Ausschussvorsitzenden im Bundestag sprechen und nicht mehr den Vorsitzenden des eigenen Branchenverbands. Insofern haben traditionelle Lobby-Gruppen, von der »Bundesvereinigung Deutscher Apothekerverbände (ABDA)« bis zum »Bundesverband der Deutschen Zementindustrie« ein Stück ihrer früheren Bedeutung verloren.

An diesem Punkt kommen die Public-Affairs-Berater ins Spiel. Wenn ein Manager beispielsweise dringend den Kontakt zu einem bestimmten Minister sucht, seine Mitarbeiter diesen aber nicht ohne weiteres herstellen können, dann kann nicht selten ein Public-Affairs-Berater mit seinen exzellenten Verbindungen helfen. Auch kleinere Unternehmen, die sich kein eigenes Personal in Berlin leisten können, engagieren von Fall zu Fall Lobbyisten auf Honorarbasis.

Eine wichtige, wenn auch schweigsame Person in dieser Szene ist Detlef Samland. der einst für die SPD Nordrhein-Westfalens im Europaparlament saß und heute Kontakte à la carte knüpft. Er ist eine geradezu idealtypische Leitfigur für Politagenturen in Berlin: Früher bekleidete er hohe politische Ämter und brachte aus dieser Zeit ein umfangreiches Adressbuch mit. Dazu kennt er sich besser als die meisten anderen sowohl in der EU-Politik als auch in der Bundespolitik und in der SPD aus, während der ehemalige stellvertretende Chefredakteur der *Bild*-Zeitung, Hans-Erich Bilges, vor allem durch seinen kurzen Draht in viele Redaktionen und dazu in FDP, CDU und CSU hervorsticht. Insofern gehört die WMP zu den wahrscheinlichen Nutznießern, sollte die Union die nächste Bundestagswahl gewinnen.

Samland ist nicht untypisch für die Berater-Szene, weil seine frühere politische Karriere abrupt endete. Im April 2001 trat er zurück und wechselte die Seiten. Über sein jetziges Tun sagt er: »Wir sind strategische Berater.« Dieses »Wir« umfasst seine Hand voll Mitarbeiter bei ECC Cothes Clewes in Berlin. Die SPD-nahe Agentur gilt unter den Konkurrenten als Marktführer, und das nicht erst, seit im Frühsommer des Jahres 2004 der frühere Berliner Stadtentwicklungssenator Peter Strieder dort als Partner einstieg.

Neben ECC tummeln sich mehrere Dutzend Akteure auf der Berliner Bühne. Da ist beispielsweise die deutsche Tochter der französischen Agentur Publicis, die stark auf Kompetenz und Kontakte früherer CDU-Politiker setzt: Der Berliner Ex-Kultursenator Peter Radunski gehört beispielsweise zum Team um den Ex-Bundesgeschäftsführer der Jungen Union Axel Wallrabenstein. In der Berliner Albrechtstraße, quasi in Sichtweite zum Reichstag, sitzen gleich zwei weitere Agenturen: Plato Kommunikation und ipse Communication. Letztere war dafür verantwortlich, Edmund Stoiber für seine TV-Auftritte im Wahljahr 2002 zu coachen. Und die Public-Affairs-Abteilung von fischerAppelt – die zur PR-Agentur des Jahres 2004 gekürt wurde – hat sich in der Nähe des Wohnsitzes von Ex-Außenminister Joseph Fischer, in der Tucholskystraße in Mitte, niedergelassen. Auftraggeber sind unter anderem das Bundesinnenministerium, das Bundesforschungsministerium und die Deutsche Energie-Agentur, deren Aufsichtsrat Wolfgang Clement vorsaß.

Nicht zu unterschätzen sind auch selbstständige Kommunikationsberater wie Klaus-Peter Schmidt-Deguelle, ehemaliger Regierungssprecher in Hessen und im Jahr 2002 Medienbeauftragter der Bundesregierung. Schmidt-Deguelle mischte später im Berliner Medienmarkt mit: Lange beriet er unter anderem Bundesfinanzminister Hans Eichel und die ARD-Moderatorin Sabine Christiansen. Und wer einen »Geschichtenhändler« suchte, also jemanden, der mit Informationen handelt, wandte sich an den schon genannten Klaus Kocks.

Schließlich gibt es neben Kontaktvermittlern der alten Schule wie den Männern um Bilges und den Public-Affairs-Agenturen, die sich über inhaltliches Zuarbeiten ihren Platz im politischen Geschäft suchen, eine dritte Gruppe einflussreicher Personen: Anwälte. Wenn sich Abgeordnete durch Berge von Vorlagen und Verordnungen quälen müssen, für deren Verständnis ein Abschluss in Jura, Volkswirtschaft und Betriebswirtschaft nötig wäre, dann sind Rechtsanwälte begehrte Helfer. Aus Angst vor kostspieligen Klagen von Umweltschützern und Verbraucherorganisationen leisten sich wiederum Unternehmen brillante Rechtsgelehrte. Längst haben sich Juristen als mächtige Mitarbeiter an der Schnittstelle von Politik und Wirtschaft etabliert. Rund vierzig Kanzleien leben in Berlin von den Lobbyisten, recherchierte die *Frankfurter Allgemeine Zeitung*. Eine häufig empfohlene Kanzlei im Energiewirtschaftsrecht ist etwa Becker Büttner Held, deren Anwälte einige der Gegner der mächtigen Industriefusion E.on/Ruhrgas vertraten und die in den Verhandlungen zum neuen Energierecht tagelang einen Anwalt im Büro des CDU-Abgeordneten Joachim Pfeiffer arbeiten ließen, um die Interessen von Gashändlern im Gesetz unterzubringen. Auch andere Kanzleien haben die Energie- und Umweltbranche als Einkommensquelle entdeckt. Gaßner, Groth, Siederer & Coll. hat sich im Energieforum Berlin eingemietet, wo die Kanzlei regelmäßig Veranstaltung zu Energierechtsthemen organisiert. Und seit der europaweite Handel mit Emissionsrechten eingeführt wurde, der schon vorab mit unzähligen Klageandrohungen der betroffenen Unternehmen verbunden war, gibt es unter den Juristen auch zahlreiche Emissionshandels-Spezialisten.

Mittler beim Milliardencoup

Der britische Mineralölkonzern British Petroleum Ltd. (BP), der den avantgardistischen Slogan »beyond petroleum (bp)« und eine Sonne im Logo trägt, gehört zu den begehrten Kunden der Berater-Szene. BP ist mit nur wenigen Mitarbeitern an den Pariser Platz Nummer 3 gezogen. Um den Kontakt mit Ministern, Spitzenbeamten und Parlamentariern aufzunehmen, bucht das Unternehmen gern gezielt Hilfe von außen.

BP geht es wie den meisten Auftraggebern um Einfluss und Image. Beides sind flüchtige Güter, schwer zu erringen und leicht zu verlieren. Und so entschied sich der Konzern für einen alten Hasen im Medien- und im politischen Geschäft, der den BP-Managern den roten Teppich in Berlin ausrollen sollte: Hans-Erich Bilges.

Als Kunde ist BP ein dicker Fisch, denn der Konzern denkt in globalen Dimensionen und gehört zu den größten seiner Branche. »Wir steigen nur in Märkte ein, wenn wir die Chance haben, in absehbarer Zeit unter den Nummern Eins bis Drei zu rangieren«, heißt es in den Führungsetagen des Konzerns. BP beschäftigt weltweit mehr als 103 000 Mitarbeiter, die im Jahr 2003 täglich etwa 6,7 Millionen Fass raffinierte Erdöl- und Erdgasprodukte verkauft haben. Schon bei einem Ölpreis von 30 US-Dollar pro Fass war das ein lukratives Geschäft, das dem Konzern im Jahr 2003 mehr als 10 Milliarden Dollar Gewinn nach Steuern einbrachte. Und es besteht kein Zweifel darüber, dass unter normalen Weltwirtschaftsbedingungen diese Gewinne so lange wie das schwarze Gold selbst sprudeln werden.

Auch das weniger bekannte Geschäft mit Erdgas, von dem BP im Jahr 2003 rund 8,6 Milliarden Kubikmeter förderte, trug erheblich zum Ergebnis bei, und es war nur natürlich, dass BP auch hierzulande versuchte, in den Gasmarkt einzusteigen. Immerhin ist Deutschland mit einem Verbrauch von 85 Milliarden Kubikmeter jährlich der zweitgrößte Markt in Europa. Wilhelm Bonse-Geuking, damals BP-Deutschland-Chef, bemühte sich also im Jahr 2003, über die Tochtergesellschaft BP Gas GmbH sein Geschäft auszuweiten und deutsche Kunden direkt mit Erdgas zu versorgen. Doch das war leichter gesagt als getan, glich das deutsche Gasversorgungsnetz 2003 doch eher den Strukturen einer deutschen Landkarte vor der Märzrevolution 1848. Wer von der deutschen Nordseeküste etwa nach Nürnberg Erdgas liefern wollte, musste mit unzähligen Unternehmern verhandeln, die teilweise nur ein paar Kilometer Gasleitung ihr Eigentum nannten und für die Durchleitung von fremdem Erdgas erstens kräftig kassierten und im Übrigen die Endkunden ohnehin lieber selbst mit Erdgas belieferten. Nach mehr als hundert verschickten Angeboten hatte der Konzern lediglich fünf Kunden gewinnen können, und so beschloss das BP-Management: Die deutsche Politik müsse für die Verhältnisse auf dem Gasmarkt sensibilisiert werden, damit das Geschäft – natürlich für BP – künftig besser laufen könne. Die Presse wurde eingeladen, und am Konferenztisch saß auch ein Mitarbeiter aus dem Hause Bilges, der den Journalisten rechts und links fleißig weitere Informationen steckte.

Das BP-Procedere hatte schon einmal zum Erfolg geführt. Es erinnert sehr an die Strategie der Jahre 2001 und 2002, als der Ölkonzern und seine Public-Affairs-Berater die deutsche Tankstellen-Landschaft veränderten und einen Deal mit dem Energiekonzern E.on durchfochten, der alle Wettbewerbsregeln aushebelte und schließlich nur mit Hilfe einer Ministererlaubnis durchzusetzen war, Politik- und Medienschlacht inklusive.

Damals befand sich BP auf einem Eroberungsfeldzug. Deutschland ist der größte Energiemarkt in der Europäischen Union, hinter den Vereinigten Staaten, China, Russland und Japan sogar der fünftgrößte der Welt mit einem jährlichen Energieverbrauch von 14 500 Petajoule. Es war die Zeit, in der sich nach der Liberalisierung des hiesigen Gas- und Strommarktes, die im Jahr 1998 beschlossen worden war, neue Strukturen bildeten. Neben den Strom- und Gasunternehmen witterten auch Ölkonzerne milliardenschwere Gewinne, der Markt kam in Bewegung, Konzerne fusionierten und kauften zu. Andere stiegen in das scheinbar lukrative Geschäft ein, um bald darauf wieder zu verschwinden.

BP sah damals die große Chance, die Kontrolle über den Verkauf eines Stoffes auszuweiten, der die heutige Industriegesellschaft und die für ihre Entwicklung unverzichtbare Mobilität erst möglich macht: Benzin. Der Konzern entwickelte deshalb den Plan, das Tankstellennetz von Aral, des unumstrittenen Marktführers unter den rund 16 000 deutschen Tankstellen, zu übernehmen.

80 Jahre Aral

Drei Flaschen 1921er Enkirchener Steffensberg spendierte der Vorstandsvorsitzende des Bochumer Benzol-Verbandes dem Vorläuferunternehmen von Aral, seinem Chemiker Walter Ostwald für die Erfindung eines motorfreundlichen Benzingemischs, das speziell für Personenkraftwagen zu verwenden war. Das war im Frühjahr 1924. Eine simple Kombination der Anfangsbuchstaben seiner Bestandteile, nämlich den **Ar**omaten (Benzol) und den **Al**iphaten (Benzin) gab dem ersten Super-Kraftstoff – klopffest, ergiebig, motorschonend – der Welt seinen Namen: Aral. Der Siegeszug der weiß-blauen Marke mit dem unverwechselbaren Aral-Diamanten hält seit nunmehr acht Jahrzehnten an: 98 Prozent der deutschen Bevölkerung kennen das Label. Auch nach Übernahme der Aral-Tankstellen durch den britischen Mineralölkonzern BP bleibt das Label erhalten. Vielmehr erhielten die Briten mit der Übernahme-Genehmigung unter anderem die Auflage, ihre eigenen BP-Zapfsäulen mit einer Hand voll Ausnahmen auf Aral umzuflaggen.

Wer die meisten Tankstellen besitzt, diktiert die Benzinpreise in Europas größter Volkswirtschaft mit. Das ist gut für BPs Bilanzen und ihr Geschäft mit Rohöl und dessen Raffinierung. Bald, so die Idee des distinguierten und charismatischen Vorstandschefs Lord Browne, wird die Spur des Öls, die über den Globus von den Förderplattformen über Pipelines, Tanker, Raffinerien und Laster bis an die Tankstellen reicht, noch mehr zu einer BP-Spur geworden sein.

Die Verträge mit dem Besitzer von Aral, der E.on-Tochter Veba Oel, werden ausgehandelt. In den Jahren 2001 und 2002 schätzen Experten das Gesamtgeschäft auf rund neun Milliarden Euro, damals 17,6 Milliarden Mark. Doch dann interveniert das Kartellamt. Die Wächter in Bonn verlangen von BP, im Gegenzug für den Tankstellendeal seine Minderheitsanteile an dem deutschen Gaskonzern Ruhrgas abzugeben. Mit dem roten Energieriesen E.on scheint BP auch einen Käufer gefunden zu haben, doch dann meldet sich das Kartellamt ein zweites Mal und verbietet im Januar 2002 den komplizierten Deal. Der Grund: E.on könnte danach aufgrund seiner marktbeherrschenden Stellung Deutschlands Strom- und Gaspreise diktieren. Verärgert müssen beide Konzerne neue Wege suchen – das heißt, politischen und wirtschaftlichen Boden neu beackern. E.on beantragt offiziell eine Ministererlaubnis und BP bemüht sich um eine Lobby in Deutschland.

Lord Browne, der in Hamburg geborene Sohn eines britischen Soldaten und einer rumänischen Übersetzerin, sucht den direkten Draht in die Berliner Politik. »Wir sind durch einen Anwalt ins Spiel gebracht worden, der in London seine deutschen Interessen vertritt«, erzählt Bilges freudig. »Dieser Anwalt ist mit einem hochrangigen Verbandsvertreter befreundet, der wiederum mit mir seit 20 Jahren befreundet ist. Der rief mich an und fragte: Habt ihr Interesse an BP? Und ich antwortete: Na immer.« Nach einem ersten Essen im Adlon finden verschiedene Gespräche auf allen Ebenen statt. »BP ist ja ein Weltreich.« Letztlich nimmt der Ölmulti Bilges und dessen WMP unter Vertrag. »Wir sollten die Sinnhaftigkeit des Verkaufs der Ruhrgasmehrheit an E.on im Zusammenhang mit den Interessen von BP kommunizieren«, formuliert Bilges die pragmatischen Geschäftsinteressen eines Milliardendeals.

Wenn es um die Sache selbst geht, wird er zum glühenden Verfechter der Causa BP. Mit Verve verkauft er deren Engagement als Beitrag zur Rettung des Wirtschaftsstandorts Deutschland. Wenn der zweitgrößte Energiekonzern der Welt in Deutschland investiert, sei das gut für den Wettbewerb.

»Flächendeckend«, rühmt sich der Endfünfziger, habe er in den entscheidenden Monaten Gespräche mit Fraktionsvorsitzenden, Ausschussvorsitzenden und Ministerialbeamten organisiert. Im Februar 2002 kommt Lord John Browne nach Berlin und feiert seinen 54. Geburtstag im weltberühmten Pergamon-Museum. Stolz zitiert Bilges aus seinem Terminkalender vom 21. 2. 2002:

»8.00 Uhr: Interview Lord Browne mit dem Nachrichtenmagazin *Der Spiegel*.
11.30 Uhr: Portrait Lord Browne mit *Welt am Sonntag*,
12.00 Uhr: Lunch mit Lord Browne.«

Der Lunch wird zelebriert mit ausgewählten Gästen im Nobelhotel Adlon. Höflich, beinahe schüchtern, weiß die Tageszeitung *Die Welt* zu berichten, begrüßt Lord Browne den ehemaligen Bundeswirtschaftsminister Günter Rexrodt, den Generaldirektor der Staatlichen Museen zu Berlin Klaus-Peter Schuster, den damaligen Vorsitzenden der CSU-Landesgruppe und heutigen Wirtschaftsminister Michael Glos, den FDP-Fraktionsvorsitzenden Wolfgang Gerhardt, Hanns-Eberhardt Schleyer, Generalsekretär des Zentralverbandes des Deutschen Handwerks, Michael Butz, Staatssekretär a. D., die Rechtsanwälte Gerry Cater und Dieter Lange von Wilmer, Cutler & Pickering sowie Gastgeber Hans-Erich Bilges und Hans-Hermann Tiedje. Das Menü liest sich ähnlich erlesen wie die Gästeliste: Essenz von Edelkrebsen mit Zitronengras, Perlhuhn auf Spitzkohl mit Kartoffel-Sellerietörtchen sowie Passionsfruchtmousse mit Ananas und Kokosnusseis. Später hält Browne, dem eine 70- bis 80-Stunden-Arbeitswoche nachgesagt wird, einen Vortrag an der Berliner Humboldt-Universität.

Die Berater der WMP verstärken in diesen Wochen mit ihren Verbindungen in die deutsche Medienszene den politischen Druck auf Wirtschaftsministerium und Bundeskartellamt. Nicht nur, dass geschickt mehrere Presseartikel initiiert werden. Als stärkste Waffe wird der inzwischen verstorbene FDP-Bundestagsabgeordnete und Wirtschaftsminister a. D. Günter Rexrodt in die öffentliche Debatte geschickt. Zunächst lässt Rexrodt seine Botschaft in der *Welt am Sonntag* los: »Ein Zusammenschluss von E.on und Ruhrgas sei ... durchaus richtig«, schreibt er am 23. Januar 2002. Fünf Tage später erscheint sein Meinungsbeitrag in der *Financial Times Deutschland*. Die Zeitung titelt am 28. Januar 2002: »Ex-Wirtschaftsminister Rexrodt befürwortet Übernahme von Ruhrgas durch E.on«. Was Rexrodt damals dezent unterschlägt, ist sein persönliches Interesse an der E.on/Ruhrgas-Lösung – als Finanzvorstand der WMP wird Rexrodt von BP dafür bezahlt, die Interessen des Konzerns durchzusetzen.

»Das ist ein wirklich ärgerlicher Verstoß gegen die politische Hygiene«, wettert der damalige Chefredakteur der *Financial Times Deutschland*, Christoph Keese, später im *Berliner Tagesspiegel*. Doch der WMP schadet es nicht. Im Gegenteil. Auftraggeber BP darf am Ende das Tankstellennetz von Aral übernehmen, das mehr als 2000 Straßentankstellen umfasste.

Lord Browne war zufrieden mit der Arbeit von WMP und verlängerte damals den Vertrag.

Wie ein Netzwerk entsteht

Möglich wurde der BP-Deal nicht zuletzt, weil das Kontaktnetz der WMP fein gewoben und sehr belastbar ist. Es beginnt viele Jahre zuvor auf den Straßen von Bonn zu wachsen, in den Weinstuben, den Abgeordnetenbüros und den Hinterzimmern der frühen Bundesrepublik. 1966 beginnt der 22 Jahre alte Hans-Erich Bilges ein Volontariat bei der Tageszeitung *Die Welt*, zwei Jahre später wird er schon Korrespondent in Berlin und berichtet von dort über die DDR sowie die deutsche Hochschulpolitik. Im Axel Springer Verlag wird man bald auf ihn aufmerksam und schickt ihn mit 28 Jahren ins Bonner Büro der *Bild*-Zeitung. So kommt er in eine Hauptstadt, in der die letzten Spuren des Krieges noch immer zu sehen sind.

Ein Teil der Presse arbeitete damals noch in den sieben so genannten »Baracken«, von denen eine noch heute steht und die zumindest Bonner Denkmalschützer bewahren wollen. Der Schriftsteller Wolfgang Koeppen hat die Baracken in seinem Roman »Das Treibhaus«, einem faszinierenden Sittengemälde der frühen Bundesrepublik in ihren ersten Jahren, beschrieben. Alles ist etwas schneller geworden, gleichzeitig aber auch routinierter, und im Prinzip gilt auch 1972 noch, was Koeppen über die Baracken niedergeschrieben hatte: Sie »lagen lang hingestreckt und einstöckig, dem Bundeshaus gegenüber; sie sahen von außen wie Militärbauten aus, wie eine für Kriegsdauer (und Kriege dauern lange) errichtete Unterkunft der Stäbe und der Verwaltung eines neuen Truppenübungsplatzes. Innen aber war in jedem Stockwerk ein Mittelgang, der an den Korridor eines Schiffes erinnerte, nicht gerade an das Luxusdeck, aber doch an die Touristenklasse, wo links und rechts des Ganges Kabine an Kabine geschichtet wurde, und das Geklapper der Schreibmaschinen, das Ticken der Fernschreiber, das unaufhörliche Schrillen der Telephone gab die Vorstellung, daß hinter den Zimmern der Redaktionen die erregte See war mit Möwengekreisch und Dampfersirenen, und so waren die Pressebaracken zwei Kähne, die, von den Wogen der Zeit getragen, geschaukelt und erschüttert wurden. Wie Flut und Ebbe liegen über einem Tannenholztisch am Eingang die ›Mitteilungen an die Presse‹, blasse und verwischte Informationen auf billigem Papier, die dort achtlos hingeworfen wurden von den gemächlichen Boten der vielen Regierungsstellen, die sich mit den Anpreisungen des Tuns der Ämter, mit der Unterrichtung der Öffentlichkeit, mit der Bundespropaganda, der Verhüllung, Vernebelung und Verschweigung von Ereignissen, der Beschwichtigung, den Dementis von Lügen und Wahrheiten beschäftigen und zuweilen gar ins Horn der Entrüstung bliesen.«

Der 1944 geborene Bilges zog also nach Bonn, um den *Bild*-Lesern die Welt zu erklären und für die große politische Sache zu streiten, und zwar in einem Duktus, den der Verleger Axel Cäsar Springer als die »gedruckte Antwort auf das Fernsehen« bezeichnete. Was die große Sache war, darüber musste Bilges keine Sekunde lang nachdenken. Es war die konservative, deren unbeirrbarer Unterstützer er in dieser frühreifen Republik wurde.

Damals regierte Willy Brandt, der erste sozialdemokratische Bundeskanzler seit Bestehen des Staates. Doch das war nicht etwa ein Zeichen dafür, dass die weltanschaulichen Konflikte zwischen Linken und Rechten schwanden – im Gegenteil: Sie waren nur während der großen Koalition in den Jahren 1966 bis 1969 aus der politischen Mitte verdrängt worden, während sie an den Rändern des Parteienspektrums und außerhalb des Parlaments an Schärfe gewannen. Auf der einen Seite hatte die rechtsradikale NPD bei den Wahlen zum deutschen Bundestag im Jahr 1965 schon 2,0 Prozent der Wählerstimmen bekommen und vier Jahre später sogar 4,3 Prozent. Gleichzeitig erhielt die linke Studentenbewegung mehr und mehr Zulauf. Immer hitziger führten ihre Protagonisten die Diskussion über die Zeit des Nationalsozialismus, die Taten der Väter und Großväter: Begraben oder ausgraben, gründen oder ergründen, vergeben oder vergelten – das spaltete damals Generationen und oft auch die politischen Lager. Auf den Straßen sammelten sich die Achtundsechziger zu Protesten, ein kleiner Teil setzte seine politische Arbeit und seine

Agitation in marxistischen Splittergruppen und anarchistischen Zirkeln fort, die weniger Radikalen suchten und fanden ihre geistige Grundlage in intellektuellen Schriften wie dem von Hans Magnus Enzensberger herausgegebenen »Kursbuch« oder holten sich ihre Inspiration in Theaterstücken wie Rolf Hochhuths »Stellvertreter«.

Einer der bevorzugten Gegner der Studenten wurde seit den Jahren 1967 und 1968 der Axel Springer Verlag in Berlin und Hamburg. Springer stand für Pressekonzentration, mithin für Kapitalismus und eine konservative Weltanschauung. Eine Anstecknadel mit den Schriftzug »Enteignet Springer« verkaufte sich blendend. Doch auch die Springer-Presse hatte deutliche Worte für ihre Gegner. Journalisten von *Bild* & Co. schrieben, die demonstrierenden Studenten seien »Wirrköpfe«, »Unruhestifter« und »Extremisten«. Nach dem Attentat an dem Studentenführer Rudi Dutschke waren viele Linke überzeugt, der Schütze sei durch die Schlagzeilen der *Bild*-Zeitung angestiftet worden. Parolen wie »*Bild* hat mitgeschossen« machten die Runde und es kam zu gewalttätigen Protesten vor dem Springer-Hochhaus an der Berliner Kochstraße.

Bilges' frühe Jahre waren insofern Jahre einer weltanschaulichen Auseinandersetzung. Er gehörte ganz offen zu denen, die ihr Handwerk als politischen Richtungskampf betrieben. So engagierte sich Bilges unter anderem heftig in der »Abwehrschlacht« der *Bild* gegen den Schriftsteller Günter Wallraff, der sich unter falschem Namen bei der Boulevard-Zeitung eingeschlichen hatte und später über seine Erfahrungen das Buch »Der Mann, der bei Bild Hans Esser war« schrieb.

Rechts gegen Links. Wir gegen die. So entstanden politische Gefolgschaften, Freundschaften und Männerbünde, die sich festigten und über Jahrzehnte hielten. Es war der Anfang des Netzwerks von Hans-Erich Bilges. Wenn es nicht auf persönliche Zuneigung baute, so doch wenigstens auf die Überzeugung, eine Zeit lang für die gleiche Sache, die jeweils richtige Sache, gestritten zu haben. Diese Verbindungen pflegte der Journalist Bilges, und genau diese Verbindungen würden ihm später als Unternehmer nutzen – auch wenn er es damals noch nicht geahnt haben mag.

Im Springer-Konzern steigt Bilges in den sechziger und siebziger Jahren schnell auf, wird 1974 Leiter des Bonner Büros der *Bild*-Zeitung und 1976 stellvertretender Chefredakteur des Blattes. Erst Ende der achtziger Jahre bekommt seine journalistische Karriere einen Knick. Der inzwischen als geschäftsführender Redakteur der *Bild am Sonntag* fungierende Bilges wird aussortiert, als Michael Spreng dort 1989 zum Chefredakteur berufen wird. So wird aus dem früh Aufgestiegenen plötzlich ein König ohne Land. Einer, der mit 45 Jahren weiterhin ein hohes Gehalt bekommt, für den sein Arbeitgeber, der Axel Springer Verlag, aber keine rechte Verwendung mehr hat. Also trennen sich beide Seiten in gutem Einvernehmen, wie es so schön heißt.

Als Bilges dann beim Konkurrenzverlag Gruner + Jahr in Hamburg unterschreibt, holt ihn seine politische Vergangenheit ein. Bei Gruner + Jahr erscheinen Zeitschriften wie der *Stern, Capital, Geo, Brigitte* und damals auch noch die *Hamburger Morgenpost* als einzige eher SPD-nahe Konkurrenz zu Springers Zeitungen auf dem Hamburger Markt.

Vor allem die Redaktion des *Stern* wehrte sich gegen Bilges und schrieb einen Brief an den damaligen Vorstandschef Gerd Schulte-Hillen. In diesem Schreiben zeigen sich die politischen Lager und Richtungskämpfe der siebziger und achtziger Jahre. Am Protest der Redakteure wird überdeutlich, wie so mancher Journalist, der nicht für den Springer-Verlag arbeitete, die Arbeit von Bilges wahrgenommen hat: »… Hans-Erich Bilges erscheint uns völlig ungeeignet, unser Haus zu vertreten, schon gar nicht in herausragender Position. Er hat sich ausgewiesen als Hofberichterstatter der Bonner Regierung, als Steigbügelhalter und Stichwortgeber der Koalition, als simpellinientreuer Kommentator selbst bei so schockierenden Ereignissen wie der Katastrophe von Tschernobyl oder der Affäre um den General Kießling. Er hat immer die Ideologie über Sachargumente gestellt. Er hat den *Stern* bezichtigt, nach der ›Wende‹ (Koalitionswechsel der FDP im Jahr 1982 von der SPD zur CDU, der die Kanzlerschaft Helmut Kohls möglich machte, Anm. d. Aut.) eine Verleumdungskampagne gegen Genscher mitinitiiert zu haben. Liberale Politiker, die Kritik an der Auflösung der sozialliberalen Koalition äußerten, wurden von ihm als haßerfüllt und geltungssüchtig diffamiert. Für seine ›unschätzbaren Dienste‹ und seine ›wohlbekannte Hilfeleistung‹ beim Wahlkampf 1983, den die CDU gewann, bedankte sich Axel Springer in einem Handschreiben an ihn persönlich. Ein Journalismus, wie ihn Hans-Erich Bilges repräsentiert, war bislang im Hause Gruner + Jahr unerwünscht und unvorstellbar. Wir ersuchen Sie, den Vertrag mit Herrn Bilges rückgängig zu machen.«

Darauf reagierte der damalige Gruner + Jahr-Chef Schulte-Hillen erbost und konterte mit einem Schreiben, das dokumentiert, wie sich die Zeiten zu wandeln begonnen hatten. In den Verlagshäusern fand seinerzeit die gleiche vorsichtige Entspannung und Entideologisierung statt wie in Politik und Gesellschaft – und mit dieser Entwicklung schwand zumindest bei Schulte-Hillen auch die Scheu vor konservativen Journalisten. Schulte-Hillen antwortete der *Stern*-Redaktion: »... Im Übrigen bin ich bestürzt über das Maß an Intoleranz und undemokratischer Einstellung, das aus Ihrem Schreiben spricht. Sie diskriminieren einen Kollegen, nur weil er als Journalist auf Seiten der Bundesregierung gestanden hat. ... Ausdrücklich erkläre ich mein Befremden darüber, daß die oben aufgeführten Redaktionsvertretungen und -beiräte das Recht auf Gesinnungsprüfung bei neuen Mitarbeitern von Gruner + Jahr für sich in Anspruch nehmen wollen oder vom Verlag eine derartige Überprüfung erwarten. Gegen solche Unsitten im öffentlichen Dienst haben *Stern, Brigitte* und andere Zeitschriften unter dem Stichwort ›Berufsverbot‹ bisher immer engagiert gekämpft. Mit freundlichen Grüßen.« Bilges wurde gegen alle Widerstände eingestellt und sollte neue Geschäfte im Markt für Kunden- und Verbandszeitschriften erschließen.

Doch dann fiel nur acht Tage nach seinem Antritt die Mauer, der Hamburger Verlag übernahm die ehemaligen SED-Bezirkszeitungen *Berliner Zeitung, Sächsische Zeitung* und *Sächsische Morgenpost,* sodass Bilges in einer Zeit schwindender politischer Gegensätze doch noch einen Job bekam, bei dem seine politischen Überzeugungen eine Rolle spielten, indem er die Ausrichtung von Zeitungen mitbestimmte: Er wurde Chefredakteur Unternehmensbereich Zeitungen und blieb bis 1998 bei Gruner + Jahr.

Mit dem Netzwerk Geld verdienen

Bilges erzählt, dass zwei Männer aus seinem Freundes-, Bekannten- und Kollegenkreis – man könnte auch sagen aus seinem Netzwerk – ihn dazu anregten, ein Unternehmen zu gründen. Eines von einer Art, die im angelsächsischen Raum weit verbreitet, in Deutschland aber noch rar war: eine Beratungsagentur für Public Affairs.

Es geschah auf der Terrasse von Hans-Dietrich Genscher. Bilges hatte den ehemaligen Bundesaußenminister in seiner Bonner Zeit kennen gelernt und oft über ihn berichtet. Sein Durchbruch als Journalist, so berichtete das Medien-Fachblatt *Kressreport,* gelang Bilges 1972 mit einer Reportage über Genscher und dessen Tochter auf einer Kirmes, als diese Form der Politik-Berichterstattung noch sehr ungewöhnlich war. Insofern spielte Hans-Dietrich Genscher mindestens zweimal eine entscheidende Rolle im Berufsleben des Journalisten. Einmal am Anfang und einmal am Beginn seiner vermutlich letzten Etappe. Während dieser Jahre war zwischen den beiden eine Duz-Freundschaft gewachsen, die Genscher sogar dazu bewogen hat, den Vorsitz im Aufsichtsrat der noch zu gründenden Firma zu übernehmen. Im Gegenzug bekam er laut *Spiegel* eine Aufwandsentschädigung von 40 000 Euro im Jahr.

So begann Bilges, der sich laut Medienberichten in den neunziger Jahren einen Bauernhof in Mecklenburg gekauft hat, gerne jagt und sich gern mit seinen Hunden namens Poldi und Rambo beschäftigte, andere Menschen und Unternehmen in Kommunikationsfragen zu beraten. Der Name seiner Firma lautete: WMP – Wirtschaft Medien Politik.

An jenem Tag saß neben Genscher und Bilges auch der frühere Präsident der Bundesbank, Karl Otto Pöhl, mit auf der Terrasse und begeisterte sich für die Idee einer Agentur. Er versprach zu helfen. Wenig später setzte er folgendes Empfehlungsschreiben auf: »Lieber Herr Bilges, das Konzept Ihrer WMP Unternehmensberatung finde ich inhaltlich und konzeptionell überzeugend. Es ist ein neuer Weg, Unternehmensleitungen sowie Organisationen und Institutionen beratend zu helfen. Dieses Konzept der Public Affairs ist in den Vereinigten Staaten eine Selbstverständlichkeit, in Deutschland noch unterentwickelt. … Dazu bedarf es hoher fachlicher Kompetenz, Glaubwürdigkeit und Solidität der Arbeit. Die weiß ich bei Ihnen aus langjähriger Bekanntschaft gegeben. Deshalb bin ich gerne bereit, Ihnen beratend zur Seite zu stehen.«

Bevor er loslegt, belebt Bilges alte Kontakte, und bald liest sich die Liste seiner Berater, Mitaktionäre und Aufsichtsräte wie ein liberal-konservatives ABC der Mächtigen und Einflussreichen aus der alten Bundesrepublik: Genscher besitzt einige Prozent der WMP-Aktien, genauso der Unternehmensberater Roland Berger.[26] Mit von der Partie sind ferner der frühere Ministerpräsident von Niedersachsen, Ernst Albrecht, der Zigarettenmanager Ludger Staby und der Journalist Ernst Dieter Lueg. Wie der Firmenname schon sagt: Wirtschaft, Medien, Politik.

Doch Bilges ist kein begnadeter Betriebswirt und sagt, er sei zwei Jahre nach dem Start fast insolvent gewesen. In der Not erinnert er sich eines früheren *Bild*-Chefredakteurs, der ebenfalls das Fach gewechselt hat: Hans-Hermann Tiedje. Die beiden reden, verhandeln und im September 2000 verschmilzt Tiedje seine TV Media Management aus Ebersberg in Bayern mit der WMP.

Das neue Gespann präsentiert sich zwei Monate später, zusammen mit ihrem neuen Finanzvorstand Günter Rexrodt, einem kleinen Kreis von Journalisten in Berlin-Mitte. Sie haben dazu in einen kurz zuvor eingerichteten Club für Aufsteiger, die Havanna-Lounge, geladen, die nur wenige Meter von »den Linden« entfernt hinter einer abweisenden, gründerzeitlichen Fassade in der Charlottenstraße liegt. Dort empfangen die drei ihre Gäste in schweren Ledersesseln vor der hauseigenen Bar. Man plauscht und schenkt den ersten Wein ein, dann wechselt die Runde in einen intimen Salon mit englischen Stilmöbeln und an großbürgerliche Wohnstuben erinnernden Tapeten. Die Berater schwärmen an diesem Abend von ihrem Unternehmen, von künftigen Umsätzen und einer in ihren Augen gerade erst beginnenden Ära von Public Affairs in Deutschland.

Der zum Vorstandssprecher auserkorene Bilges besitzt noch 9,75 Prozent der WMP-Aktien, weil er vom ersten Tag an viele Mitgesellschafter hatte. Tiedje hingegen kon-

26 Aktionärsstruktur laut Creditreform, Auskunft vom 25. 3. 2004. Demnach hielten Hans-Dietrich Genscher und Roland Berger damals je 5 Prozent.

trolliert 47,5 Prozent, denn die Firma, die er einbrachte, gehörte ihm ganz allein.

Erst mit ihm, Tiedje, vollendet sich das Netzwerk und wird zu einer alle politischen und gesellschaftlichen Lager überspannenden Unternehmung. Der frühere Journalist pflegte lange Zeit sein Image als derber Schlagzeilen-Poet, lockerte seine Krawatten gerne bis zum dritten Hemdloch und rauchte täglich mehrere Havannas. Hin und wieder rechnete er vor, dass in seinem mannshohen Humidor Zigarren für 50 000 Euro liegen. Wer ihn trifft, wird mit boulevardtauglichen Anekdoten unterhalten. Über ihn selbst, das Leben und das Geschäft. Sein Temperament wird vielleicht in jener Anekdote am deutlichsten, die so häufig über ihn erzählt wird. 1991 legte er als Chefredakteur der *Bild*-Zeitung den damaligen Bundeskanzler Helmut Kohl auf der ersten Seite flach. Dazu titelte er »Der Umfaller«, weil Kohl sein Versprechen aus dem vorangegangenen Bundestagswahlkampf gebrochen hatte, die Steuern nicht zu erhöhen. Deshalb müsse sich Kohl »heute von vielen als Lügner bezeichnen lassen. Jawohl, Lügner!«

Das widerspricht keineswegs Tiedjes konservativen Neigungen, denn er ist nach eigener Aussage ein »Herzensmitglied« der CDU. Als Medienberater versuchte er dann 1998 die drohende Wahlniederlage Helmut Kohls abzuwenden – wenn auch ohne Erfolg. In der darauf folgenden Krise der CDU drückte er seine innere Verbundenheit zu den Konservativen ein zweites Mal aus, indem er ihnen im Jahr 1999 die Summe von 100 000 Mark spendete.

Wie verlief Tiedjes Weg vom Journalisten zu einem der wichtigsten Public-Affairs-Berater Deutschlands? 1949 in Schleswig geboren, beginnt er nach seinem Politik- und Jurastudium ein Volontariat beim *Hamburger Abendblatt*, wird Redakteur der *Welt* und macht danach mit seinem Talent fürs Boulevard Karriere. Bis zum Chefredakteur von *Bunte*, *Bild* und der Illustrierten *Tango* steigt er auf. Das Magazin aus dem Gruner + Jahr-Verlag gerät allerdings zum publizistischen Fiasko, wird nach wenigen Nummern eingestampft – und begräbt die journalistische Laufbahn des Hans-Hermann Tiedje unter sich. Doch Tiedje baut sich eine neue Existenz auf, indem er andere berät. Sein erster Kunde ist der Förderverein Sonnenlicht-Systeme, ein loser Verbund von Sonnenbank-Herstellern. Zu ihnen gesellen sich Schauspieler wie Rolf Zacher und Heiner Lauterbach, der Sänger Dieter Bohlen und der Boxer Darius Michalczewski. Später nehmen ihn auch Unternehmen wie der Fleischkonzern Moksel in ihre Dienste, und der Computerhersteller Maxdata will mit ihm seine Marke auffrischen. Auch als der amerikanische Immobilien-Tycoon Donald Trump plant, nach Berlin zu kommen, um Publicity für einen zumindest schon skizzierten Trump-Tower an der Spree zu machen, ist es Tiedje, der das wohlwollende Echo in der Presse organisieren soll. Als letzter Beweis seiner unternehmerischen Vielseitigkeit kann wohl gelten, dass er auch den ehemaligen DDR-Devisenbeschaffer Alexander Schalck-Golodkowski beraten hat.

Was Umweltschützer und Wirtschaftslobbyisten verbindet

Tiedje und Bilges sind ein perfektes Gespann, das einst an der Auflage ihrer Blätter gemessen wurde. Heute dreht sich alles um die Dividende ihres Beratungsunternehmens. Damit die stimmt, spinnen die beiden Männer ein Netz zwischen Unternehmen und Politikern, von dem Bilges sagt, dass es »metastasenartig« wächst. Inzwischen berät die WMP drei osteuropäische Staaten. Sie hilft, die Interessen der Türkei in Berlin zu artikulieren, und steht in den Diensten einer Reihe von internationalen Konzernen, von

BP über Vattenfall bis zur US-amerikanischen Fondsgesellschaft Lone Star.

Noch vor fünfzig Jahren bezeichnete Ludwig Erhard, der Vater der sozialen Marktwirtschaft und spätere Bundeskanzler, alle Lobbyisten als »Geschmeiß«. Heute sind sie aus dem Berliner Betrieb nicht mehr wegzudenken.

Nicht dass die Konzerne und ihre Berater versuchen, einen Politiker plump zu kaufen. Bares spielt kaum eine Rolle. Stattdessen redet man miteinander in kleinen Runden, was banal klingt, aber gewaltige Auswirkungen haben kann. Sollen nur Lebensversicherungen in der Riester-Rente gefördert werden? Oder auch Aktienfonds? Ein Public-Affairs-Berater erreichte: beide. Und eröffnete den Banken einen Milliardenmarkt.

Die Berater machen sich dabei einen Zeitgeist zunutze, demzufolge es effizient ist, Entscheidungen im Zwiegespräch mit Politikern zu fällen. Sie verkaufen ihren Dienst als Sieg der Zivilgesellschaft über den politischen Apparat. Wenn nicht nur die Beamten und Parlamentarier über Gesetze entscheiden, sondern gesellschaftliche Gruppen ihre Interessen direkt einbringen können, dann sei das ein Mehr an Demokratie, lautet die gängige Argumentation. Doch niemand hat die Vertreter dieser Zivilgesellschaft gewählt. Niemand kontrolliert sie.

7
Die Handschrift der Konzerne

Monopolisten verteidigen ihre Macht.
Beamte lassen diktieren.
Wie ein Gesetz entsteht.
Eine Inszenierung der Energiewirtschaft in Berlin.

Schon der französische Philosoph Jean-Paul Sartre beschrieb, dass der Versuch, allen Interessen gerecht zu werden, »geradewegs in die Hölle« führen könne. Was bereits vor einigen Jahrzehnten galt, trifft auch für die Berliner Republik zu: Hier kann der Versuch eines Ministeriums, ein Gesetz zu verabschieden und dabei allen Interessen gerecht zu werden, geradewegs ins Desaster führen. Es geht um das Energiewirtschaftsgesetz, das Grundgesetz der Energiewirtschaft, das immens wichtig ist für den Standort Deutschland. Einerseits soll es dafür sorgen, dass die Versorgung sicher bleibt. Wirtschaft, Haushalte, öffentliches Leben – alle sind davon abhängig, dass Strom aus der Steckdose und Sprit aus der Zapfsäule kommt. Andererseits darf Energie nicht zu teuer werden. Glasschmelzen, Chemiebetriebe und Stahlhütten werden sich die Energiekosten genau anschauen, bevor sie neue Arbeitsplätze schaffen. Und deutsche Haushalte zahlen heute schon mit die höchsten Energiepreise in Europa. Umso bedeutender war die Energiemarktreform, legt sie doch auf Jahre hinaus die Regeln für (klimafreundliche) Erzeugung und Verkauf der Energie – und damit auch Standortbedingungen – fest.

Dieses Kapitel beschreibt, wie die rotgrüne Regierung von der Europäischen Union gezwungen wird, den Energiemarkt zu reformieren, und wie dieses Vorhaben zu einem Mammutprojekt im Paragraphendschungel gerät. Es beschreibt das Toben der Interessen, wie Vorlagen entstehen, wie die Lobbyisten der Wirtschaft versuchen, die eigenen Denkstrukturen in die Politik zu übertragen – und wie Staatsdiener selbst zu Fürsprechern einer mächtigen Branche werden. Es erzählt auch, dass im Ringen von Lobbyisten, Ministerialbürokratie, Abgeordneten und Verbrauchern erstmals ein Gesetz entsteht, das den tatsächlichen Aufbruch aus fast 100 Jahre alten Monopol- und Denkstrukturen einleiten könnte.

Die deutsche Energiewirtschaft gleicht auch noch in den Anfangsjahren der Liberalisierung einem mächtigen Familienclan. Der Clan ist über Jahrzehnte gewachsen, engmaschig in die Politik vernetzt und leistet sich noch immer mehr als ein halbes Dutzend Verbände, etwa einhundert Fachgruppen und 1500 offizielle Mandatsträger. Energiewirtschaft, das bedeutet bis heute: feste Strukturen. Das erste Energiewirtschaftsgesetz von 1935 überstand das Deutsche Reich. Und die deutsche Teilung. Erst im Jahr neun nach der deutschen Wiedervereinigung, also 1998, wurde es entstaubt. Abgesehen von zahlreichen Fusionen und Übernahmen – die Zahl der Stromversorger sank seit Kriegsende von mehr als 3500 auf knapp 1000 – hatten sich die Energiefürsten ihre Versorgungsgebiete durch Demarkationslinien und Konzessionsverträge über die Jahrzehnte stabil aufgeteilt – und kräftig daran verdient.

Energieversorger unterscheiden sich von anderen Unternehmen in Deutschland dadurch, dass sie überwiegend heimische Kundschaft beliefern. Erwirtschaften Autokonzerne wie DaimlerChrysler oder Rüstungsgurus wie Rheinmetall ihre Gewinne zunehmend im Ausland, so sind die meisten Erzeuger und Verkäufer von Energie auf den Heimatmarkt angewiesen – und damit besonders auf die hiesige Gesetzgebung in Bund und Ländern. Um darauf gezielt und permanent Einfluss auszuüben, organisieren sich die kleinen Versorger in Verbänden, beschäftigen die großen Konzerne zusätzlich eigene Stäbe. Das Wirtschaftsministerium, der wichtigste Ansprechpartner, ist von allen Verbands- und Konzernrepräsentanzen in der Hauptstadt fußläufig zu erreichen. Allerdings, im Visier der Lobbyisten steht neben der Ministerialbürokratie auch eine zweite politische Gruppe: die Abgeordneten. Mit einigen von ihnen sind sie eng verwoben.

Die Unabhängigkeit einiger Abgeordneter

1. 10. 2002
»Sehr geehrter Herr Bundeskanzler,
lieber Gerhard,
zur Vermeidung von ähnlichen Kraftproben innerhalb der Koalition zur Energiepolitik wie in der vergangenen Legislaturperiode rate ich dringend, einige wichtige Gesichtspunkte im Koalitionsvertrag festzuzurren. ...
Hierzu gehört:

- die Festschreibung der bisherigen Klimaschutzpolitik ohne zusätzliche Klimaschutzvereinbarung mit der Industrie und ohne Emissionshandel für die Kraftwirtschaft und Grundstoffindustrie bis zum Jahr 2012.
- stärkeres Einbeziehen der Sektoren Verkehr und Haushalte in den Klimaschutz.
- stärkerer Zubau von Anlagen zur Nutzung von Biomasse, Abbau der Förderung der Windenergie ...«

Der »Werbe«brief für die Interessen der Energiewirtschaft trägt das Wappen des Bundestages. Absender ist der SPD-Abgeordnete Reinhard Schultz aus dem Wahlkreis Warendorf im Münsterland. Das Schreiben, das er an den Bundeskanzler und Genossen in persona richtet, ist kein Einzelfall. Beinahe permanent setzt sich Schultz dem Vorwurf aus, er sei Diener zweier Herren. Schultz nimmt nicht nur sein politisches Mandat wahr, sondern er hat darüber hinaus genügend Zeit, auch im Aufsichtsrat einer Tochter des Energiekonzerns Vattenfall Europe zu sitzen und als selbstständiger Berater zu arbeiten. Der Abgeordnete füllte mit seinem Brief nach der Wiederwahl Schröders im September 2002 für die Energiewirtschaft die Lobby-Lücke aus, die der aus dem Amt scheidende Wirtschaftsminister Werner Müller zu hinterlassen drohte. Zwar war Müllers Nachfolger Wolfgang Clement schon auf dem Weg, sein Amt als Superminister im Kabinett Schröder II anzutreten. Doch dessen Augenmerk sollte auf der Reform des Arbeitsmarktes liegen – nicht auf der des Energiemarktes. So avancierte Schultz zum politischen Fürsprecher der Konzerne und erschwerte dem grünen Umweltminister Jürgen Trittin, nach weiteren energiepolitischen Kompetenzen zu greifen. »Ich habe dem Bundeskanzler ... einen Brief geschrieben, in dem ich ... vor einer unkritischen Übernahme grüner Forderungen warne«, rechtfertigt sich Schultz am 1. Februar 2005 in einem Brief an die *Westfälischen Nachrichten,* die zuvor sein Tun kritisch betrachtet hatte.

Der Abgeordnete Schultz ist eine schillernde Figur im parlamentarischen Geschäft. Seine Nebenjobs sind umstritten. »Aber er kennt sich so gut aus in der Energiewirtschaft«, wird seit Jahren in der SPD-Fraktion gebrummelt, die ihn wegen Fachkompetenz weitgehend gewähren lässt. Immerhin galt er aufgrund seiner Nebentätigkeiten in der Bundestagsfraktion für das Amt des energiepolitischen Sprechers als nicht durchsetzbar. Dennoch lädt der Energie-Experte gemeinsam mit einigen Kollegen, die ebenfalls Zusatzjobs in der Wirtschaft nachgehen, regelmäßig zum energiepolitischen Frühstück ein. In diese Riege gehören der Genosse Wilfried Schreck, im Nebenjob Arbeitnehmervertreter im Aufsichtsrat des Energiekonzerns Vattenfall Europe, Martina Eickhoff, im Nebenjob Kommunikatorin des Energie- und Chemiekonzerns RAG und Christian Müller, bis Mitte März 2005 ausgestattet mit einem Beratervertrag des Gasverteilers Verbundnetz Gas Aktiengesellschaft. In die Runde gebeten wird ein auserwählter Kreis von einflussreichen Vertretern der Energiewirtschaft, kommunaler Unternehmen, des Kraftwerks- und Anlagenbaus, Repräsentanten der Landesregierungen und der Bundesregierung sowie Bundestagsabgeordnete.

Auf diesen »Informationsveranstaltungen« würden »wichtige industriepolitische Themen« diskutiert, rechtfertigt sich Schultz in dem bereits erwähnten Leserbrief an die *Westfälischen Nachrichten*. Themen und Referenten würden »im Gegensatz zu zahllosen parlamentarischen Abenden, zu denen Firmen und Unternehmen einladen, um ausschließlich ihre Sicht der Dinge vorzutragen, von den Abgeordneten selbst bestimmt«. Die Unkosten, so bestätigt Schultz, würden jedoch »von Fall zu Fall von unterschiedlichen Unternehmen oder von den einladenden Abgeordneten« bezahlt. Er sieht darin kein Problem, schließlich finde »die Unabhängigkeit von Abgeordneten ... in erster Linie im Kopf« statt. Mit diesen Argumenten hat der Abgeordnete Schultz schon viel Kritik überstanden. Die ständige Aufmerksamkeit garantiert ihm ohnehin den Verbleib im Beratungsgeschäft. Zusätzlich zu seinen Abgeordneten-Diäten bezieht Schultz jährlich 7500 Euro plus Sitzungsgeld als Aufsichtsrat bei Vattenfall Europe und dazu noch diverse Beraterhonorare. Deren Höhe muss er nicht offen legen. Wer sie ihm zahlt, ebenfalls nicht.

Der Ministerzwist

Die deutsche Energiepolitik sei »nicht aus einem Guss«, kritisiert gern und oft die Wirtschaft. Tatsächlich hatten auch unter Rotgrün mehrere Bundesminister(innen) Energiekompetenzen im Ressort. Mindestens zwei von ihnen waren sich nicht »grün«, nämlich SPD-Superminister Wolfgang Clement und der Grünen-Umweltminister Jürgen Trittin. Der im Wirtschaftressort strukturkonservative Clement wollte Erreichtes bewahren und die Interessen der Industrie insofern schützen, als dass er starke deutsche Konzerne als nationale Interessen definierte. Trittin dagegen drang auf Strukturänderungen und begründete das mit Marktwirtschaft, Klimaschutz, Verbraucherinteressen und Nachhaltigkeit. Der permanente Streit der Minister schwächte die Position der rotgrünen Regierung gegenüber der Wirtschaft erheblich. Und sie schadete den Verbrauchern.

Für diese Schwäche sorgte der Kanzler persönlich. Er übertrug gleich zu Beginn seiner zweiten Amtszeit dem Umweltminister als Dank für die Hilfe des Bündnispartners zur Wiederwahl die Zuständigkeiten für den Ausbau der Energieerzeugung aus Biomasse, Sonne, Erdwärme und Wind – und zwar aus dem Ressort des industriefreundlichen Clement. Trittin übte also in der zweiten rotgrünen Legislaturperiode zusammen mit der Hoheit über die Kernkraftwerke die Kontrolle über etwa 38 Prozent der Stromerzeugung aus – während Wirtschaftskollege Clement über die fossilen Kraftwerke und große Teile der Energieforschung herrschte.

Unklar ist, ob der Kanzler die Folgen der geteilten Zuständigkeiten für die Energiewirtschaft zwischen den beiden Ministern nicht bedacht oder aber aus machtpolitischen Gründen gezielt provozierte. Schließlich durfte ihm sein Superminister nicht zum ernsthaften Konkurrenten um das Kanzleramt werden. Jedenfalls entbrannte ein grotesker Dauerstreit zwischen dem Sozialwissenschaftler Trittin und dem politischen Naturtalent Clement über Kompetenzen und den Energiemix der Zukunft. Dieser führte dazu, dass die Bundesrepublik unter Gerhard Schröder weder ein schlüssiges energiepolitisches Gesamtkonzept vorlegen noch eine Vision entwickeln konnte, woher der Strom aus deutschen Steckdosen künftig kommt. Der grüne Linke wollte mehr Klimaschutz, der Mann aus dem Kohleland Nordrhein-Westfalen mehr Kohle, deren Verbrennung bekanntlich das Klima aufheizt. Der Grüne wollte Wettbewerb und damit bestehende Strukturen verändern, der Genosse dagegen die Besitzstände seiner Unternehmen wahren.

Der Streit nahm zuweilen lächerliche Züge an: beispielsweise wenn der eine Arbeitsplätze durch Klimaschutz schaffen wollte, während der andere diese durch ebenjenen bedroht sah. Selbstverständlich lieferten Gutachter für jeden Minister die gewünschten Argumente. Und der Ministerzwist lieferte den Unternehmen beste Argumente, permanent Investitionen in Milliardenhöhe anzukündigen und wieder aufzuschieben – um sie schließlich an Forderungen zu knüpfen. »Verlässliche politische Rahmenbedingungen für eine angemessene Verzinsung des eingesetzten Gesamtkapitals sind Grundvoraussetzungen für anstehende Investitionen«, teilten die Abgesandten der großen Energiekonzerne E.on, RWE, EnBW und Vattenfall am 6. November 2004 dem Superminister Clement persönlich mit – und stellten 19 Milliarden Euro für den Standort Deutschland in Aussicht. Zwar wiesen die Energiekonzerne später den Vorwurf einer Erpressung der Regierung empört zurück. Dennoch versuchten sie deren Schwäche zu Zugeständnissen zu nutzen, und zwar gemäß der alten Volksweisheit: Wenn zwei sich streiten, freut sich der Dritte.

Das Oligopol und andere Spieler

Die hiesigen Energiefürsten gehören zur traditionellen Deutschland AG. Sie haben ein Versorgungssystem aufgebaut, das bis zur Liberalisierung des Marktes so gut wie pannenfrei funktionierte. Trotz zunehmender Aktivitäten im Ausland sind die Interessen der Versorger weiter vor allem national ausgerichtet. Denn hierzulande, im größten Energiemarkt Europas, setzen sie dreistellige Milliardenbeträge um. In der Bundesrepublik verbrauchen etwa 40 Millionen Haushalte und Unternehmen jährlich rund 600 Milliarden Kilowattstunden Strom. Und jedes Jahr wächst der Verbrauch ein wenig, schließlich wollen technische Raffinessen wie DVD-Home-Stations, Plasmabildschirme oder Klimaanlagen angetrieben werden. Die deutsche Strombranche sei mit rund 1000 Unternehmen die vielfältigste in der Europäischen Union, erklärt gern der Hauptgeschäftsführer des Verbandes der Elektrizitätswirtschaft (VDEW), Eberhard Meller. Doch es lohnt ein Blick hinter die VDEW-Kulissen.

Vier überregionale Konzerne dominieren den deutschen Markt, auf dem sie jährlich etwa 80 Milliarden Euro umsetzen. Den meisten Strom lieferte 2003 der Essener Energiekonzern RWE an Endverbraucher, nämlich rund 103 Milliarden Kilowattstunden. Es folgten die Düsseldorfer E.on mit 85 Milliarden Kilowattstunden, die Energie Baden-Württemberg (EnBW) aus Karlsruhe mit 64 Milliarden Kilowattstunden sowie die Vattenfall Europe AG, Berlin, die rund 32 Milliarden Kilowattstunden Strom an Endverbraucher verkaufte. Abgeschlagen auf Rang fünf liegt als größter Regionalkonzern EWE AG, Oldenburg, mit elf Milliarden Kilowattstunden Absatz. Addiert man die Absatzzahlen, verkaufen die vier Marktführer zwar nur knapp die Hälfte des bundesweit verbrauchten Stromes selbst an Haushalte und Gewerbebetriebe. Allerdings beliefern sie auch Hunderte von Stadtwerken, die dann die Rolle des Lieferanten an Endverbraucher übernehmen. Allein RWE und E.on sind zusammen an mehr als 210 regionalen Versorgern und städtischen Werken beteiligt. Dass das Duopol geradezu nach Belieben schalten und walten kann, wird auch an der Verteilung der Erzeugungskapazitäten deutlich: Die zwei großen Energiekonzerne aus Düsseldorf und Essen kontrollieren in Deutschland fast zwei Drittel der Stromerzeugung.

Die Dominanz der Großen Vier in Deutschland

	Anteil an Stromerzeugung	Anteil an Kraftwerken
RWE	32 Prozent	27 Prozent
E.on	30 Prozent	34 Prozent
Vattenfall	12 Prozent	11 Prozent
EnBW	7 Prozent	7 Prozent
GESAMT	81 Prozent	79 Prozent

(Quelle: Monitoringbericht des BMWA zum Energiemarkt von 2003)

Den Rest des Stroms erzeugen Industrieunternehmen, die wie beispielsweise der Chemiekonzern BASF eigene Kraftwerke betreiben, dazu noch einige kommunale Versorger, die Stadtwerke, und die staatlich geförderten Ökostromfabriken. Das Transportnetz kontrollieren die Vier sogar zu 100 Prozent. An ihnen kommt also keiner vorbei.

Beim Erdgas sieht der Markt ganz ähnlich aus. Zwar gibt es mehr als 700 meist kleine und ein paar größere Gasversorger. Sie alle hängen jedoch vornehmlich von dem Konzern ab, der bereits den Strommarkt dominiert: E.on. Dessen Tochter Ruhrgas kontrolliert knapp zwei Drittel der deutschen Erdgasimporte. Den Rest besorgt eine knappe Hand voll anderer Lieferanten, teilweise sogar in Kooperation mit der Ruhrgas. In die Abhängigkeit vom Erdgas geraten vor allem private Haushalte. Heizten 1990 lediglich 27 Prozent der Bundesbürger mit Erdgas, sind es heute mehr als 46 Prozent. Dafür, dass sie mit dem flüchtigen Stoff heizen, kochen und Wasser erwärmen können, zahlten die hiesigen Haushalte im Jahr 2003 rund 13,9 Milliarden Euro. Für die Versorger ist es ein lukrativer Markt, denn Endkunden haben so gut wie keine Wahl, wenn es um den Preis geht, den sie für Erdgas zu zahlen haben. Ein Wechsel ihres Gaslieferanten ist nämlich nicht möglich, weil es schlicht keine alternativen Angebote gibt, wie beispielsweise beim Strom die Strommarke Yello. Selbst kommunale Gasversorger buhlen nicht um die Kunden in den Nachbargemeinden. Folglich findet kein Wettbewerb um die Endkunden statt, die trotz des liberalisierten Energiemarktes noch immer fest in der Hand ihres angestammten Gasversorgers sind. Auch ein schneller Wechsel des Energieträgers, beispielsweise von der Öl- zur Gasheizung, ist nicht praktikabel. Kein Hausbesitzer, der gerade für einige tausend Euro eine Erdgastherme installiert hat, investiert beim nächsten Preisanstieg sofort in ein anderes System. Zudem profitieren die Gasversorger von Strukturfehlern. Die Verbraucherpreise für Erdgas unterliegen keiner staatlichen Kontrolle, weil die Aufsicht der Länder in den fünfziger Jahren abgeschafft wurde. Erdgas stehe »in ausgeprägtem Wettbewerb mit den verschiedenen Energieträgern«, heißt es beim Branchenverband BGW. Ein durchsichtiges Alibi, denn der Gaspreis ist praktisch an die Entwicklung des Ölpreises gekoppelt. Steigt oder fällt der Preis für Öl, ändert sich zeitverzögert auch derjenige für Gas. Wettbewerb ist das nicht.

Brüssel erzwingt die Energiemarktreform

All diese Akteure aus Politik und Wirtschaft stritten sich nun seit Jahren darüber, wie es weitergeht mit der Energiewirtschaft in Deutschland. Sie stritten über Preise für Strom und Gas und darüber, wie viel Wettbewerb sein darf, ohne dass die Instandsetzung der Netze vernachlässigt werde und dadurch die Gefahr für bundesweite Stromausfälle steige. Und sie stritten trefflich darüber, wie viel Marktaufsicht sein darf, ohne dass die Unternehmen ins Ausland abwandern, und wie viel Braunkohlenstrom das Klima noch erträgt, ohne sich bedrohlich aufzuheizen. All das sollte festgeschrieben werden im novellierten Energiewirtschaftsgesetz, dem Grundgesetz der Branche. Sie stritten nicht freiwillig, weder Minister noch Abgeordnete noch Konzernlobbyisten. Hatten sie sich doch eingerichtet in den bestehenden Strukturen. Doch dann wurden sie von der EU-Kommission in Brüssel dazu gezwungen, das Gesetz zu reformieren.

Trotz der Liberalisierung des deutschen Energiemarktes im Jahr 1998 entstand in den Folgejahren kein florierender Wettbewerb. Monopolisten diktierten nach wie vor weitgehend das Geschäft. Zwar verschwanden zunächst die jahrzehntelang fest gefügten Gebietsmonopole – zumindest auf dem Papier. Statt Wettbewerb entstanden neue Monopolstrukturen. Denn die Konzerne behielten ihre Strom- und Gasleitungen und konnten damit selbst darüber entscheiden, ob und zu welchen Konditionen Wettbewerber Strom oder Erdgas durchleiten durften. Festgelegt wurden die Durchleitungsbedingungen in einer »Selbstverpflichtung« der Branche, die an Stelle einer staatlichen Aufsicht etabliert wurde. Stark vereinfacht, lief das Geschäft dann folgendermaßen: Ein Gasversorger investierte in eigene Leitungen und belieferte die Kunden in seinem Leitungsgebiet. Wollte ein Unternehmen ohne eigene Gasleitung, etwa ein Händler oder ausländischer Konzern, einen Kunden jenes Gasversorgers beliefern, musste es den Zugang zu den Leitungen und die Kosten für deren Nutzung verhandeln – und zwar nach von den Leitungsbesitzern festgelegten Regeln, die in der Selbstverpflichtung festgehalten waren. Logisch, dass die Unternehmen, die in Leitungen investiert und diese Gelder auf die Gaspreise umgelegt hatten, keinerlei Interesse an Billigkonkurrenz zeigten. Folglich waren die Regeln für den Leitungszugang so geschrieben, dass wenig Chancen für Dritte bestanden, Gas billig durchzuleiten und damit preiswerter zu sein als der Leitungsbesitzer. Eine staatliche Aufsicht gab es nicht, die hatten die Unternehmen mit ihrer Branchenvereinbarung verhindert. Sie durften sich danach selbst beaufsichtigen und wollten sich bei eventuellen Regelverstößen selbst bestrafen. Analog galten diese Regeln auch für die hiesigen Stromversorger.

Das Bundeskartellamt und die Monopolkommission befürworteten Ende der neunziger Jahre die deutschen Selbstverpflichtungen als »marktgerecht«, obwohl die europäischen Nachbarn längst staatliche Aufsichtsbehörden einrichteten. Später monierten die Kartellwächter aus Bonn, dass der erwünschte Wettbewerb ausblieb. Die Kritik verhallte weitgehend ungehört.

Auch Brüssel schaute dem Verhandlungstreiben der deutschen Netzmonopolisten fünf Jahre zu und mahnte gelegentlich mehr Transparenz an. Ohne Erfolg. Erst im Frühsommer 2003, als die deutsche Strom- und Gasbranche trotz der Liberalisierung gar zu offensichtlich steigende Milliardengewinne generierte und dabei auch noch neue Unternehmen aus dem Markt drängte, Sonderangebote für Verbraucher wieder vom Markt nahm und die Preise anhob, da platzte den Brüsseler Marktwächtern der Kragen. Die Europäische Kommission, die auch der Idee einer Verstaatlichung der Netze aufgeschlossen gegenübersteht, gab das Aus fur den deutschen Sonderweg bekannt: Auch über den deutschen Strom- und Gasmarkt müsse spätestens ab 1. 7. 2004 eine Aufsichtsbehörde wachen – wie in den anderen EU-Mitgliedsstaaten längst üblich. Die staatlichen Kontrolleure sollen Schluss machen mit dem ungenierten Treiben der Energiefürsten, sie sollen für transparente Verträge sorgen und Anreize dafür setzen, dass die

Strom- und Gasleitungen sicher und effizient bewirtschaftet werden. Und die Aufsicht soll sicherstellen, dass jeder, der will, Strom oder Erdgas durch die Netze leiten darf – und zwar für ein angemessenes Entgelt und ohne in irgendeiner Weise behindert zu werden.

Profitieren könnten alle, heißt es in Brüssel: Versorgungsunternehmen, die ihre Kraftwerke und Netze effizienter betreiben und damit Fixkosten senken, dürfen dadurch erzielte Gewinne behalten. Die Verbraucher, vor allem Haushalte, Gewerbe und kleinere mittelständische Unternehmen, könnten sich über Sondertarife ihrer Versorger bei Strom und bei Gas wie über Angebote der Discounter Aldi oder Lidl freuen – und bei Bedarf zugreifen. Zwar könne die Wettbewerbsaufsicht sinkende Preise nicht garantieren, sagt der designierte Chefregulierer des deutschen Energiemarktes, Matthias Kurth. Aber ein Blick auf den Telekommunikationsmarkt zeige, dass Preissenkungen möglich seien.

Berlin verschleppt das Gesetz

Die geforderte Aufsichtsbehörde beunruhigte die Netzmonopolisten, denen ein Verharren im gegenwärtigen Zustand am liebsten gewesen wäre. So versuchten sie, den Ukas aus Brüssel so lange wie möglich zu überhören. Und seit dem Ultimatum versuchten sie, das kommende Energiewirtschaftsgesetz mit Hilfe politischer Freunde in Bund, Ländern und Gemeinden in ihrem Sinne zu gestalten. Dafür wurde verwässert, agitiert, versprochen, gedroht und zugearbeitet.

Die erste Taktik der Konzerne hieß allerdings Verzögerung – und sie wurde beherrscht. Die Branche agiere nach dem Motto: »Je länger wir diskutieren, umso weiter können wir das neue Gesetz nach hinten verschieben«, monierte Matthias Kurth im April 2005, mehr als neun Monate nach dem Verstreichen des von Brüssel gesetzten Termins 1. Juli 2004. Tatsächlich rangen Staatsdiener und Konzern-Lobbyisten schon seit Jahren ergebnislos um die Neufassung der Paragraphen, die die neuen Spielregeln auf dem Strom- und Gasmarkt festlegen sollten.

Wenn die Europäische Union nicht schon einmal die Initiative ergriffen hätte, stünde der bundesdeutsche Energiemarkt wahrscheinlich noch heute gänzlich unter der Herrschaft der alten Monopole. Doch diese passten 1996 nicht zu der großen Idee Europas, Wettbewerb und Handel in einem einheitlichen europäischen Binnenmarkt zu fördern. Schließlich verabschiedeten die Brüsseler Parlamentarier 29 Artikel einer EU-Richtlinie, die die Macht der elektrischen Alleinherrscher knacken sowie für mehr Markt und niedrigere Energiepreise sorgen sollten. Damals waren die Lieferanten noch per Gesetz vollkommen vor Konkurrenz geschützt, um – so die groteske Logik der energiewirtschaftlichen Paragraphen aus dem Jahr 1935 – »volkswirtschaftsschädliche Auswirkungen des Wettbewerbs zu verhindern«. Tatsächlich kassierten die Monopole über fünf Jahrzehnte nahezu unkontrolliert und ungeniert.

1998 sollte dann plötzlich Schluss sein mit der Monopolherrschaft. Der damalige Wirtschaftsminister Günter Rexrodt (FDP) erklärte Monopolstrukturen zum Standortnachteil für Deutschland. Als eine seiner großen Amtshandlungen setzte er die Liberalisierung des deutschen Strom- und Gasmarktes durch. Rexrodt verkündete 1998 den Beginn einer »neuen elektrischen Ära«: Wettbewerb, noch dazu unbürokratischer, werde alles besser machen, versprach er. Die Regierung habe sich deshalb in dem Gesetzestext zur Liberalisierung bewusst gegen detaillierte Regeln für den Netzzugang entschieden. Stattdessen lässt sich Rexrodt auf eine Selbstkontrolle der Versorger ein, die auch bei Redaktionsschluss dieses Buches noch gilt:

Die Betreiber der Strom- und Gasnetze dürfen entscheiden, ob und zu welchen Konditionen ihre Netze durch Dritte genutzt werden können. Das Gesetz trat trotz Protesten der rotgrünen Opposition und dem Veto der Länderkammer am 29. April 1998 in Kraft.

Die große Freiheit begann zumindest auf dem Strommarkt tatsächlich verheißungsvoll. Vom einen auf den anderen Tag waren im April 1998 aus den Millionen deutscher Stromabnehmer plötzlich richtige Kunden geworden, die umworben werden mussten. Plötzlich gab es Atomstrom mit dem Namen Yello und grünen Ökostrom von Greenpeace. Plötzlich gab es einen Großhandelsmarkt für Strom, auf dem sich neue Anbieter ohne eigene Kraftwerke, sowohl Händler als auch Industriebetriebe, mit Elektrizität eindecken konnten. Und plötzlich purzelten die Preise: für Industriekunden um bis zu 50 Prozent, für private Haushalte immerhin um rund 20 Prozent. Es war die »Zeit des wilden Wettbewerbs«, erinnert sich VDEW-Hauptgeschäftsführer Meller.

Zwei Jahre dauerte er, dann hatten sich Strom- und Gasversorger in dem liberalisierten Markt wieder eingerichtet. Sie schlossen Fusionen ab, die weit reichende Folgen für den hiesigen Wettbewerb hatten. Aus Viag und Veba entstand die rote E.on AG, mittlerweile Europas größter Versorger. RWE fusionierte mit VEW zum zweitgrößten deutschen Versorger. Im Osten streckte der schwedische Staatskonzern Vattenfall seine Fühler aus und übernahm den Berliner Versorger Bewag, die ehemals ostdeutsche Veag sowie die Hamburger Elektrizitätswerke HEW. In Baden-Württemberg hielt EnBW die Stellung, in die sich der französische Monopolist EdF einkaufte. Der Markt war wieder aufgeteilt, das Monopol der Stromnetze gesichert. Preise und Gewinne kletterten wieder – bis die Europäische Union erneut intervenierte: Eine Marktaufsicht sollte her.

Das große Ringen um neue Strukturen

Brauchte der inzwischen verstorbene FDP-Wirtschaftsminister Rexrodt nur wenig länger als ein Jahr für sein Vorhaben, das 63 Jahre alte Regelwerk der Energiewirtschaft zu reformieren, dauerte die zweite Rechtsnovelle, diesmal unter Rotgrün, mehr als doppelt so lang. Sie entwickelte sich zu einem der unübersichtlichsten Mammutprojekte der Regierung Schröder II.

Ein Jahr lang dauerte es, bis die Koalition überhaupt einen Gesetzesentwurf vorlegen konnte. Dieser wurde vom Bundesrat abgewiesen, der statt vieldeutiger Paragraphen ein hartes Kontrollgesetz forderte. Dann schleppte sich das Gesetzgebungsverfahren dahin – bis die Energieversorger selbst unfreiwillig dafür sorgten, dass die Argumente der Länderkammer für mehr Wettbewerb und mehr Verbraucherschutz mächtige Durchschlagskraft bekamen. Im Sommer 2004 schwappte nämlich eine Preiserhöhungswelle unbekannten Ausmaßes über die deutschen Strom- und Gaskunden. Bis zu 18 Prozent höhere Preise verlangten die Versorger – ohne dass zumindest teilweise nachvollziehbare Gründe vorlagen.

Den Preissteigerungen folgte der Paradigmenwechsel auf dem Gesetzespapier – und trotzdem verging beinahe noch ein weiteres Jahr, bis das Gesetz tatsächlich verabschiedet wurde.

»Die Gefechtslage ist undurchsichtig«, hieß es lange Zeit im energiepolitischen Berlin. Nicht nur wegen der Konzernlobbyisten, die Interessen vertretend über die Flure der Ministerien und Abgeordnetenhäuser zogen. Es lag auch an der heterogenen Regierung, in der der rote und der grüne Koalitionspartner ihre letzten Gemeinsamkeiten aufbrauchten und mühsam wie nie zuvor um den Kompromiss bei der Ausgestaltung der künftigen Aufsicht über die Netzmonopolisten rangen.

Das Energiewirtschaftsgesetz – Chronologie einer Verhinderung

1935: Das Energiewirtschaftsgesetz entsteht. Die Strom- und Gasversorger beliefern abgeschlossene Gebietsmonopole.

1998: Unter der Regierung Kohl wird das Energiewirtschaftsgesetz erstmals novelliert. Wirtschaftsminister Rexrodt ruft das Ende der Gebietsmonopole aus. Kunden sollen sich ihren Lieferanten frei wählen können.

2002: Unter der Regierung Schröder will Wirtschaftsminister Müller die von den Versorgern selbst ausgehandelten Bedingungen für Zugang und Nutzungsentgelte der Strom- und Gasleitungen (Verbändevereinbarungen) als Gesetz verabschieden. Er scheitert damit kurz vor dem Ende seiner Amtszeit.
Der neue Wirtschafts- und Arbeitsminister Clement erhebt den Kern der Verbändevereinbarungen in Gesetzesstatus. Er wirbt in Brüssel für den deutschen Sonderweg und gegen eine Energiemarktaufsicht. Erfolglos.

2003, 24. März: Die Koalitionsfraktionen beschließen auf Druck aus Brüssel, dass eine Regulierungsbehörde ähnlich wie bei Post und Telekommunikation ab 1. Juli 2004 über den Energiemarkt wachen soll. Die Aufsicht soll die genauen Bedingungen für Netzanschluss und Netznutzung sowie die Methoden zur Berechnung der Tarife festlegen. Umwelt- und Wirtschaftsministerium einigen sich außerdem darauf, einzelne Industriebetriebe von zu hohen Energiekosten zu befreien.

2003, 15. August: Im Kanzleramt findet ein dreistündiger Energiegipfel statt. Teilnehmer sind Schröder, Kanzleramtschef Frank-Walter Steinmeier sowie die Vorstandsvorsitzenden von E.on, RWE, EnBW und Vattenfall. Sie diskutieren u. a. die Aufsicht des Strom- und Gasmarktes. Schröder will sich in Brüssel für die Konzerne einsetzen.

2004, 26. Februar: Der Referentenentwurf zur Energiemarktreform wird vorgelegt. Zwar wird darin die Einführung einer staatlichen Marktaufsicht festgelegt. Für die Unternehmer sollen aber keine strukturellen Änderungen bei der Kalkulation von Netzzugängen und Netzentgelten erfolgen.

2004: Im Juni verabschiedet das Bundeskabinett den Entwurf.

2004: Ab Sommer rollt eine Welle von Strom und Gaspreiserhöhungen in bisher unbekanntem Ausmaß über Deutschlands Verbraucher. Der Vorwurf des Wuchers wird laut. Verbraucher weigern sich erstmals, Rechnungen zu bezahlen.

2004: Im September denkt Schröder über einen Energiegipfel im Kanzleramt nach – sofern die Konzerne zu Zugeständnissen bei den Preisen bereit sind. E.on bietet ein Preismoratorium an, die drei Wettbewerber nicht. Das Treffen im Kanzleramt wird abgeblasen.

2004, 24. September: Der Bundesrat blockiert den EnWG-Entwurf. Weil, so Hessens Wirtschaftsminister Alois Rhiel, »auf dem Gesetzentwurf Wettbewerb draufsteht, aber kein Wettbewerb rauskommt«. Der Bundesrat fordert verbraucherfreundliche Strukturen und übernimmt quasi die Rolle der Opposition.

2004: Im Oktober setzen die Länder durch, dass der Regulierer den Unternehmen künftig Anreize für effizienten Netzbetrieb setzen soll – wie bei der Telekommunikation längst üblich. Die Netzbetreiber wehren sich. Am 28. Oktober findet die erste Lesung im Bundestag statt. Die Kalkulationsmethoden bleiben umstritten.

2004, 6. November: Superminister Clement trifft mit den vier Großen zum Mini-Gipfel zusammen. Die Konzernvorstände tragen Bedingungen für künftige Investitionen in Höhe von fast 19 Milliarden Euro vor, die ein paar Tage später als Papier über »Notwendige Rahmenbedingungen …« vorliegen. Danach würden Haushalte und Kleinverbraucher am meisten zur Kasse gebeten.

2005, 18. Januar: Clement warnt in Berlin öffentlich davor, von der Energiemarktreform »Revolutionäres« zu erwarten.

2005, 20. Januar: Clement trifft erneut Vorstände und Cheflobbyisten des Konzern-Quartetts, um über die Energiemarktreform zu beratschlagen.

2005, Februar: Mehrere Verhandlungsrunden der Koalitionsfraktionen platzen oder bringen kein Ergebnis.

2005: Anfang März wird Deutschland von der EU abgemahnt.

2005, 11. März: Nach zehnstündigem Verhandlungsmarathon einigen sich die Regierungsfraktionen auf gemeinsame Entwürfe der Verordnungen, die Zugang zu den Netzen und Entgeltkalkulationen festschreiben.

2005, 12. April: Das Bundeskabinett verabschiedet die Verordnungen zum Gesetzesentwurf.

2005, 15. April: Rotgrün verabschiedet die Energiemarktreform im Bundestag. Hessens Wirtschaftsminister Riehl kündigt nochmals eine Bundesratsblockade an, falls nicht weitere verbraucher- und wettbewerbsfreundlichere Regeln gefunden werden.

2005, 29. April: Der Bundesrat verweist das Gesetz erneut in den Vermittlungsausschuss. Die Lobbyisten von Konzernen und Verbänden gehen bei der Union ein und aus.

2005, 2. Juni: Der Vermittlungsausschuss kassiert trotz anderer Ankündigungen Verbraucherrechte und bürokratisiert Wettbewerbsregeln.

2005, 8. Juli: Bundespräsident Horst Köhler unterzeichnet das Gesetz.

2005, August: Das Gesetz tritt als letztes der rotgrünen Regierung in Kraft.

Wie schon beim Emissionshandel oder beim Dissens über die Förderung des Ökostroms tobte der Streit auch bei der Energierechtsnovelle zwischen den beiden für Energie zuständigen Ministerien: Wirtschaft und Umwelt. Trittin sicherte seinem Ressort mit einem geschickten Schachzug umfängliches Mitspracherecht: Er stimmte im Sommer 2004 der Entlastung der Industrie, also Clements Klientel, beim Ausbau der Ökokraftwerke zu – und forderte im Gegenzug eine effiziente Energiemarktaufsicht. Damit war der Grundstein für den nächsten Streit gelegt, hatten Regierungsparteien und Minister doch unterschiedliche Meinungen darüber, mit welchen Befugnissen die deutsche Energiemarktaufsicht ausgestattet sein sollte. Später wurde bekannt, dass die Energie-Verhandlungen erheblich zur

Zerrüttung der rotgrünen Koalition beigetragen hatten. In den Ressortabstimmungen gelang es den Unterhändlern aus dem Umweltministerium oft, die Interessen des Hauses durchzusetzen. Argumente und Verhandlungstaktik des Umweltstaatssekretärs Rainer Baake würden die Abgesandten aus dem Wirtschaftsministerium meist blass aussehen lassen, kolportierten verärgert Lobbyisten der Versorger. Auch Ministerialdirektor Günter Brandes, Leiter der Energieabteilung im Wirtschaftsministerium, winkte schon manchmal müde im Vorgespräch ab: »Diese Forderung kriege ich bei den Grünen nicht durch.« Dass überhaupt ein Kompromiss gefunden wurde, habe daran gelegen, dass nach nächtelangen Verhandlungen keiner mehr weitermachen wollte, erzählt ein SPD-Unterhändler. »Sechzig Nettostunden Verhandlungen mit den Grünen habe ich hinter mir, mehr geht nicht.«

Außerdem versuchten beide Koalitionspartner, ihre Klientel zu bedienen. Die Genossen verärgerte zunehmend, dass sich Trittins grüne Partei scheinbar kritiklos zum Fürsprecher der Ökostromerzeuger machte – und dabei auch Absprachen zulasten der Verbraucher traf. So drangen die Grünen in den Energierechtsverhandlungen mit dem Koalitionspartner SPD zwar vehement auf Wettbewerb und Strukturwandel, wollten aber gleichzeitig den Ausbau von Bioenergie sichern. In den Verhandlungen mit der SPD akzeptierten sie sogar, dass die Erdgasleitungen der großen Ferngasgesellschaften von der Wettbewerbsaufsicht befreit werden, wenn die Bauern ihr Biogas zu guten Konditionen in das Netz einspeisen dürfen. Zwar handelt es sich nur um geringste Mengen, dennoch werden durch den Verzicht auf die Marktaufsicht die Preise für Haushalte und kleine Unternehmen nicht sinken.

Der damalige Superminister Clement musste sogar zwei natürliche Feinde gleichzeitig zufrieden stellen: Energieerzeuger und industrielle Energiegroßabnehmer. Erstere wollen viel Geld mit Strom- und Gaslieferungen verdienen, Letztere möglichst wenig dafür bezahlen. Für die Erfüllung ihrer Forderung winkten die Energiekonzerne ein weiteres Mal mit ihrer »Innovations- und Investitionsoffensive am Energiestandort Deutschland«. Minister und Manager reden weiterhin über 19 Milliarden Euro. Ohne konzernfreundliche Standortbedingungen, so wissen Eingeweihte, holen die Energiekonzerne ihre bereits in den Schubladen liegenden Pläne für den Bau neuer Kraftwerke jenseits der deutschen Grenze hervor. Für den Superminister erwies es sich nun als Dilemma, für Wirtschaft und für Arbeit gleichzeitig zuständig zu sein. Die Forderungen der Wirtschaft führten dazu, dass nicht privilegierte Kunden, also Haushalte und kleine Unternehmen, deutlich höhere Energiepreise bezahlen müssen.

Andererseits hätte Clement als Arbeitsminister darauf achten müssen, dass die Privatkunden inklusive der mehr als 5 Millionen Arbeitslosen nicht immer höhere Preise zahlen müssen.

Indes, der Versuchung, sich die größte Investitionsoffensive am Standort Deutschland auf die eigene Fahne schreiben zu können, konnte Clement nicht widerstehen. Er plädierte noch Anfang März 2005 dafür, Industriebetriebe mit hohem Stromverbrauch wie Stahlhütten, Aluminiumschmelzen oder Industrieglasproduzenten mit einem satten Rabatt von bis zu 50 Prozent bei den Netznutzungsentgelten zu entlasten. »Aufkommensneutral« wollten die Energiekonzerne die Rabatte für ihre Kunden festschreiben lassen – also keinesfalls auf Einnahmen verzichten. Dieses Kunststück soll folgendermaßen vollbracht werden: Einige Kunden zahlen weniger, und die Millionen nicht privilegierter Verbraucher gleichen diese Rabatte durch höhere Zahlungen aus. Das alles machten Clement und Konzernchefs zu einer Zeit unter sich aus, in der die Energierechtsnovelle längst den parlamentarischen Prozess durchlief.

Durch den Zeitpunkt seiner Zugeständnisse erzeugte Clement zusätzlichen Ärger in der Koalition. Er setze die üblichen Regeln einer Gesetzesbildung außer Kraft, monierten die Grünen, die erst über Dritte von den Absprachen erfuhren und sich das entsprechende Papier über die Presse besorgen mussten.

»Wörtlich RWE« im Verordnungsentwurf

Das Entstehen der Paragraphen des neuen Energiewirtschaftsgesetzes dokumentiert die hohe Kunst des Lobbyismus. Unübersehbar ist trotz höchster Diskretion der Einfluss der Konzerne und Verbände. Ein Blick hinter die Kulissen der Ministerialbürokratie vermittelt einen fast atemberaubenden Eindruck vom Spagat der Ministerialbeamten und des Ministers zwischen Unparteilichkeit und Abhängigkeit. Deutlich wird auch die Arbeitsteilung: Während der Minister mit den Konzernvorständen die Energiemarktreform grundsätzlich abstimmt, »helfen« die Lobbyisten den Referenten im Wirtschaftsministerium bei der Formulierung wichtiger Paragraphen aus. Von den Interessen der zahlenmäßig am stärksten Betroffenen, den zig Millionen Haushalten, fehlt dort jede Spur.

Die enge Zusammenarbeit zwischen Wirtschaft und Ministerialbürokratie ist kein Einzelfall. Unbestritten nützlich sind Interessenvertreter als Experten, als Faktensammler und Rechercheure. Sie haben Zugang zu internen Bilanzen, sie »kennen die Front«. Häufig werden Firmenexperten sogar ausdrücklich von Ministerien angefordert, um bei Gesetzesvorhaben zu beraten. Von Lobbyistenhand zusammengestellte Fachinformationen dienen der Meinungsbildung, sind wahrscheinlich sogar unverzichtbar – wenn der Politiker oder der Beamte sie richtig einordnet. Dagegen ist im Prinzip nichts einzuwenden, solange es offen geschieht. Ganz im Gegenteil: Viele Gesetze werden durch mehr Wirtschaftsnähe eher besser als schlechter, weniger bürokratisch und leichter handhabbar – wenn die Hilfe der Unternehmen und damit deren Interessen transparent gemacht wird.

Genau an dieser Transparenz mangelt es jedoch. Wenn Papiere zur Energiemarktreform, die nach offiziellen Angaben aus Einrichtungen des Bundes kommen, das Faxkennzeichen der Ruhrgas Berlin tragen, entsteht die Frage: Wie groß ist der Einfluss des größten deutschen Gasversorgers auf die Energierechtsnovelle? Ruhrgas selbst schweigt dazu. Hartnäckig. Auch die Referenten im Ministerium. So entsteht von außen nach und nach der Eindruck der Klüngelwirtschaft. Anonyme Aussagen wie »Die Ruhrgas sitzt den Referenten auf dem Schoß« lassen sich weder dementieren noch beweisen. Zitiert werden will niemand. Das Thema ist heikel. Wer riskiert seinen Arbeitsplatz für mehr Transparenz? Wie die Tochter Ruhrgas arbeitet die Mutter, E.on: nahezu geräuschlos, effizient und hinter den Kulissen. Auskunft über die politische Arbeit in Berlin gibt der Marktführer trotz mehrerer Anfragen nicht.

Folgt man dem mittlerweile selbstständigen Lobbyisten Klaus Kocks, dann gibt es grundsätzlich nichts an inhaltlichen Zuarbeiten aus der Wirtschaft zu bemängeln – beispielsweise, wenn es um komplexe technische Zusammenhänge in Strom- oder Gasnetzen geht, die aus Gründen der Sicherheit nicht vernachlässigt werden dürfen. Und solange diese Zusammenarbeit transparent ist. Doch wenn sich Unternehmen weigern, über ihre Zuarbeiten zu sprechen, dann entsteht der Verdacht, dass aus inhaltlicher Hilfe grundsätzliche, politische Einflüsterungen oder gar Drohungen werden. Wie, wenn nicht durch Transparenz, kann verhindert werden, dass ganze Textbausteine aus Unternehmenspapieren im Gesetzestext landen, noch dazu, wenn es um Sicherung künftiger Unternehmensgewinne geht? Wer wird nicht misstrauisch, wenn durchsickert, dass E.on den Energiemarktbericht der Bundesregierung mehr als sechs Wochen vor der Veröffentlichung vorliegen hat, diesen kritisiert – und daraufhin einige Änderungen vom Wirtschaftsministerium übernommen werden?

So schickt der Generalbevollmächtigte von E.on, Gert von der Groeben, bereits am 25. Juli 2003 eine dreizehn Seiten lange Replik zum streng geheimen Bericht an die Ministerialdirigentin Dorothée Mühl und an den energiewirtschaftlich federführenden Staatssekretär Georg Wilhelm Adamowitsch ins Wirtschaftsministerium, obwohl das »von unabhängigen Gutachtern erarbeitete Papier«, das der Bundesregierung als Grundlage für die Energiemarktreform dienen soll, offiziell erst am 31. August 2003 zugänglich ist. Viele Wochen davor kommentiert und kritisiert Branchenprimus E.on die Arbeit der Staatsdiener an den Grundlagen der künftigen Energiemarktaufsicht an mehreren Stellen als »zu einseitig«, »unzutreffend« oder »fraglich«. Und fordert Änderungen. Mit Erfolg. Beispielsweise entfällt in dem offiziellen Dokument eine Passage, in der zu lesen war, dass neue Marktteilnehmer wie US-amerikanische Konzerne auch wegen der Schwierigkeiten beim Netzzugang vom deutschen Gasmarkt schnell wieder verschwunden gewesen seien. Als Ursache für deren Rückzug werden stattdessen – wie von E.on vorgeschlagen – wirtschaftliche Probleme im US-Markt vermutet.

»Ein Hindernis für neue Anbieter besteht nicht«, schreibt von der Groeben an Mühl. Wenn neue Anbieter in Deutschland nur vereinzelt Kunden gewinnen könnten, liege es wohl daran, dass sie »nicht lange genug im Markt« seien. Ein Argument, das für einen der weltweit größten Öl- und Gaskonzerne, BP, der im deutschen Gasmarkt nahezu vergeblich versucht, Gas zu verkaufen, aber anderswo sehr erfolgreich ist, kaum zutreffend sein kann. Angesichts dieses offensichtlichen Widerspruchs verzichtete das Wirtschaftsministerium am Ende auf die Erwähnung von BP. Warum werden diese industrie- und branchenkritischen Äußerungen im Ministerium offensichtlich ohne Not gestrichen – und Erklärungen zu diesem Sachverhalt verweigert? Schließlich festigen solche Beobachtungen, die von keinem der Akteure erläutert werden wollen, den Eindruck, dass im Wirtschaftsministerium eine Lex E.on geschrieben wird.

Aber auch über ihre Verbände dringen die Unternehmen in das Ministerium. Nachzulesen ist das im Entwurf der Verordnung über den Zugang zu Elektrizitätsversorgungsnetzen vom 20. 4. 2004. Dort werden die Spielregeln festgelegt, wer künftig zu welchen Konditionen die Leitungen nutzen darf. Unter »2. Abschnitt« hat ein Ministeriumsmitarbeiter vermerkt: »Forderungen der Netzbetreiber ... bisher nicht berücksichtigt. Gespräch hierzu mit dem Verband der Netzbetreiber am 22. 4. 2004«. In der parallel dazu entworfenen Verordnung über die Ermittlung der Entgelte für den Zugang zu Elektrizitätsversorgungsnetzen weist der Bearbeiter unter anderem auf die Urheber des Paragraphen 18 hin: »Vorschlag RWE«, »wörtlich RWE«, »fast wörtlich RWE«, »Zusatz RWE klären«. Besonders brisant ist daran, dass unter anderem gerade in diesem Paragraphen die künftige Ermittlung ebenjener Entgelte geregelt wird, von denen nicht nur das Bundeskartellamt annimmt, dass sie unrechtmäßig überhöht sind – und die Verbraucher bis zu 30 Prozent zu viel bezahlen.

Anders als sein Konkurrent E.on ist RWE allerdings bereit, die politische Arbeit des Konzerns in Berlin zu kommentieren. Er verfolge zwei Aufgaben, sagt Volker Heck, RWE-Politikchef und verantwortlich für die Konzernrepräsentanzen in Berlin und Brüssel. »Wir beobachten und analysieren die politischen Vorhaben von Regierung und Opposition in Berlin, um den Konzern über Stimmungen und Gesetzesvorhaben zu informieren. Gleichzeitig versuchen wir, Konzerninteressen auszuloten und zu bündeln, um sie Politikern zu übermitteln«, sagt Heck, der anders als viele seiner Kollegen nicht aus Politik oder Medien kommt, sondern Karriere im Essener Konzern gemacht hat. Natürlich bringe RWE seine Interessen auch bei der Novelle des Energierechts ein, sagt der Volkswirtschaftler. Es sei für den Konzern »überlebenswichtig«, künftige Investitionen in solche langlebigen Wirtschaftsgüter wie Kraftwerke, die 40 Jahre Strom produzieren sollen, politisch abzusichern. Schließlich würden Milliardensummen investiert.

Heck bestätigt die inhaltliche Zusammenarbeit mit dem Wirtschaftsministerium. Dass die Referenten von RWE übernommene Textpassagen in den Entwürfen zur Energierechtsnovelle kennzeichnen, zeuge eher von Transparenz. Denn die Energiemarktreform sei ein »hochkomplexes Verfahren«, bei dem viele Parteien ihre Interessen durchsetzen wollen. »Wir wollen uns in diesem Wettstreit behaupten«, begründet Heck die RWE-Vorlagen. Angesichts der Fülle von Informationen und Interessen sowohl der Wirtschaft als auch der Politiker sei es für die Mitarbeiter im Ministerium zunehmend schwieriger, den Überblick zu bewahren. Da könne man helfen.

Der Einfluss, den die Wirtschaft in Gestalt von E.on, RWE & Co. auf die Gesetzgebung ausübt, ist seit Gründung der Bundesrepublik gang und gäbe. In den fünfziger Jahren spielte der Bundesverband der deutschen Industrie (BDI) die Rolle des Cheflobbyisten. Fritz Berg, erster BDI-Präsident, erwähnte gelegentlich seinen kurzen Draht ins Kanzleramt, um diese oder jene Angelegenheit »vom Tisch« zu bringen. Damals wie heute wollen Unternehmen angeblich »wirtschaftsschädigende« Maßnahmen der Politik verhindern. Aber anders als in den fünfziger und sechziger Jahren sitzen heute meist Verantwortliche in den Ministerien, die keine langfristigen, klaren (wirtschaftspolitischen) Vorgaben machen oder Ziele haben – sondern viele Einzelinteressen berücksichtigen. So, wie der Kanzler ein Gespür für Situationen hat und schon mal unversehens die Richtung wechselt, betreiben auch die Berliner Ministerien nicht selten situative Klientelpolitik. Für Unternehmen, die in langen Investitionszyklen planen, kann sich diese stimmungsabhängige Politik, die nicht in erster Linie auf Inhalte, sondern stattdessen auf den Machterhalt gerichtet ist, tatsächlich als Bumerang erweisen. Folgt man den Argumenten des RWE-Cheflobbyisten Heck, versucht sein Unternehmen, die eigenen Interessen in der Politik auf höchster Ebene durchzusetzen, um sich unabhängiger von dieser situativen Klientelpolitik zu machen. Noch dazu, wenn im Ministerium zwar ein im Prozess des Gesetzgebungsverfahrens »erfahrener Kämpfer« die Feder führt, der aber in inhaltlichen Auseinandersetzungen Strategie und inhaltliche Ziele des Ministeriums oft nicht durchsetzt, wie Verhandlungsteilnehmer berichten.

Der Federführer beim EnWG

Georg Wilhelm Adamowitsch galt als rechte Hand von Bundeswirtschaftsminister Wolfgang Clement, wenn es um Energiepolitik ging. Der beamtete Staatssekretär siedelte im Herbst 2002, nach der von Rotgrün gewonnenen Bundestagswahl, mit Clement aus der Düsseldorfer Staatskanzlei nach Berlin über. Als loyal und zuverlässig bekannt, erhielt Adamowitsch die Zuständigkeit für Energiepolitik – die zuvor der als inhaltlich brillant geltende Staatssekretär Alfred Tacke innehatte. Adamowitsch musste sich praktisch seit seinem Amtsantritt um die Novellierung des Energiewirtschaftsgesetzes kümmern, eine mühevolle Kleinarbeit, für die der Hauptmann der Reserve internen Informationen zufolge als besonders qualifiziert galt. »Er hält seine

Truppe zusammen«, berichteten Mitarbeiter. Adamowitsch selbst, der auch unter dem neuen Wirtschaftsminister Michael Glos im Amt bleibt, wollte sich bis zuletzt nicht über das Entstehen des Gesetzes äußern. »Ein interner Vorgang«, ließ er Gesprächsanfragen abwiegeln. Aber in öffentlichen Branchen-Foren berichtete der Staatssekretär dagegen von harten und lang andauernden Diskussionen mit der Energiewirtschaft – und abgerungenen Zugeständnissen.
Adamowitsch arbeitete in seiner Karriere schon auf beiden Seiten des Schreibtisches. Er stand nach Wehrdienst und Studium knapp zwei Jahrzehnte im Staatsdienst von Nordrhein-Westfalen, wo Deutschlands größte Kohle- und Energiekonzerne sitzen. Unterbrochen hat er seine Beamtenlaufbahn durch einen Ausflug in eben eines jener Unternehmen. Von 1996 bis 1999 war Adamowitsch Beauftragter der VEW AG Dortmund für Bundes- und Europa-Angelegenheiten. Der Konzern ging im Zuge der Liberalisierung des Energiemarkts in der RWE AG auf. Anders als andere Politiker verzichtete Adamowitsch auf Vergünstigungen seines ehemaligen Arbeitgebers und legte Anfang des Jahres 2005 sogar seinen alten Arbeitsvertrag mit VEW offen.

Aufgrund von Einflussnahme, Drohungen und ungezählten Änderungsvorschlägen trat das novellierte Energiewirtschaftsgesetz lange nicht in Kraft. Lange Zeit müssen sich die Konzerne darum sorgen, ob man sie weiter gewähren lässt. Auch deshalb wird das Gesetzgebungsverfahren von atmosphärischen Events umrahmt. Zum Beispiel von einer Einladung zu einer Vorpremiere der Oper »Carmen« am 1. Dezember 2004, ausgesprochen durch den drittgrößten Stromversorger Vattenfall. Solche Aktionen helfen dem

Vattenfall-Europe-Chef Klaus Rauscher, seinen Konzern als Kulturförderer in ein sanftes Licht zu rücken. Was könnte die geladenen Top-Gäste, unter ihnen Minister und andere Staatsdiener, friedvoller stimmen als ein wenig Wohltätigkeit zu Beginn der Adventszeit? Eigentlich verdient das Engagement des Konzerns für Kultur, für Jugend- und Talenteförderung eine besondere Anerkennung. Dass das Event dennoch negative Schlagzeilen machte, ist wohl der Tatsache zu verdanken, dass vor allem Medien, Ministerialbürokratie und Manager eingeladen waren – allesamt Bürger, die sich Opernkarten wohl selbst leisten können. Pikanterweise fand der Opernabend mit Häppchen ein paar Wochen nach den letzen bekannt gewordenen Absprachen der Konzernchefs mit Clement statt, also mitten in der heißen Phase der Abstimmungen zum neuen Energierecht. Auch Beamte wie der in der Energiemarktreform federführende Staatssekretär Adamowitsch waren eingeladen. Dem Konzern gab das negative Medienecho wohl zu denken. Die Einladung zur Oper im Jahr 2005 war mit einem gemeinnützigen Spendenaufruf verbunden.

Die einzige Opposition

Den intensiven Interessenvertretungen der Konzerne stand kaum ein ernst zu nehmender »Gegner« gegenüber. Einzig die Bundesländer betrieben in punkto rotgrüner Energiemarktreform so etwas wie Opposition: Sie blockierten die Vorlagen des Bundestages, um die Regierung zu Wettbewerb und damit verbraucherfreundlicheren Regelungen zu drängen – und setzten sich große Reformen, die zu mehr Wettbewerb führen sollen, auf die Agenda. Strukturveränderungen hatte die Länderkammer bereits während der Rexrodt'schen Reform gefordert, damals noch erfolglos.

Bei der Clement'schen Reform stehen die Chancen besser. Gleich zu Beginn der Reformbemühungen verlangt der Bundesrat auf ein hartes Kontrollgesetz – und verhindert, dass die bestehenden Wettbewerbsregeln, die Clement weitgehend beibehalten wollte, durchgewunken wurden. Die darauf folgende Anrufung des Vermittlungsausschusses erschreckte die Branche so sehr, dass die 1000 Stromversorger und deren 700 Gaskollegen ihre Stimmen bündelten. Deren Verbände VDEW sowie der Bundesverband der deutschen Gas- und Wasserwirtschaft (BGW), der Verband kommunaler Unternehmen (VKU), der Verband der Netzbetreiber (VDN) und der Verband der Verbundunternehmen und Regionalen Energieversorger in Deutschland (VRE) schicken am 17. 3. 2003 ein zweiseitiges Schreiben mit dem Betreff »Novellierung des Energiewirtschaftsgesetzes« an den Minister in der Berliner Scharnhorststraße. »Irritiert« über die Blockade im Bundesrat bitten die Spitzenmanager ihren Schutzpatron Clement um ein »Spitzentreffen«:

»Sehr geehrter Herr Bundesminister,
... Die von der Regierungskoalition schon in der vergangenen Legislaturperiode mit der damaligen EnWG-Novelle gegebene Zusage, die jeweils zeitlich befristeten Verbändevereinbarungen durch den Gesetzgeber als gute fachliche Praxis anzuerkennen, die den Energieversorgungsunternehmen ein Mindestmaß an Rechtssicherheit auch gegenüber den Kartellbehörden hätte bieten können, scheint nach unseren Erkenntnissen offensichtlich gefährdet. ... Daher stellt sich ... die Frage, welchen Stellenwert und welche Perspektiven das auch von Ihnen zu Beginn Ihrer Amtszeit positiv bewertete System frei ausgehandelter Marktregeln haben wird. ... Die Energiewirtschaftsverbände sind grundsätzlich bereit, weiterhin konstruktiv an der Fortentwicklung des Wettbewerbs im deutschen Ener-

giemarkt mitzuwirken. Eine wesentliche Voraussetzung dafür ist, dass die Energieversorgungsunternehmen weiterhin in der Lage sind, die notwendigen Investitionen für die Erhaltung qualitativ hochwertiger Versorgungsinfrastrukturen zu erwirtschaften. …«

Auf den Punkt gebracht heißt das nichts anderes als Folgendes: Ohne garantierte Gewinne gibt es keine Garantie für Investitionen! Die rotgrüne Regierung hat dem nichts entgegenzusetzen – und auch die schwarzgelbe Opposition gibt sich nahezu orientierungslos. Bis März 2005 haben weder Union noch FDP eine eigene Arbeitsgruppe Energie – trotz der deutlichen Probleme bei Rotgrün. Die CDU/CSU-Bundestagsfraktion ist beim Thema Energie nicht nur unprofiliert, sondern inhaltlich mindestens so unentschlossen und heterogen wie die SPD. Es gibt zwar nahezu eine Hand voll Unions-Parlamentarier, die sich selbst »energiepolitischer Sprecher« nennt, ohne ein offizielles Mandat zu haben. Bis auf den CDU-Abgeordneten und praktizierenden Rechtsanwalt Peter Paziorek, der sich für den effizienten Ausbau der Ökoenergie einsetzt, und den in seinen Ansichten beständigen CSU-Abgeordneten Peter Ramsauer kommen die anderen über ideologisch anmutende Kritik aber nicht hinaus.

Die mangelnde energiepolitische Kompetenz der CDU/CSU-Bundestagsfraktion war lange Zeit struktureller Natur: Es gab keinen ausgewiesenen Energiefachmann. Gesundheitsexperte Horst Seehofer, heute Verbraucherschutzminister in der großen Koalition, hatte das Amt als energiepolitischer Sprecher im Jahr 2002 an sich gezogen, aber wenig bewirkt: Bis zu seinem Ausscheiden im Herbst 2004 aus der Fraktion war er hauptsächlich als Begrüßungsredner einer Konferenz zu Erneuerbaren Energien oder als Atomkraftbefürworter in Erscheinung getreten. Auch Parteichefin Angela Merkel nutzte den rotgrünen Energiestreit nicht dazu, sich mit einer eigenen Position zu profilieren. Das Engagement der promovierten Physikerin beschränkt sich weitgehend auf die Zusicherung an die Wirtschaft, im Falle des Gewinns der nächsten Bundestagswahl die Laufzeiten der hiesigen Kernkraftwerke zu verlängern. Ein Versprechen, das der Koalitionsvertrag nicht enthält.

Dass die Opposition der Koalition in Sachen konsequenter Energiepolitik nicht gefährlich wurde, kam Rotgrün sicherlich entgegen. Gut für ein ausgewogenes, wettbewerbsfreundliches Energiegesetz war die Leerstelle in der CDU dagegen nicht.

Der junge Abgeordnete Marco Bülow

Marco Bülow, 34 Jahre alt, Journalist und PR-Berater aus Dortmund, sitzt seit Herbst 2002 als SPD-Abgeordneter im Bundestag. Er ist Insider und Beobachter zugleich, weil er sehr viel später als andere SPD-Energiepolitiker zur Bundestagsfraktion stieß.

»Ich habe wenig Zeit!« Bülow sitzt im Abgeordnetenrestaurant und bestellt sich einen Milchkaffee, bevor er zu erzählen beginnt. In zwei Stunden tagt an diesem Donnerstag Ende Februar 2005 die Arbeitsgruppe Energie seiner SPD-Bundestagsfraktion. Das Thema der Sitzung sei seit zwei Jahren ein Dauerbrenner und wirke mittlerweile nicht nur bei SPD-Abgeordneten wie ein rotes Tuch: die Novelle des Energiewirtschaftsgesetzes. Innerhalb der Fraktion toben verschiedenste Interessen, sagt Bülow. Er bemüht sich, seine Genossen zu verstehen, die mit einigen Legislaturperioden Erfahrungsvorsprung die Verhandlungsrituale im Gesetzgebungsprozess beherrschen.

Bülow rührt im Kaffee. Er vertritt seine Partei im Parlament, wenn es um den Ausbau des Ökostroms geht. Im vorangegangenen Jahr hatte er regelrechte Schlachten zu schlagen, um das Erneuerbare-Energien-Gesetz gegen den Widerstand einiger Genossen durchzusetzen. Allerdings, in seinem Wahlkreis in NRW, da interessiert sich kaum einer für das Energiegesetz, dort liegen die Prioritäten anders: »Dort muss ich Flagge zeigen, auf Vereinsfesten erscheinen, Grundsteine legen und über die Kohle reden«, kommt Bülow in Fahrt. Und dann noch ein Nebenjob? Ohne Abstriche an der Arbeit in Berlin und im Wahlkreis? Ist zeitlich überhaupt nicht drin! Bülow redet sich in Rage. Wie andere junge Abgeordnete ist er verärgert über die zahlreichen Nebenjobs einiger Parteigenossen, die mit ihren intern zur Schau getragenen Loyalitäten gegenüber Energieunternehmen die Einigung in der SPD-Arbeitsgruppe Energie erschweren. Oder über Abgeordnete, die scheinbar auf »Konzernmandat« in den Bundestag einziehen und die sich dann zusammen mit Gleichgesinnten von der Wirtschaft zum Frühstück einladen lassen.

Rolf Hempelmann ist mächtig unter Druck. Er soll die Energiepolitiker der SPD-Bundestagsfraktion zusammenhalten. Der Mann aus NRW ist deren energiepolitischer Sprecher und Chef der AG Energie. In dieser Arbeitsgruppe ergreifen grüne Genossen wie der Münchner Axel Berg ebenso das Wort wie der fossile Hardliner Reinhard Schultz. Hempelmann, der seit 1994 vom Wahlkreis Essen in den Bundestag geschickt wird, gilt in der Fraktion als Konsenstyp. Eine Eigenschaft, die ihm im Februar 2003 nach wochenlangem innerparteilichen Tauziehen das Amt des energiepolitischen Sprechers der heterogenen Fraktion einbrachte. Unter Hempelmann verabschiedete die SPD ihre energiepolitische Agenda 2010. Für sein Engagement zur Förderung umweltfreundlicher Strom- und Wärmeerzeugung wurde dem Ruhrpott-Mann Ende 2004 der Bambi unter den Umweltpreisen verliehen: der Dachs.

Hempelmann, Oberstudiendirektor, redet gern in Fußball-Bildern, antwortet etwa auf die Frage nach Konsequenzen der rotgrünen Energiepolitik vielsagend mit »vor dem Spiel ist nach dem Spiel«. Fußball, das ist mehr als mein Hobby, sagt er. Seit etwa sieben Jahren ist Hempelmann aus vollem Herzen ehrenamtlich Präsident des FC RWE, des Zweitligisten Rot-Weiß Essen. Sein Ansehen dort ist immens, gelang es ihm doch, dem Club die Lizenz und damit den Verbleib in der zweiten Liga zu retten. »... 4 Tage vor dem Einreichtermin für die Vergabe der Lizenzunterlagen kehrte der wichtigste Geldgeber dem Verein den Rücken. Es fehlten über 6 Millionen Mark. Der nächste Lizenzentzug drohte.

In dieser Zeit erwies sich abermals, welch ein Glücksgriff Rolf Hempelmann für den Verein war. Seine exzellenten Beziehungen in der Politik waren Mit-Garant für das Auftreiben der fehlenden Gelder ...«, ist in dem Dankesbrief eines Fans vom 25. Mai 2004 unter www.blutgraetsche.de nachzulesen. Der Abgeordnete Hempelmann hat in die Jugendarbeit des FC RWE auch den in Essen ansässigen Energiekonzern, die RWE AG, eingebunden – und sich damit den Vorwurf zu großer Nähe zum größten Unternehmen seines Wahlkreises eingehandelt. Für Irritationen sorgte zudem, dass der Chef der RWE-Energiepolitik, Volker Heck, seit Dezember 2004 im Aufsichtsrat des FC RWE sitzt. Hempelmann wehrt sich gegen den Vorwurf unlauterer Absprachen. »Dass RWE ... im Aufsichtsrat von Rot-Weiß Essen Kontrollfunktionen wahrnimmt, ist für eine betriebswirtschaftlich optimale Führung eines Profifußballvereins ausgesprochen sinnvoll ...«, rechtfertigt er sich Anfang 2005 in einem Schreiben an die Wochenzeitung *Die Zeit*. Volle Integrität bescheinigen ihm seine Parteifreunde und sind überzeugt: Hempelmanns ehrenamtlicher Job bei Rot-Weiß Essen dürfte ungeachtet der unglücklichen Verquickungen einfacher sein, als die energiepolitischen Interessen der SPD zu vereinen und die Fraktion mit einer Stimme sprechen zu lassen.

Stimmenlos: Verbraucher und Verbraucherministerin

Wo waren die Stimmen der Verbraucher? Haben die Schrecken der Sozialreformen sie erstarren lassen? Sind sie nur noch beschäftigt mit täglicher Schnäppchenjagd? Uninteressiert? Erinnern sie sich nicht mehr an Brokdorf? Grohnde? Krümmel? Neckarwestheim? Ortsnamen wie Schlachtrufe, Chiffren in der Geschichte der deutschen Umweltbewegung – und doch auch Symbole einer anderen Zeit. Einer Zeit nämlich, da die Deutschen sich noch mit den Kräften beschäftigten, die ihre Kühlschränke, Fernseher und Mikrowellengeräte am Laufen halten. Vier von fünf Bundesbürgern, ergab 1988 eine Allensbach-Umfrage, fanden es damals wichtig, wie die Stromversorgung des Landes gesichert wird.

Heute scheinen derlei Fragen niemanden mehr zu interessieren. Und das, obwohl keinesfalls geklärt ist, wie der Strom der Zukunft erzeugt wird. Längst haben die Meinungsforscher aufgehört, nach energiepolitischen Ansichten zu fragen – das Interesse ist einfach zu gering. Weniger als 5 Prozent der Deutschen kaufen klimafreundlichen Ökostrom, der ein paar Cent mehr pro Kilowattstunde kostet als Kohle- und Atomstrom. Im Sommer 2004 jedoch erwachte das Energie-Gewissen der Deutschen für eine kurze Weile – allerdings das ökonomische, nicht das ökologische: als die Strom- und Gaskonzerne bundesweit kräftig zulangten und Preissteigerungen bis zu 18 Prozent ankündigten. Da machten Verbraucherschützer mobil. Hunderttausende Bürger protestierten, schickten Beschwerdebriefe, und einige Tausend verweigerten sogar die Zahlung ihrer Rechnungen, vermeldeten die Verbraucherschützer. Die zuständige Ministerin Renate Künast sagte zu dem ganzen Thema so gut wie gar nichts.

Verbraucher werden nicht zu Spitzengesprächen oder gar Rotweinrunden ins Kanzleramt geladen, obwohl sie die Zeche zahlen. Ob Ökosteuer, Ökoenergieausbau oder Emissionshandel: Immer garantiert die rotgrüne Regierung der (Groß-)Industrie finanzielle Erleichterungen, die zu Lasten privater Verbraucher, Mittelständler, Gewerbebetriebe und Dienstleister gehen, indem die gewährten Rabatte auf deren Gebühren draufgeschlagen werden. Der Verband der Energieabnehmer (VEA), zu dem sich einige Tausend mittelständische Stromverbraucher zusammengeschlossen haben, hält deshalb auch Clements novellierte Energierechtsparagraphen für »wertlos« und »standortschädlich«. Und auch die Verbraucherzentrale Bundesverband (vzbv) meldete sich zu Wort und bezeichnete den Gesetzesentwurf als »Zumutung« und »Gift für die Konjunktur«.

Am wenigsten dürften die rund 5 Millionen Arbeitslosen unter den »nicht privilegierten Verbrauchern« damit einverstanden sein, auf Kosten der Konzerne geschröpft zu werden. Wer jeden Euro seines Arbeitslosengeldes mehrmals umdrehen muss, mag sicher nicht auf Geheiß der SPD die Gewinne der Konzerne finanzieren. Clements Gebührenmodell für den hiesigen Energiemarkt würde die Stromkosten eines durchschnittlichen Haushaltes um rund 17 Euro im Jahr erhöhen, veröffentlichte *Spiegel-online* Berechnungen des Saarbrücker Energiewissenschaftlers Uwe Leprich. Ursache, so ermittelte der Professor, seien die Vergünstigungen, die Clement den Stromerzeugern sowie den Schwergewichten unter den Stromabnehmern, etwa der Aluminiumindustrie, einräumen wolle – ganz so, wie es die Konzerne in ihrem Strategiepapier vom 9. November 2004 gefordert hatten. Diese Maßnahmen würden nach Leprichs Schätzungen etwa 1,4 Milliarden Euro kosten und die Stromkosten eines durchschnittlichen Haushaltes – trotz der Novelle des Energierechts mit dem Ziel von Wettbewerb und fallenden Preisen – um rund 3 Prozent steigen lassen.

Der Genosse der Energie-Bosse

Unter Schröder glänzten die Bilanzen der Energieunternehmen. Obwohl der Umsatz um 1,5 Milliarden Euro auf 42 Milliarden Euro sank, stieg 2004 der Gewinn von RWE um mehr als 10 Prozent auf 2,14 Milliarden Euro gegenüber dem Vorjahr. Konkurrent E.on verbuchte im vergangenen Jahr sogar einen bereinigten Gewinn vor Zinsen und Steuern von 7,36 Milliarden Euro, der Jahresüberschuss betrug 4,34 Milliarden Euro. Die zwei Kleineren im Konzern-Quartett legten ebenfalls zu. Vattenfall Europe wies ein um Sondereinflüsse bereinigtes Betriebsergebnis von 781 Millionen Euro auf, ein sattes Plus von 15 Prozent im Vergleich zum Vorjahr. Geringfügig darunter liegt der Vorsteuer-Gewinn der Energie Baden-Württemberg für 2004: 707 Millionen Euro – ein Plus von 200 Prozent gegenüber dem Vorjahr.

Ist es ein Erfolg der rotgrünen Regierung, dass in ihrer Zeit die Gewinne der Energiekonzerne so sprudeln wie lange nicht? Ist es ein Erfolg des Wirtschafts- und Arbeitsministers, die Bedingungen für Energiekonzerne weiterhin so zu fördern, während diese Arbeitsplätze abbauen und die Investitionen drastisch einschränken? Allein die deutschen Stromversorger strichen nach Angaben ihres Branchenverbandes zwischen 1991 und 2003 etwa 88 000 Arbeitsplätze. Eine Zahl, die Clement als Wirtschafts- und Arbeitsminister in Personalunion eigentlich hätte alarmieren müssen. Gleichzeitig sanken die Investitionen in die Stromnetze von etwa 8 Milliarden Euro im Jahr 1995 auf etwa 2 Milliarden Euro im Jahr 2004.

Nicht, dass der Regierung das Treiben der Konzerne egal gewesen wäre. Angesichts der Strom- und Gaspreiserhöhungen im Sommer 2004, die mitten in die Diskussionen um die Sozialreform Hartz IV trafen, regte das Kanzleramt eine Verständigung mit den Konzernen an. Schließlich wäre der Einsatz der Regierung für sinkende Energiepreise bei den Wählern, vor allem bei den Hartz-IV-Betroffenen, sicher gut angekommen. Das Kanzleramt stellte eine neue Gesprächsrunde in Aussicht – und sagte sie leise wieder ab. Denn E.on hatte als einziger der eingeladenen Großkonzerne einem Preismoratorium zugestimmt, die drei Konkurrenten dagegen ließen ausrichten, sie seien zu keinen Zugeständnissen bereit.

Energiepolitik als Ideologie-Wettstreit

Um ihre Marktanteile zu verteidigen, haben die Unternehmen über Jahrzehnte hinweg dichte Beziehungen zu Ministern, Abgeordneten, Staatssekretären, Landräten und Bürgermeistern, aber auch zu wissenschaftlichen Gutachtern und Beratern aufgebaut. Das Dickicht des Beziehungsnetzes ist praktisch undurchschaubar.

Umso mehr überrascht es, wenn Politiker eigene Standpunkte und Mitgliedschaften selbstkritisch überprüfen und offen legen. Einer von ihnen versteckt sich hinter dem Kürzel: BWE 912. Diese Mitgliedsnummer trug bis zum 3. Januar 2005 der Ministerpräsident Niedersachsens, Christian Wulff (CDU), im Bundesverband Windenergie (BWE). »Ich habe über die Weihnachtstage den Entschluss gefasst, bei Ihnen austreten zu wollen«, schrieb Wulff in den ersten Tagen des Jahres 2005 an BWE-Verbandschef Peter Ahmels. Und zwar »schweren Herzens«. Er bitte, den »förmlichen« Austritt nicht misszuverstehen. »Ich möchte nur frei sein bei der Verfolgung meiner Politik und der von mir maßgeblich zu beeinflussenden Entscheidungen auch in Niedersachsen im Hinblick auf Windparks im Meeresbereich, wie auch im Küstenbereich, wie auch zu den notwendigen Trassen«. Wulff war als Privatperson »aus innerer Überzeugung« dem Windverband beigetreten. Aber der von der rotgrünen Bundesregierung forcierte Bau von Windparks auf See, die die Leistungen konventioneller Kraftwerke erreichen, hat nicht nur Freunde. Deshalb haben es bekennende Befürworter zuweilen schwer. »Zwischenzeitlich häufen sich wieder die Angriffe auf mich auf verschiedenen Internetseiten im Bereich der Gegner der Windkraft, ich würde eigene Interessen verfolgen. Die Tatsache, dass ich sehr lange bekennender Anhänger eines Windkraftverbandes bin, wird dabei inzwischen auch herangezogen. Ganz offenkundig können sich viele nicht vorstellen, dass man aus Sympathie als Privatperson Mitglied ist und nicht als Unternehmen oder Betreiber«, schreibt Wulff.

Christian Wulff geriet unversehens in den Streit um die Energiepolitik der Zukunft. Denn wenn die Konzernchefs im Kanzleramt vorstellig werden, wird mehr denn je auch um die Rohstoffe zur Energiegewinnung gestritten: Öl, Steinkohle, Braunkohle, Erdgas, Biogas, Holz, Pflanzen, Erdwärme, Wind und Sonne. Vielleicht machte sich der CDU-Politiker mit seinem Austritt aus dem Windverband den Weg in seine politische Zukunft ein bisschen mehr frei. Mit seinem sanften Austritt könnte sich Wulff die Stimmen sowohl der Windkraftbefürworter als auch der Windgegner sichern.

Noch liegt der milliardenschwere Markt, in dem wenige

Konzerne den Löwenanteil abräumen, angekettet in den Strukturen der Vergangenheit. Noch wird Kohle ohne Ende verheizt. Rund 26 Prozent des Stromes wurden 2004 aus dem einheimischen Energieträger Braunkohle gewonnen, aus subventionierter Steinkohle 22 Prozent. Atomkraftwerke steuerten 28 Prozent bei, erneuerbare Energien knapp 10 Prozent. Neben Atomkraft ist Braunkohle am heftigsten umstritten. Für sie spricht, dass sie die nächsten 100 Jahre ausreicht. Das bietet »Versorgungssicherheit«, sagen die Braunkohlenverstromer. Dagegen spricht: Braunkohle heizt die Atmosphäre mit dem Klimakiller Kohlendioxid auf wie kein anderer Rohstoff. Dafür spricht: Braunkohle gibt Tausenden im Ruhrgebiet und in Ostdeutschland Arbeit. Dagegen: Der Braunkohle müssen die Menschen weichen, deren Dörfer abgebaggert werden. Noch wird über die Zukunft heftig gestritten.

Die Zahl derer, die mitreden wollen, ist heute viel größer als Anfang der fünfziger Jahre, als der Euratom-Vertrag Atomstrom zur Energie der Zukunft erklärte. Gleichzeitig brechen die jahrzehntealten, traditionellen Denk- und Monopolstrukturen auf. Die Entscheidungen, die zu treffen sind, wiegen schwerer im Neuland des Wettbewerbs, im Maßstab der Europäischen Union, im Zuge der fortschreitenden Globalisierung. Umso wichtiger wäre es gewesen, dass der Kohlemann Clement die Energiemarktreform gemeinsam mit – und nicht gegen – den grünen Strukturpolitiker Trittin vorangetrieben hätte.

Die Wirtschaft knüpfte die eigenen längst fälligen Investitionsentscheidungen an die neuen Paragraphen. Bis 2020 müssten viele neue Kraftwerke gebaut werden, um rohstofffressende und klimaschädliche Meiler und die Kernkraftwerke, die laut rotgrünem Atomausstiegsgesetz vom Netz gehen sollen, zu ersetzen. Doch die Konzerne pokern, mit welchen Kraftwerken das meiste Geld verdient werden kann – und ob sich nicht in Osteuropa noch mehr Geld verdienen lässt als im Heimatmarkt. Werden sich die fossilen Hardliner in Wirtschaft (und Politik) durchsetzen, die mit der grotesken Logik einer »langfristig sicheren Versorgung« auf Kohle statt auf Klimaschutz setzen? Den Widerspruch zwischen Klimaschutz und Wirtschaftswachstum weiter pflegen und zementieren? Welche Rolle spielt künftig der neue SPD-Umweltminister Sigmar Gabriel, der deutlicher noch als sein grüner Vorgänger vor Klimakatastrophen warnt und weltweit den Bau der Ökostromfabriken beschleunigen will? Und was erreicht der britische Premierminister Tony Blair, der auf den G8-Treffen unter seiner Präsidentschaft im Jahr 2005 klimafreundliche Technologien als Wachstumsmotor der Wirtschaft promotet? Was können die Umweltverbände erreichen? Und was wollen die Verbraucher? Noch bauen sich immer mehr Familien Sonnenstromanlagen aufs Dach. Noch plant die Regierung riesige Offshore-Windparks. Aber wie viel Investitionen in Ökoenergien wird es geben, wenn sich die Welt nicht auf neue Klimaschutzziele einigt?

Die jetzige Energiemarktreform zeigte, dass das Interessengewerbe mächtiger ist denn je. Die Vielzahl der Lobbys machte den Gesetzgebungsprozess zwar transparenter. Aber das Ergebnis ist ein Labyrinth aus Paragraphen und Verordnungen, das nur noch diejenigen überblicken können, die »die inhaltliche Führung« hatten.

»Das Gesetz wird nicht lange überleben«, prophezeit der SPD-Mann Hermann Scheer, bestens bewandert in vielen Jahren parlamentarischer Rituale. 116 Paragraphen haben die Referenten im Wirtschaftsministerium gebastelt. Bis zu 19 Verordnungen sollen die Einzelheiten zu diesen Paragraphen regeln. Jedes Partikularinteresse will geregelt sein – es gibt Regeln für die Regeln. Damit nähert sich die Regierung bedrohlich dem von Sartre beschriebenen Desaster.

8
Bonn – Lobbyismus alter Schule

Patriarchen. Konsensrunden. Verbändestaat.
Die Macht der Wirtschaftslobby
von Adenauer bis Kohl.

Als der Bundeskanzler 1945 sein erstes Domizil bezog, standen folgende drei Worte über dessen Eingang: Museum Alexander König. Das provinzielle Bonn war auf seine neue Rolle als Bundeshauptstadt nicht vorbereitet, und so zog Konrad Adenauer nach seiner Wahl zunächst ins Zoologische Museum ein.

Erst Monate später stand das Palais Schaumburg bereit, ein nahe gelegenes, fast hundert Jahre altes Herrenhaus. Bilder aus den fünfziger Jahren zeigen Adenauer in seinem dortigen Arbeitszimmer, wie er auf einem Sessel mit hoher, gepolsterter Rückenlehne und hölzernen Armlehnen sitzt. Vor ihm auf dem zierlichen Schreibtisch stehen eine stoffbezogene Lampe, dazu Globus, Schreibset und Sprechanlage: ein herrschaftliches Zimmer mit zutiefst bürgerlicher Note.

Später schrieb Konrad Adenauer in seinen dreibändigen »Erinnerungen« auf, was ihn in diesen Bonner Jahren bewegt hat: die Wiederbewaffnung, die Alliierten, das Ringen um die Souveränität der Bundesrepublik. Nur über die Wirtschaft verliert er kaum ein Wort. Adenauer zitiert Briefe des britischen Außenministers Anthony Eden, und auf dessen amerikanischen Amtskollegen John Foster Dulles bezieht er sich, sooft es ihm nutzt. Auch das eine oder andere eigene Schriftstück veröffentlicht er. Seine Korrespondenz mit Managern und Unternehmern, seine Treffen mit ihnen – die übergeht er fast vollständig.

Warum? So wichtig dem ersten Bundeskanzler die Außenpolitik gewesen sein mag: Für den jungen Staat war es die Zeit des Wiederaufbaus, der neuen Währung und der beginnenden sozialen Marktwirtschaft. Diese drei Parameter begründen den Mythos vom Wirtschaftswunderland, und jede damit einhergehende Entscheidung hat Adenauer mit Vertretern der Wirtschaft diskutiert.

Nicht von ungefähr verzeichnet die Besucherkartei des Bundeskanzleramts zwischen 1949 und 1963 mehr als hundert Besuche von Hermann Josef Abs, einem schon im »Dritten Reich« bedeutenden Bankmanager, der nach dem Krieg so einflussreich wurde wie kein anderer. Abs, das Finanzgenie, Abs, der Vorstandsvorsitzende der Kreditanstalt für Wiederaufbau, Abs, der Sprecher des Vorstands der Deutschen Bank, Abs, der Aufsichtsrat von mehreren Dutzend Unternehmen.

Der Bundeskanzler verzichtete nicht auf den Mann an den Schaltstellen der Wirtschaft. Er lud ihn ins Kabinett ein und berief ihn 1949 in einen beratenden Ausschuss, dem außer Abs nur noch drei Bundesminister, ein mit Adenauer vertrauter CDU-Mann sowie die beiden führenden Köpfe der Bank deutscher Länder (der Vorgängerin der Bundesbank) angehörten. Der Kanzler fragte Abs um Rat, wenn es um das Kartellrecht, Fragen der internationalen Geldpolitik und die Auslandsschulden ging. Und wenn es der Sache diente, dolmetschte der Manager auch für den Bundeskanzler bei Zusammenkünften mit ausländischen Gesandten. Nicht umsonst schrieb das Nachrichtenmagazin *Spiegel,* Abs sei der »Erzengel des bundesrepublikanischen Großkapitals«.

Obwohl der Manager den Weg zum Amtszimmer des Bundeskanzlers im Palais Schaumburg wahrscheinlich mit geschlossenen Augen gefunden hätte, erntete er in Adenauers »Erinnerungen« nur ein paar Nebensätze.

Diese weitgehende Verschwiegenheit lässt sich nur durch die traditionelle Scheu erklären, das Miteinander von Politik und Wirtschaft öffentlich zu zeigen. Wenn ein Bundeskanzler den britischen Außenminister traf, gehörte das zum politischen Alltag. Wenn er hingegen mit einem Unternehmer sprach, warf es Fragen auf: Hat die Wirtschaft zu viel Einfluss? Und wenn ja, wie viel? Wie eng war das Verhältnis zwischen den mächtigsten Politikern und den einflussreichsten Männern der Unternehmenswelt?

Im folgenden Kapitel wird die Entwicklung des Lobbyismus in der Bundesrepublik von ihrer Gründung bis zum Umzug von Bonn nach Berlin beschrieben. Wo herrschte Nähe zwischen politischer und wirtschaftlicher Elite? Wer zog die Strippen? Wo blieb ein Rest an Distanz? Und wie veränderte sich das Miteinander – je nach Regierung? Daraus lässt sich der Einfluss ableiten, den die Wirtschaft auf die Politik und damit auf das Land genommen hat. Und wie sich das Heute vom Damals unterscheidet.

Lobbyismus im »Rheinischen Kapitalismus«

Schon vor dem Kriegsende trafen sich politisch Aktive und Unternehmer in bürgerlichen Zirkeln, um über die Zukunft nach der Niederlage zu diskutieren. Mit dem 8. Mai 1945 begannen sie sich zunächst regional und später über die westlichen Besatzungszonen hinweg zu organisieren. Hinzu kamen Kriegsheimkehrer und viele Anhänger des Nationalsozialismus, die einem Berufsverbot durch die Alliierten entgehen konnten. So fand sich, nach und nach, die polit-ökonomische Elite des Landes, deren gemeinsames Interesse ein nationales war: politischer Neuanfang und Wiederaufbau – und eine möglichst rasche Rückkehr der westdeutschen Wirtschaft auf die internationale Bühne.

Der Bankier Hermann Josef Abs sagte oft, sein Handeln und das vieler anderer diene in der Bundesrepublik dem Ziel, »Dinge, die der Ordnung bedürfen, in Ordnung zu halten oder zu bringen«,[27] was unter dem Leitgedanken »Konsens statt Konflikt« geschehen müsse. Für diese Haltung und die daraus resultierende Beziehung zwischen Wirtschaft, Politik und Gewerkschaften entstand der Begriff vom »Rheinischen Kapitalismus«. Der Bundeskanzler Konrad Adenauer und der Bankmanager Hermann Josef Abs verkörpern diesen »Rheinischen Kapitalismus« geradezu idealtypisch.

1876 in Köln geboren, war Adenauer ein Kind des noch jungen Deutschen Kaiserreiches unter Kaiser Wilhelm I. Aus bürgerlichen Kreisen stammend, entschied sich der junge Adenauer für ein Jura-Studium, das er fast noch im 19. Jahrhundert beendete. Lange vor dem Ersten Weltkrieg ließ er sich dann als Anwalt in Köln nieder, wurde bald zum Beigeordneten der Stadt und 1917 zum Kölner Oberbürgermeister gewählt. Er gehörte von Anfang an zur politischen Elite der Weimarer Republik und wurde auch deshalb von den Nationalsozialisten 1933 sofort abgesetzt.

Sein Verhältnis zur Wirtschaft und ihren Managern war von Beginn an ein pragmatisches. Er verstand ihre Zwänge und ihre Motive, er wusste um die Bedeutung der Unternehmen für Arbeitsplätze, Wohlstand und sozialen Frieden. Manager, die ihre wirtschaftlichen Ziele mit einem gesellschaftspolitischen Ziel zu verbinden verstanden, fanden bei ihm ein offenes Ohr.

Das ändert sich auch nach dem Zweiten Weltkrieg nicht. Im Großen und Ganzen befürwortet Adenauer die Marktwirtschaft mit staatlichen Eingriffen, die er 1951 mit den Worten rechtfertigt: Man müsse sich »nach den Verhältnis-

27 Günter Gaus: Hermann Josef Abs. Organist an den Registern wirtschaftlicher Macht, in: Günter Gaus: Zur Person. Porträts in Frage und Antwort, 2. Band, München 1966, S. 38.

sen richten«, »man solle ... kein Prinzip zu Tode reiten«.[28] Und so kommt es, dass sich Manager und Verbandsvertreter gerne an den Bundeskanzler wenden. Er ist ihnen näher als der prinzipienfeste Wirtschaftsminister Ludwig Erhard.

Hermann Josef Abs war 25 Jahre jünger als Adenauer und hatte im Gegensatz zum Bundeskanzler eine steile Karriere im Dritten Reich hinter sich. Zwar war Abs kein aktiver Nationalsozialist, ganz sicher aber ordnete der junge Manager unglaublich viel seiner Arbeit unter. Er war Karrierist und Nationalist. Für Abs stand die Nation im Mittelpunkt, für deren »Schicksal« nicht der Kampf um das politische System entscheidend war, sondern »die Wirtschaft«. Als »geistiger Anhänger der Politik Stresemanns«, wie er sich selbst bezeichnet, glaubt Abs an die »Idee einer wirtschaftlich fundierten und vorangetriebenen deutschen Großmachtspolitik«.[29] Zwar hätte er diesen Weg am liebsten »im Zusammenwirken mit den großen Industrienationen des Westens« verfolgt, doch hat ihn dieser Wunsch nicht daran gehindert, die Expansion auch unter den Nationalsozialisten voranzutreiben.

Kanzler und Bankier stammen aus bürgerlichen Familien im Rheinland und insofern stehen sie »in enger, landsmannschaftlicher, konfessionell und durch ähnliche Herkunft fundierter Verbindung«,[30] wie Lothar Gall schreibt. Das erste Mal trafen Adenauer und Abs im Juni 1945 in Köln zusammen.[31] Sie waren von zwei miteinander strei-

28 Günther Schulz: Adenauer in seinem Verhältnis zu Wirtschaft und Gesellschaft, in: Anselm Doering-Manteuffel/Hans-Peter Schwarz (Hg.): Adenauer und die deutsche Geschichte, Bonn 2001, S. 70f.
29 Gaus: Hermann Josef Abs, S. 40.
30 Lothar Gall: Der Bankier. Hermann Josef Abs. Eine Biographie, München 2004, S. 12.
31 Vgl. Hermann Josef Abs: Konrad Adenauer und die Wirtschaftspolitik der fünfziger Jahre, in: Konrad Adenauer und seine Zeit, hg. von Dieter Blumenwitz et al., Stuttgart 1976, S. 229.

Hermann Josef Abs

1901 als Sohn eines Bonner Rechtsanwalts geboren, gelingt Abs ein unglaublich schneller Aufstieg in der Bankbranche. Mit nur 35 Jahren wird er in den Vorstand der Deutschen Bank berufen. Dort verantwortet er – auch während des Zweiten Weltkriegs – das Auslandsgeschäft, reist durch die eroberten Gebiete und organisiert die Expansion der Deutschen Bank. Hinzu kommen mehr als fünfzig Mandate in inländischen und ausländischen Aufsichts- und Verwaltungsräten, wobei er Rüstungskonzerne wie die Deutsche Waffen- und Munitionsfabriken AG, die Varta AG und mehrere andere Gesellschaften der Quandt-Familie kontrolliert. Weitere Mandate hat er beim Stromversorger RWE, bei der Kaufhauskette Karstadt und dem Chemiekonzern I. G. Farben.
Selbst wenn Abs nie die Nähe zu den Nationalsozialisten gesucht hat oder aktiv für ihre Ziele und Ideen eingetreten ist, im Gegenteil sogar lockere Kontakte zum Widerstand um Claus Graf Schenck von Stauffenberg unterhielt: Er diente den Nationalsozialisten, indem er den Einflussbereich der Deutschen Bank in den eroberten Gebieten durch Übernahmen und Beteiligungen vergrößerte, die oft erst durch den Druck der NS-Statthalter zustande gekommen waren. So half die Bank wiederum der deutschen Wirtschaft, die »neuen Märkte«, etwa in Südosteuropa und auf dem Balkan, zu erschließen und damit letztlich die Herrschaft der Nationalsozialisten zu stabilisieren.
Jahrzehnte später hat der Bankier gegenüber der Zeitung *Die Welt* gesagt, wenn er etwas korrigieren könnte, dann würde er »wahrscheinlich nachträglich gesehen im Widerstand in einer Periode der Vergangenheit

eindeutiger und risikobereiter sein«.[32] Doch was das bedeutet hätte, ließ er offen.
Nach dem Zweiten Weltkrieg muss Abs zunächst ein drei Jahre dauerndes Entnazifizierungsverfahren überstehen, wodurch der größte Teil seines Vermögens eingefroren ist. Also zieht er sich auf ein Landgut im rheinischen Remagen zurück und schreibt Briefe, Essays und Denkschriften, wie die Wirtschaft und die Finanzwelt wieder zu beleben seien.
Ansonsten widmet er sich dem »Land- und Obstbau«. Da erkenne er, »wie abhängig man von den höheren Mächten ist, Temperatur, Feuchtigkeit, und Sonne«, schreibt er einmal. Doch lange mag er die Ruhe von Remagen nicht genießen. Das passt nicht zu ihm. Sobald er als wenig belastet eingestuft wird und wieder arbeiten darf, engagiert sich Abs viele Jahre für den Wiederaufbau und alle Fragen der Wirtschaftspolitik. Darüber hinaus versucht er, die nach dem Krieg von den Alliierten verfügte Zerschlagung der Großbanken rückgängig zu machen. Es gelingt ihm 1957 und führt ihn für zehn Jahre an die Spitze der wiedervereinigten Deutschen Bank.
In dieser Funktion übernimmt der Manager eine immense Zahl von Aufsichtsratsmandaten. Er zieht in das Kontrollgremium der aus der I. G. Farben hervorgegangenen BASF ein, dazu in den Verwaltungsrat der Deutschen Bahn sowie die Aufsichtsräte der Daimler-Benz AG und vieler weiterer Industriebetriebe.[33]
Im Jahr 1969 leitet er schließlich 21 Aufsichtsräte, sitzt in anderen als einfaches Mitglied und kontrolliert

32 Gall: Der Bankier, S. 122.
33 Vgl. Gall: Der Bankier, S. 228.

auch noch mehrere staatliche Unternehmen, unter ihnen die Deutsche Lufthansa und die früher von ihm geleitete Kreditanstalt für Wiederaufbau.[34]

tenden Aktionärsgruppen gebeten worden, einen Kompromiss für die Zukunft des Stromversorgers RWE zu suchen und zu klären, wie viel Einfluss die von Adenauer vertretenen kommunalen Aktionäre künftig noch besitzen sollen. Bald tauschten sich die beiden über sehr viel mehr Themen aus. Der Politiker lernte den Manager als weitsichtigen Ökonomen schätzen, der allerdings auch ein geschmeidiger Taktiker und ein manchmal beunruhigend erfolgreicher Lobbyist in eigener und fremder Sache war.

Trotzdem fasste Adenauer Vertrauen zu Abs. Die Aufgaben beim Aufbau des jungen Staates waren so groß und so vielfältig, dass Experten wie der Manager gern gesehene und dringend gesuchte Gesprächspartner waren: Wie soll eine Bundesbank aussehen? Welche Geldpolitik ist erstrebenswert? Welche Struktur braucht die deutsche Bankenbranche? Welches Ziel sollte eine Europäische Wirtschaftsgemeinschaft (EWG) haben, die 1957 in den Römischen Verträgen vertraglich besiegelt wurde und aus der inzwischen die heutige EU entstanden ist? Muss Europa die Atomenergie in einer Grenzen überschreitenden Forschungsgemeinschaft (Euratom) erkunden? Und wie soll sich die Bundesrepublik verhalten, wenn der Dollar unter Druck gerät wie in den sechziger Jahren?

1952 machte Adenauer den Bankmanager sogar zu einem Vertreter deutscher Interessen, zu einem Gesandten der Bundesrepublik. Auf der Londoner Schuldenkonferenz sollte er darüber verhandeln, wie und in welcher Höhe die Bundesrepublik ihre Auslandsschulden bedienen

34 Vgl. Gall: Der Bankier, S. 250.

werde. Es war eine große Aufgabe für den Manager, denn von dem Ergebnis der Vereinbarung hingen damals die Kreditwürdigkeit des jungen Staates und damit auch die Chancen der wirtschaftlichen Erholung ab. Gleichzeitig war jedoch absehbar, dass die Belastung für den Bundeshaushalt in jedem Fall enorm sein würde. Was Abs als Repräsentanten auf der Schuldenkonferenz erwartete, fasste der damalige Bundesfinanzminister Fritz Schäffer in das Bonmot: »Wenn Sie es gut machen, werden Sie an einem Apfelbaum, wenn Sie es schlecht machen, an einem Pflaumenbaum aufgehängt.«[35] So reiste der Bankier nach London und einigte sich nach monatelangen Verhandlungen mit den Vertretern der Gläubigerstaaten auf die Summe von 14,5 Milliarden Mark, die in Raten von zunächst 567 Millionen Mark jährlich abgetragen werden sollte. Es war ein für die Bundesrepublik sehr günstiger Abschluss.

Viele Themen bespricht der Bundeskanzler mit verschiedenen Wirtschaftsführern, mal im Zwiegespräch und mal in diversen Runden mit Unternehmern, Managern und Ministern. Eine von ihnen ist das so genannte »Wirtschaftskabinett«, das von 1950 an existiert,[36] eine andere der später gegründete »Kleine Kreis«. Auf diese Weise entsteht große Nähe – und Einfluss der Wirtschaft auf die Politik. Dass sich Adenauer der Ergebnisse solcher Treffen später bedient, ist überliefert. Abs ließ einmal verlauten, für ihn würden beim Bundeskanzler »in späteren Äußerungen, in Reden und im Parlament Ansichten und Urteile deutlich, die das Ergebnis solcher … Aussprachen waren«.[37]

Im »Kleinen Kreis«, zu dem Abs vom Bundeskanzler schriftlich eingeladen wurde, kamen unter anderem Ulrich Haberland (Bayer-Werke), Wilhelm Haspel (Daimler-Benz

35 Gall: Der Bankier, S. 198.
36 Vgl. Abs: Konrad Adenauer und die Wirtschaftspolitik der fünfziger Jahre, S. 244.
37 Gall: Der Bankier, S. 244.

AG), Karl Neuenfelder (Brown, Bowery & Co.), Richard Merton (Frankfurter Metallgesellschaft) und Rolf Rodenstock (Besitzer des gleichnamigen optischen Werkes in München) zusammen.[38] Zu ihnen gesellten sich Robert Pferdmenges, ein mit Adenauer eng vertrauter CDU-Abgeordneter und Kölner Bankier, Fritz Berg, Präsident des BDI, Albert Schäfer, der Präses der Hamburger Handelskammer, und Otto Seeling, der Vorsitzende des Landesverbandes der Bayerischen Industrie, sowie Richard Uhlemeyer, der Präsident des Zentralverbandes des Deutschen Handwerks.[39]

Wie eng das Netzwerk der wirtschaftlichen und politischen Elite in den ersten Jahrzehnten war, wie sehr die wichtigsten Männer im Staat miteinander verbunden waren und sich verbunden fühlten, zeigt die Karriere des damaligen Vorstandsvorsitzenden der Phoenix-Gummiwerke AG in Hamburg-Harburg exemplarisch: Otto A. Friedrich arbeitete nicht nur als Manager, sondern engagierte sich im BDI-Präsidium. Später wechselte er auf den Präsidentenposten der Bundesvereinigung der deutschen Arbeitgeberverbände (BDA). Darüber hinaus wurde Friedrich während der Korea-Krise in den Jahren 1950/51 zum staatlichen Rohstoffbeauftragten ernannt. Wenn er gerufen wurde, beriet er die Bundesregierung auch im »Kleinen Kreis«, wo er auf Hermann Josef Abs traf, der ihn wiederum als Aufsichtsrat bei Phoenix kontrollierte.

Die erste Nachkriegsgeneration konnte auf ein gut funktionierendes Netzwerk zurückgreifen: Es bestand aus persönlichen Beziehungen, gegenseitiger Verpflichtung, wenn nicht sogar Abhängigkeit, wobei Abs über andere Persönlichkeiten hinausragte. Er witzelte nicht von ungefähr über seine Bedeutung in der deutschen Wirtschaft: »A wie Abs, b wie Abs und s wie Abs«.

38 Vgl. Gall: Der Bankier, S. 244.

39 Historisches Archiv der Deutschen Bank, 1/1996, zitiert nach Gall: Der Bankier, S. 476.

Wo Adenauer und Erhard Grenzen setzten

Auf den ersten Blick gab es in jenen frühen Jahren keine rechte Distanz zwischen politischer und ökonomischer Elite. Doch Erhard und Adenauer setzten den Einflussversuchen der Unternehmer und Manager durchaus Grenzen. Beispielsweise bei der Höhe der finanziellen Entschädigung, die die Bundesrepublik an Israel leisten musste und wollte. Die Verhandlungen darüber fielen in die gleiche Zeit wie die Londoner Schuldenkonferenz.

Nachdem Adenauer sich gegenüber Ben Gurion, dem damaligen israelischen Ministerpräsidenten, und Nahum Goldmann, dem Vorsitzenden der aus 52 jüdischen Organisationen entstandenen »Conference on Jewish Material Claims against Germany« (Jewish Claims Conference), grundsätzlich zu einer Zahlung von mehr als einer Milliarde Dollar bereit erklärt hatte, intervenierte Abs beim Kanzler. Er versuchte die Angelegenheit an sich zu ziehen, um über die Forderungen möglichst erst in fernerer Zukunft zu entscheiden. Abs sah seine Strategie für die Londoner Schuldenkonferenz bedroht, denn dort wollte er die Auslandsschulden der Bundesrepublik drücken, indem er auf die begrenzte finanzielle Leistungsfähigkeit seiner durch den Krieg gebeutelten Nation verwies. Für den Ökonomen hatte die wirtschaftliche Erholung des Landes oberste Priorität, die Entschädigungszahlungen kamen bei ihm erst an zweiter Stelle. Doch der Kanzler ließ sich durch Abs' Forderung nicht beirren. »Wie immer unsere Finanzlage auch war, es erschien mir als die vordringlichste Verpflichtung, die Verhandlungen mit den jüdischen Vertretern zu einem befriedigenden Abschluss zu bringen«,[40] ist in Adenauers Erinnerungen zu lesen. Für ihn

40 Konrad Adenauer: Erinnerungen 1953–1955, Frankfurt/Hamburg 1968, S. 139f.

stand außer Frage, dass »die politischen Gesichtspunkte Vorrang vor allen wirtschaftlichen und finanziellen Erwägungen« hatten.

Einer ähnlichen Linie folgte der Bundeswirtschaftsminister Ludwig Erhard. Der frühere Wirtschaftsprofessor favorisierte nach dem Zweiten Weltkrieg liberale Ideen für die Wirtschaftsordnung der Bundesrepublik. Er, der gern mit streng zurückgekämmtem Haar und oft genug mit dicker Zigarre auftrat, glaubte, dass der Wiederaufbau gelingen könne, wenn man den Menschen nur die nötige Freiheit gebe und diese dann erhalte. Diese ordnungspolitischen Grundsätze verteidigte er vehement, wenn es sein musste sogar gegen die von ihm sonst so geschätzte Wirtschaft.

Als Erhard Anfang der fünfziger Jahre den Entwurf für ein Gesetz gegen Wettbewerbsbeschränkungen vorbereitete, wollte der Bundesverband der Deutschen Industrie (BDI) das darin enthaltene umfassende Kartellverbot nicht akzeptieren. Ganze Industrien – seien es Stahl-, Rüstungs- oder Finanzkonzerne – hatten sich seit der Weimarer Republik an diese Art des kollektiven Handelns gewöhnt. Das Gesetz bedeute »tief einschneidende Staatseingriffe in die unternehmerische Freiheit«,[41] behauptete damals die mächtige Industrielobby. Es verbiete bis dahin übliche Absprachen zwischen Unternehmen oder ermögliche sie nur noch nach erheblichem bürokratischen Aufwand.

Erhard wurde heftig von den Gegnern des Kartellverbots angegriffen, die den Gesetzesentwurf mit allen Mitteln zu verhindern oder zumindest abzuschwächen suchten. Wie hart es dabei zuging, zeigt eine Anekdote aus dem Jahr 1954. Erhard hatte seinen Gesetzesentwurf mit einem grundsätzlichen Kartellverbot schon durch das Kabinett

41 BDI-Jahresbericht 1957/58, zitiert nach: Werner Bührer (Hg.): Die Adenauer Ära. Die Bundesrepublik Deutschland 1949–1963, München 1993, S. 225.

gebracht, da wollten einige Mitglieder des BDI-Präsidiums darüber diskutieren, ob sie der CDU künftig Unterstützungsgelder verweigern, »falls die Regierung auf allen Gebieten von Kartellen bis Steuern wirtschaftsschädigende Maßnahmen ergreift«, wie es beim BDI hieß. Übersetzt heißt das wohl: Keine Spenden für die CDU, die dringender auf die Überweisungen aus der Wirtschaft angewiesen war als die SPD, weil die Sozialdemokraten erstens mehr Mitglieder hatten und zweitens mit Druckereien und Zeitungen Geld verdienten. Die Industrielobbyisten erzielten einen Teilerfolg: Die Verabschiedung des Gesetzes wurde noch einmal aufgeschoben.

Gleichwohl blieb Erhard bei seiner Haltung: »Kartelle sind in einer Marktwirtschaft nach ihrer inneren Logik dieses Systems artwidrige Fremdkörper«, sagte er 1955 im Bundestag. »Wer den staatlichen Dirigismus als Lenkungsinstrument im wirtschaftlichen Leben ablehnt, kann nicht zugleich die kollektive Steuerung der Wirtschaft durch Kartelle gutheißen oder gar als nützlich und notwendig erachten. Wer im Kollektivismus politische, soziale und gesellschaftswirtschaftliche Gefahren erblickt, kann nicht gleichzeitig Kartelle als eine besondere Spielart kollektivistischen Geistes verteidigen wollen.«[42] Er, Erhard, werde die Kartelle brechen und den Wettbewerb fördern, der Wirtschaft aber innerhalb dieser Ordnung möglichst viel Freiheit lassen.

Die Diskussionen tobten derweil weiter. Im Wirtschaftsministerium wie auch im BDI gab es unterschiedliche Positionen, später Kompromisslinien. Am Ende gingen BDI-Präsident Fritz Berg und Wirtschaftsminister Ludwig Erhard wieder auf Konfrontationskurs. Der BDI wollte allenfalls eine Missbrauchskontrolle akzeptieren und ver-

42 Ludwig Erhard: Rede im Deutschen Bundestag vom 26. März 1955, zitiert nach: Bührer: Die Adenauer Ära, S. 222f.

suchte den Bundeskanzler von seiner Position zu überzeugen. Zwischenzeitlich brachte der BDI sogar die Mehrheit der Länder auf seine Seite und schaffte es schließlich, dem Wirtschaftsminister einige Zugeständnisse abzuringen. So wurde in den Gesetzesentwurf aufgenommen, dass Preisempfehlungen bei Konjunkturkrisenkartellen erlaubt sein sollten.[43]

Offenbar drohte die Wirtschaft trotzdem ein weiteres Mal, der CDU die finanzielle Unterstützung zu entziehen und sie im Bundestagswahlkampf 1956 empfindlich zu schwächen. In einem Brief an Adenauer deutete der Wirtschaftsminister zumindest an, dass »Aktionen in Vorbereitung wären, die Sie unter dem Druck der Entziehung von Wahlgeldern dazu bewegen sollen, gegen Maßnahmen der Wirtschaftspolitik Stellung zu nehmen oder diese zu vereiteln«.[44]

Adenauer verschob daraufhin die Abstimmung bis nach der Wahl. Erst dann verabschiedete der Bundestag schließlich das Gesetz, bei dem sich Erhard mit seinem Prinzip des Kartellverbots durchsetzte.

Patriarchen nehmen Abschied

Das vertraute Miteinander, die Gespräche im »Kleinen Kreis«, der direkte Draht vieler Manager und Unternehmer in die Bundesregierung hielt bis weit in die sechziger Jahre hinein. Es herrschte Nähe – so viel Nähe, dass jeder Konflikt der Bundesregierung mit der Wirtschaft etwas Besonderes

43 Vgl. Volker R. Berghahn/Paul J. Friedrich: Otto A. Friedrich, ein politischer Unternehmer: sein Leben und seine Zeit, 1902–1975, Frankfurt 1993, S. 129ff.

44 Theodor Eschenburg: Das Jahrhundert der Verbände. Lust und Leid organisierter Interessen in der deutschen Politik, Berlin 1989, S. 116.

war. Das Primat der Politik setzte Adenauer nur dann durch, wenn er es mit seinem feinen Gespür für die Macht für nützlich hielt – oder wenn er in wenigen Fällen seine tiefsten weltanschaulichen oder religiösen Überzeugungen berührt sah. Auf der anderen Seite verstanden sich Manager wie Abs »als eine Art Sprecher der ›Deutschland AG‹, als Wortführer nicht nur der deutschen Wirtschaft, sondern des gesamtgesellschaftlichen und gesamtstaatlichen Zusammenhangs, in den diese (Wirtschaft) eingebettet war«.[45] Sie einte das Ziel, die Folgen des Zweiten Weltkriegs so schnell wie möglich zu überwinden.

Derweil hatten es sich viele Minister, Abgeordnete und weniger prominente Vertreter von Unternehmen und Verbänden im Alltag des Wirtschaftswunders gemütlich gemacht. Wie es in der Kleinstadt Bonn nicht anders zu erwarten ist, lagen ihre Lieblingsorte nah beieinander.

Die Interessenvertreter der Kernenergie trafen sich – egal ob die CDU (bis 1966), die große Koalition (bis 1969) oder die Sozialliberalen regierten – im »Königshof«, um sich bei Bier und Weißwein auszutauschen. Unterdessen genoss der damalige Oppositionspolitiker und spätere Bundeskanzler Willy Brandt (SPD) viele Abende im »Maternus«, wo die Wirtin Ria ihre Stammgäste duzte und die liebsten unter ihnen mit einem Willkommenskuss beglückte. Im Sommer servierte sie sogar im Garten, und wer es sich besonders gut gehen ließ, bestellte ein Drei-Gänge-Menü aus gebackenem Camembert, Leber »Berliner Art« und Pfirsich Melba.

So hatte die Republik ihren Rhythmus gefunden. Doch gleichzeitig begannen sich im Untergrund unaufhaltsam die politischen Kontinentalplatten zu verschieben. Je länger Adenauer und Abs wirkten, desto mehr Kritik riefen sie hervor. Die Patriarchen der Gründerzeit konnten in den

45 Gall: Der Bankier, S. 233.

sechziger Jahren keinen uneingeschränkten Respekt mehr von den nächsten Generationen erwarten. Statt »dankbar zu sein«, fingen die einen an, nach der Vergangenheit der Väter und Großväter zu fragen. Für andere wurden Wohlstand und Frieden zu einer Alltäglichkeit. Sie träumten vom ersten Auto, von der ersten Waschmaschine und der ersten Reise in den Süden, während der Krieg und seine Folgen zu verblassen begannen.

Die großen alten Männer der Republik verließen die politische Bühne – Adenauer 1963 aus Altersgründen, Erhard nach deutlichen Stimmverlusten der CDU im Jahr 1966. Abs wechselte 1968 in den Aufsichtsrat der Deutschen Bank. Und mit dem politischen Wandel veränderte sich auch das Miteinander zwischen Wirtschaft und Politik, wie ganz deutlich Karl Schillers »Konzertierte Aktion« am Ende der sechziger Jahre zeigt.

Die große Zeit der Arbeitnehmerlobby

Karl Schiller (SPD) hatte 1966 in der Regierung der großen Koalition das Amt des Bundeswirtschaftsministers übernommen und schrieb in den darauf folgenden Monaten sein politisches Konzept im »Stabilitäts- und Wachstumsgesetz« nieder. Und weil er nicht warten wollte, bis dieses Gesetz das parlamentarische Verfahren durchlaufen hatte, lud er schon im Februar des Jahres 1967 Arbeitnehmer- und Unternehmerverbände, Vertreter des Sachverständigenrates und der Bundesregierung zu einem ersten Gespräch ein.

Seinen kühnen Plan betitelte er mit dem Begriff der »Globalsteuerung«. Schiller wollte die ganze Wirtschaft nach einer festgelegten Choreographie anleiten. Eine Choreographie, auf die sich alle Beteiligten – Bund, Länder, Gemeinden, Unternehmen, Tarifparteien und Bürger – zwingend einlassen mussten, damit der Plan gelingen konnte. Der Minister fand interessierte Zuhörer, weil die bis dahin praktizierte soziale Marktwirtschaft nicht verhindern konnte, dass die wirtschaftliche Dynamik nach dem Wiederaufbau nachließ und die Arbeitslosigkeit merklich zunahm.

Schiller wollte daher kommende Rezessionen durch eine keynesianische, also nachfrageorientierte Wirtschaftspolitik dämpfen und bekämpfen. Dazu sollten Bund, Länder und Gemeinden in Zeiten der Rezession mehr Kredite als nötig aufnehmen – und ihre Ausgaben erhöhen, um damit die gesamtwirtschaftliche Nachfrage zu beleben. Im nächsten Schritt sollten die Unternehmen nicht etwa ihre Preise anheben, sondern investieren und neue Arbeitsplätze schaffen, damit die durch den Staat erzeugte größere Nachfrage mit einem größeren Angebot bedient werden könnte. So würde der Staat in der Theorie die Wirtschaft beleben und neues, sich bald selbst tragendes Wachstum anregen, was – und das wäre der letzte Schritt im Konzept der Globalsteuerung – zu höheren Steuereinnahmen führen würde und dem Staat wiederum die Gelegenheit gäbe, seine Schulden aus den Zeiten der Rezession zurückzuzahlen. So lautete der Plan.

Eine solche komplexe Choreographie verlangt nach einer Wirtschaftspolitik, die sich von den Prinzipien Ludwig Erhards aus den Anfangsjahren der Republik deutlich unterscheidet. Sie kann sich nicht mehr auf die Grundfragen des Wettbewerbs beschränken und den großen Interessengruppen – Arbeitgebern und Gewerkschaften – weit gehende Freiheit bei der Regelung ihrer Belange lassen. Schiller versuchte deshalb, eine neue Art des Korporatismus zu organisieren. Aus ersten informellen Gesprächen zwischen dem Minister, Gewerkschaften und Wirtschaftsverbänden wurde bald eine regelmäßige Runde – die »Konzertierte Aktion«.

Die darauf folgenden Jahre zeigten, dass die Spitzen aus Politik, Wirtschaft und Gewerkschaften zwar eine »Konzertierte Aktion« vereinbaren konnten. Dass es aber auch gelingt, mehrere zehntausend Verantwortliche im Land in diese strenge Choreographie zu zwängen, hieß das noch lange nicht. Mal verstießen Länder und Gemeinden gegen den Plan, indem sie in Zeiten des Aufschwungs ihre Schulden nicht abbauten, mal erhöhten Unternehmer lieber die Preise, statt neue Arbeitsplätze zu schaffen. Oder die Gewerkschaften trieben die Inflation in die Höhe, indem sie wie die ÖTV im Jahr 1974 eine Lohnsteigerung um 11 Prozent für die Angestellten im Öffentlichen Dienst durchsetzten.

So scheiterte die »Konzertierte Aktion« an der Wirklichkeit, lange bevor sie formell beendet wurde. Aber sie erzählt viel über die damalige Bundesrepublik. Sie belegt einen Wandel im Miteinander von Wirtschaft und Politik, der zeitlich mit den Wahlerfolgen der Sozialdemokraten und der Entwicklung der Medienvielfalt einhergeht: In früheren Jahrzehnten hätten es die Arbeitgeber gar nicht nötig gehabt, an einer solchen »Konzertierten Aktion« teilzunehmen, weil die wichtigsten Unternehmer und Manager ohnehin einen direkten und persönlichen Zugang zur CDU-Bundesregierung und damit zur politischen Macht besaßen. Ihre Ideen wurden oft gehört und nicht selten akzeptiert, was eine im Vergleich zu den Gewerkschaften eindeutig privilegierte Situation darstellte. Das war Ende der sechziger und in den siebziger Jahren vorbei.

Die Wähler konnten nun in den Abendnachrichten hören oder sehen, wie Politik und Wirtschaft miteinander umgingen. Hinterzimmergespräche verwandelten sich in einen öffentlichen Akt, in dem jeder seine Rolle hat, sodass Otto A. Friedrich als BDA-Präsident und Heinz Oskar Vetter, Vorsitzender des Deutschen Gewerkschaftsbundes, in einem bisher nicht gekannten Maß zu öffentlichen Figuren wurden. Die große Zeit der Funktionäre begann.

Die »Konzertierte Aktion« spiegelt auch das neue Kräfteverhältnis zwischen Unternehmern und Arbeitnehmern im politischen Alltag gut wider. Die Gewerkschaften gewannen Einfluss auf die Regierung, weil viele Bundestagsabgeordnete der SPD auch Mitglied einer Gewerkschaft waren. Gemeinsam mit der FDP organisierten sie in den darauf folgenden Jahren den Ausbau des Sozialstaats auf ein bis dahin ungekanntes Maß. Der fürsorgende, der umverteilende Staat begann nun seine ganze Macht zu zeigen.

Sozialgesetzgebung der SPD/FDP-Regierung

1969: Das Arbeitsförderungsgesetz tritt in Kraft, die aktive Arbeitsmarktpolitik beginnt. Auf dieser Grundlage entstehen die später eingeführte staatlich finanzierte Fortbildung von Arbeitslosen sowie das Experiment mit Arbeitsbeschaffungsmaßnahmen und Beschäftigungsgesellschaften.
1971: Das Bundesausbildungsförderungsgesetz (Bafög) wird verabschiedet. Lehrlinge und Studenten aus einkommensschwachem Elternhaus werden finanziell unterstützt. Je nach Kassenlage müssen die Empfänger mal mehr, mal weniger von dieser Hilfe zurückzahlen.
1972: Absenkung des Renteneintrittsalters. 63-Jährige, die seit 35 Jahren in die Rentenversicherung einzahlen, können ohne finanzielle Einbußen in den Ruhestand gehen. Parallel wird das Niveau der Rente bis Mitte der siebziger Jahre auf bis zu 70 Prozent des letzten Nettoeinkommens angehoben.
1972: Verbesserung des Kündigungsschutzes: Vor jeder Kündigung muss von nun an der Betriebsrat angehört werden.
1975: Einführung des Kindergeldes.

Komplettiert wird diese Stärkung von Arbeitnehmern in der Gesellschaft durch Erfolge der Gewerkschaften bei Tarifverhandlungen, wie sich an der Entwicklung der Lohnquote belegen lässt. Seit 1948 hat sie nie höher gelegen als in den späten siebziger Jahren.

Arbeitskampf von oben

Je mehr die Bundesregierung umverteilte, desto lauter wurden die Kritiker im Unternehmerlager. Durch die neuen Arbeitnehmerrechte fühlten sie sich ihrer unternehmerischen Freiheit beraubt.

Einer, der diese Haltung schon früh vertrat, war der Personalvorstand von Daimler-Benz und spätere Arbeitgeberpräsident Hanns-Martin Schleyer. In seinem patriarchalischen Verständnis des Unternehmertums hat staatliche Umverteilung allenfalls ergänzenden Charakter, und das versucht er durchzusetzen.

Hanns-Martin Schleyer

Karrieren wie die von Hanns-Martin Schleyer gab es in der deutschen Nachkriegszeit einige: Der 1915 in Offenburg geborene Schleyer hat im »Dritten Reich« im nationalsozialistischen Studentenwerk gearbeitet. Seit 1933 Mitglied der SS und überzeugter Nationalsozialist, leitet er von 1937 an das Studentenwerk in Heidelberg und das Amt für politische Erziehung in der Studentenführung. Protegiert von hohen Funktionären der NSDAP, wechselt er ein Jahr später nach Innsbruck und wird auch dort Chef des Studentenwerks. Dann promoviert er in Jura, zieht in den Krieg und wird nach einer Verletzung wieder in einem Studentenwerk eingesetzt: dieses Mal in Prag. Bald wird er Büroleiter des Industrieverbandspräsidenten im besetzten Böhmen und Mähren. Erst nach 1945 kehrt Schleyer nach Deutschland zurück und schlägt sich wie viele andere durch, bis er 1951 auf Arnold Wychodil trifft, den er aus Prager Zeiten kennt. Wychodil hatte dort die Daimler-Benz-Werke geleitet und baut nach dem Krieg das Auslandsgeschäft des Konzerns wieder auf.

Nach diesem Treffen dauert es nur wenige Wochen, bis Schleyer im Hauptsekretariat des Konzerns seine Chance bekommt und 1956 zum ersten Personalchef aufsteigt. Einen späteren Machtkampf um den Posten des Vorstandssprechers verliert er zwar, doch bleibt er im Unternehmen und kümmert sich wie zuvor um Personalfragen, den »laufenden Verkehr mit dem Gesamtbetriebsrat«, das Arbeits- und Tarifrecht sowie »die zweckentsprechende Pflege guter menschlicher Beziehungen in unserem Hause (Daimler-Benz)«.[46]

»Wir müssen uns endlich mal wehren.« Mit diesen Worten soll Schleyer 1962 erstmals versucht haben, die Mitglieder im Gesamtverband der metallindustriellen Arbeitgeber (Gesamtmetall) für eine gemeinsame Aktion gegen die Arbeiter zu gewinnen.[47] Ein Jahr später läßt ihn der Verband gewähren und so findet 1963 in einigen Betrieben Baden-Württembergs die erste Aussperrung in der Geschichte der Bundesrepublik statt. Die Zeitschrift *Der Gewerkschafter* kommentiert die Aktion erwartungsgemäß scharf: »Die Aussperrung ist die Proklamierung der offenen

46 Lutz Hachmeister: Schleyer. Eine deutsche Geschichte, München 2004, S. 250.
47 Hachmeister: Schleyer, S. 281.

Diktatur des Besitzers der Produktionsmittel über den von ihm abhängigen Arbeitnehmer.«[48]
Derselbe Schleyer lebt derweil im Daimler-Benz-Konzern die fürsorgliche Rolle des Unternehmers als patriarchale Leitfigur aus. Er entwirft die Weiterbildung für Mitarbeiter, sitzt oft mit Mitarbeitern zusammen, organisiert Schulungen für angehende Führungskräfte und gründet die Betriebssportgruppe »SG Stern«. Schleyer ist es auch, der eine Unterstützungskasse für alle Arbeiter und Angestellten und die Ausgabe von Mitarbeiteraktien anregt.
Mit diesem Profil scheint Schleyer 1973 für den Präsidentenposten des Bundesverbands Deutscher Arbeitgeberverbände (BDA) und den des BDI im Jahr 1977 wie geschaffen. Er kennt die Auseinandersetzungen um den Flächentarifvertrag, die Arbeits- und Sozialgesetzgebung – und er will sie wieder im Sinne der Unternehmer verändern. »Mit der ihm eigenen Energie und Ausdauer entwickelte Schleyer fortan ein Faible für verrauchte und bierselige, manchmal gefürchtete Verhandlungsrunden bis zum Morgengrauen; die folgenreiche öffentliche Typisierung vom ›harten Hund‹ und ›Scharfmacher‹ nahm in dieser Phase Kontur an«, schreibt Lutz Hachmeister in seiner Biographie über den Manager und Verbandsfunktionär.[49]

Schleyers Vorstellungen von der Rolle des Unternehmers in der Gesellschaft klären sich in der gleichen Zeit. Dem Nachrichtenmagazin *Spiegel* sagte er 1970: »Wir haben uns niemals angemaßt, unfehlbar zu wissen, was im jeweiligen Zeit-

48 *Der Gewerkschafter*, 11/1963.
49 Hachmeister: Schleyer, S. 252f.

punkt das Interesse der Allgemeinheit und der Öffentlichkeit ist. Wir haben nur die Verpflichtung empfunden – und ich empfinde sie heute noch –, daß wir uns bemühen müssen, diesen jeweiligen Interessen der Allgemeinheit auch zu dienen.«[50] Unternehmer sind für ihn Elite und Beschützer – Patriarchen eben. Dafür steht Schleyer. Jenseits der Fürsorge für die eigenen Mitarbeiter erfüllen Unternehmer ihren Dienst an der Allgemeinheit vor allem dadurch, dass sie sich möglichst viele Freiheiten im Wirtschaftsleben erhalten, die Ansprüche der Gewerkschaften abweisen und gegebenenfalls die Politik auf den »rechten Weg« zurückführen.

Dazu gehört für Schleyer auch der Arbeitskampf von oben. Im Sommer 1977 überzeugte er die Arbeitgeberseite davon, gegen das Gesetz zur Paritätischen Mitbestimmung in den Aufsichtsräten vor dem Bundesverfassungsgericht zu klagen. Dieses Ereignis war zugleich das formelle Ende der »Konzertierten Aktion«, weil sich die Gewerkschaften nicht mehr mit Schleyer an einen Tisch setzen wollten, um über die »Globalsteuerung« der Wirtschaft zu reden.

Die konfrontative Haltung von Hanns-Martin Schleyer machte ihn zu einer festen Größe im deutschen Diskurs der siebziger Jahre. Linke Zeitungen und Zeitschriften beschrieben ihn als »Gewerkschaftsfresser« und »kapitalistischen Gottseibeiuns«.[51] Schleyer empfand das als äußerst deprimierend: »Noch in den Sechzigerjahren war der Unternehmer eine positive Symbolfigur, jetzt wird er zu einer negativen. Sah man in ihm früher einen der Schöpfer des Wiederaufbaus, so verunglimpft man ihn heute als Profithyäne.«[52] Sein Image nimmt weiteren Schaden, als der Schriftsteller und später als Zuträger der DDR-Staatssicherheit enttarnte Bernt Engelmann Schleyers NS-Vergangenheit entdeckt und 1974 in seinem Buch »Großes Bundes-

50 *Der Spiegel* 7/1970.
51 Hachmeister: Schleyer, S. 280.
52 Hachmeister: Schleyer, S. 300.

verdienstkreuz« überzogen wiedergibt. Weitere unvorteilhafte Berichte in der Presse folgen, bis Schleyer endgültig zum Zielobjekt für die Terroristen der Roten Armee Fraktion wird, die ihn schließlich im »Deutschen Herbst« 1977 entführen und ermorden. Für sie ist er einer der wichtigsten Männer im »herschenden System«, das sie bekämpfen.

Mit Geld lässt sich vieles regeln

In der Bundesrepublik haben einige Unternehmer derweil ein sehr spezielles Verständnis dafür entwickelt, wie man Politik gestaltet, demokratische Prozesse beeinflusst oder die politische Landschaft pflegt. Erste Hinweise für eine illegale Parteienfinanzierung reichen weit zurück. Aber erst im Fall des Unternehmers Friedrich Karl Flick lässt sich diese Praxis für die siebziger Jahre beweisen. Weitere Enthüllungen belegen inzwischen, wie ein Teil der Wirtschaft vor allem CDU und CSU bis in die neunziger Jahre hinein heimlich finanziert hat. Floss das Geld aus Überzeugung? Waren die Zahlungen ein Teil damaliger Lobbyarbeit? Waren es Schmiergelder als Anstoß oder als Dank für politische Gefälligkeiten? Die Motive sind im Nachhinein schwer voneinander zu trennen. Genauso schwer lässt sich erkennen, wo bei heimlichen Zahlungen von mehreren zehntausend oder hunderttausend Mark der Übergang zur Korruption oder zumindest zur Korrumpierung liegt.

Friedrich Karl Flick übergab den großen Parteien zwischen 1969 und 1980 etwa 26 Millionen Mark. Für die CDU spendete er, weil er ihr politisch nahe stand. Aber auch die Sozialdemokraten und die FDP bedachte er reichlich, stellten sie doch die Regierung. Friedrich Karl Flick brauchte ihr Wohlwollen spätestens 1975, als er Aktien von Daimler-Benz im Wert von 1,9 Milliarden Mark verkaufte, für die er eigentlich 900 Millionen Mark Steuern hätte zahlen müssen. Und er schaffte es tatsächlich, dass ihm die damalige Regierung unter Helmut Schmidt die Summe erließ. Legitimiert wurde dieser Coup durch einen Passus im Einkommensteuergesetz, demzufolge Veräußerungsgewinne geschont werden können, wenn sie »volkswirtschaftlich besonders förderungswürdig« wieder anlegt werden. Der damalige Finanzminister entschied, dieser Ausnahme im Fall Flick stattzugeben. Nach reiflicher Überlegung, versteht sich.

Flick setzte seine Millionen in den folgenden Jahren tatsächlich wieder ein, aber einige davon in einer Weise, die im Gesetz ganz sicher nicht gemeint war: Nach dem Steuererlass verteilte der Unternehmer Briefumschläge voller Geld an die großen Parteien. Es roch nach Korruption, Steuerhinterziehung und unerlaubter Parteienfinanzierung, was auch der Staatsanwaltschaft zugetragen wurde, die daraufhin im Jahr 1981 die Zentrale des Flick-Konzerns in Düsseldorf durchsuchte. Und tatsächlich: In einer alten Aktentasche fanden die Ermittler drei Schlüsselpaare, die zu Bankschließfächern einer nahe gelegenen Dresdner-Bank-Filiale passen. Darin verschlossen lag ein Buch, in dem ein loyaler Mitarbeiter die schwarze Kasse von Flick geführt hatte. Jeder Betrag war fein säuberlich aufgelistet – und auch, wer ihn erhalten hatte.

Der über viele Jahre wichtigste Manager des Flick-Konzerns, Eberhard von Brauchitsch, hatte freilich eine andere Sicht der Dinge. In seiner Autobiographie schrieb er, die Affäre sei keine »Parteispendenaffäre« gewesen, sondern eigentlich eine »Schutzgeldaffäre«. Von Brauchitsch war noch Jahre nach der Affäre erbost, weil er wegen eines Steuervergehens verurteilt wurde: »Es wurde im Zuge dieser Affäre immer wieder festgestellt, mit den Zahlungen sei Wohlverhalten erkauft worden. Das ist vollkommen richtig. Die Wirtschaft erkaufte sich jedoch nicht das Wohlverhalten der Parteien, um eine ihren Interessen günstige Politik zu fördern, sondern umgekehrt, das Wohlverhalten der Politiker gegenüber der Wirtschaft war davon abhängig, dass die Wirtschaft ihren Obolus entrichtete. Die Wirtschaft zahlte Schutzgelder, um sich vor Repressionen in Form wirtschaftsfeindlicher Politik zu schützen.«[53] Ein Problem für die Spender war nun allerdings, dass sie nur 20 000 Mark im Jahr von der Steuer absetzen durften, höhere Summen also aus versteuertem Einkommen hätte zahlen müssen. Dies sei den Unternehmen, also »den Schutzgeldbefohlenen kaum zuzumuten« gewesen. Und daher hätten die Parteien den Unternehmen geholfen, über Einrichtungen wie die Staatsbürgerliche Vereinigung, die parteinahen Stiftungen oder Konten im Ausland »das Geld zu ›waschen‹, das ihnen anschließend aus den so genannten schwarzen Kassen der Unternehmen zufließen sollte«.

Aus den von der Staatsanwaltschaft beschlagnahmten Unterlagen ging hervor, dass Friedrich Karl Flick auch den damaligen CDU-Oppositionsführer im Bundestag reichlich bedacht hatte: Helmut Kohl. Zwischen dem 26. 9. 1974 und dem 30. 1. 1980, so steht es in dem lange geheim gehaltenen Buch, hat der CDU-Politiker insgesamt 565 000 Mark für seine politische Arbeit erhalten.

Wie die Chancen einer möglichen Einflussnahme auf Kohl im Flick-Konzern eingeschätzt wurden, zeigt sich an einer Episode, die in dem 2000 erschienenen Buch »Helmut Kohl, die Macht und das Geld« beschrieben wird. Dort wird aus einem Schreiben von Brauchitschs an einen ihm gut bekannten Manager im Zeitungskonzern Axel Springer zitiert, in dem es um die Markteinführung des privaten Fernsehens geht. Von Brauchitsch ließ dem Springer-Manager seine Einschätzung zukommen, dass Kohl noch nicht auf der Linie des Konzerns sei. Springer plä-

53 Eberhard von Brauchitsch: Der Preis des Schweigens. Erfahrungen eines Unternehmers, Berlin 1999, S. 101ff.

dierte für die Gründung von privaten Sendern, weil er selbst dort investieren wollte (und es später bei Sat.1 tat). Deshalb müsse »in gebotener Form« bei einem von Kohls engen Mitarbeitern »nachgestoßen werden .... Kohl selbst ist in allen diesen Dingen nicht unvernünftig. Er ist aber nicht kompetent aus eigenem Wissen und infolgedessen angewiesen auf das, was ihm seine Umgebung einbläst ... Ich selber werde bei meinen gelegentlichen Zusammenkünften mit Kohl das Meinige tun.«[54]

Doch so einfach war es nicht. Kohl wurde keine Marionette der Unternehmer. Er vergaß nie, wer ihm half, vor allem die chemische Industrie nicht, und war seinen Unterstützern wohl gesinnt. Doch kaum hätte er sich zu etwas bewegen lassen, was seine Wahl oder spätere Wiederwahl gefährdet hätte. Trotz heftiger Klagen der Wirtschaft über die Sozialsysteme rührte er diese nicht ernsthaft an. Bei allzu forschen Forderungen der Unternehmen soll Kohl entgegnet haben: »Wie viele Stimmen haben die?« Ihr Geld nahm er allerdings, ohne zu zögern. Es war für seine politische Arbeit und seine Karriere nützlich.

Helmut Kohl hat bis in die neunziger Jahre hinein Geld aus der Wirtschaft systematisch auf Sonderkonten und jenseits der Rechenschaftsberichte der Partei gesammelt, wie die Recherchen von Hans Leyendecker und anderen Journalisten belegen. Wie viel Spenden Kohl verdeckt einsammelte, ist nicht bekannt. Nur so viel ist klar: Das System, das in den Untersuchungen um die Zahlungen des Unternehmers Flick an die Öffentlichkeit kam, wurde mit veränderten Mitteln fortgeführt. Es führte bis zu den »geheimen Spendern«, die Helmut Kohl noch nach seiner Abwahl im Jahr 1999 nicht preisgeben wollte. Seine Begründung für diesen Verstoß gegen das Gesetz lautete: Er habe sein »Ehrenwort« gegeben.

54 Hans Leyendecker/Michael Stiller/Heribert Prantl: Helmut Kohl, die Macht und das Geld, Göttingen 2000, S. 118.

Während also einzelne Unternehmen heimlich ihre Millionen direkt an die Parteien verteilten, zogen nach und nach Hunderte von Verbands- und Unternehmensvertretern in die Hauptstadt. Bevorzugter Sitz war die so genannte »Bonner Rennstrecke«, die Adenauerallee, an deren einem Ende der Beamtenbund und an deren anderem Ende der Repräsentant des Stahlkonzerns Krupp ihre Büros hatten. Wer dort keinen Platz mehr bekam, mietete sich um den Hofgarten ein oder wich ins Johanniter-Viertel aus – weit war es ja von keinem Ort in Bonn, wenn man in die Ministerien oder den Bundestag wollte.[55]

Die renommierten Lobbyisten und Funktionäre ließen sich ohnehin von ihrem Fahrer vorbeibringen – oder schickten ihre Wasserträger. Für Esseneinladungen außer Haus hatte sich über die Jahre eine ganz eigene Etikette herausgebildet. Nicht zu teuer durfte es sein, damit sich ein Politiker oder Beamter nicht bestochen fühlte, nicht zu laut, nicht zu weit weg und nicht zu ausgefallen. Da lief es für einen Gastronomen nicht gut, der sich mit seinem »Chez Loup« als französisches Feinschmecker-Lokal versuchte. Viel besser schnitten das Restaurant Tulpenfeld, das Höttche, der Presseclub Mövenpick ab – und immer noch der Königshof. Auch ins »Le Marron« gingen die Lobbyisten gerne, und das nicht zuletzt, weil dort der »Graf«, der Bundeswirtschaftsminister Otto Graf Lambsdorff, zu speisen pflegte. In Bonn, da war man sich auf der Arbeitsebene einfach nah, während in den obersten Etagen der führenden Konzerne langsam eine ganz neue Tonart angeschlagen wurde.

55 Vgl. Klaus Broichhausen: Knigge und Kniffe für die Lobbyisten in Bonn, München 1982, S. 54ff.

Der lange Marsch der Unternehmer

Seit den achtziger Jahren formulierten politische Vordenker im Unternehmerlager öffentlich, dass die einzige Chance für mehr Wachstum in einem partiellen Abbau des Sozialstaates liege. Der Automanager Edzard Reuter, seit Mitte der siebziger Jahre Vorstand, seit 1987 Chef bei Daimler-Benz sowie SPD-Mitglied, und der Vorstandschef der Deutschen Bank, Alfred Herrhausen, glaubten: Was zum Schutz der Arbeitnehmer entstanden war, vernichte inzwischen Arbeit und verhindere, dass neue Arbeitsplätze entstünden. Gleichzeitig wurde die Verteilungsfrage neu gestellt. Welchen Lohn werde der Unternehmer künftig für sein Risiko beanspruchen dürfen? Aus Missmut über die Rechte der Arbeitnehmer und die als solche empfundene Freiheitsberaubung der Unternehmer wurde ein Kampf um die Frage, welcher Weg zu mehr Wohlstand einzuschlagen sei.

Die Auseinandersetzung darüber schwoll bis heute an und entfaltet seit der deutschen Wiedervereinigung und der darauf folgenden Rezession Mitte der neunziger Jahre ihre Blüte. Denn die traditionellen Sozialsysteme gerieten tatsächlich aus dem Gleichgewicht. Während die Ausgaben des Staates steigen, sinken mit den steigenden Arbeitslosenzahlen die Einnahmen dramatisch. Diese Entwicklung endete unter der Regierung von Gerhard Schröder mit der Agenda 2010, die erstmals einen großen Abbau von Sozialleistungen beschloss. In deren Folge verlor Rotgrün die meisten Landtagswahlen – und Schröder gab auf, indem er Neuwahlen für den Herbst 2005 ankündigte.

Was heute die große Herausforderung für die Politik ist, beschäftigte Reuter und Herrhausen schon vor 25 Jahren: Sie wollten das Verhältnis von Unternehmern und Staat, Unternehmern und Angestellten wieder zugunsten der Wirtschaft verändern. Das ist eine Art des Lobbyismus, der nicht einen Paragraphen des Arbeitsrechts oder der Sozialgesetzgebung, sondern die Grundlagen des Wirtschaftens verändern will: Er erwächst aus einem individuellen Interesse. Doch zeigten sich die beiden Manager überzeugt davon, eine andere Sozialpolitik sei nicht nur gut für ihre Unternehmen, sondern auch für das ganze Land. Für sie waren Partikularinteresse und Gemeinwohl in diesem Falle eins.

Noch im Mai 1980 betonte Edzard Reuter in einer Rede an der Universität St. Gallen vor allem die Verantwortung der Unternehmer: Nur derjenige werde seiner Rolle als moderner Unternehmer gerecht, »der wirklich innerlich verstanden hat, dass unsere Verantwortung für die Umwelt eben nicht eine von Politikern auferlegte Fessel, unsere Verantwortung für die Arbeitsplätze eben nicht eine durch die Gewerkschaften aufgezwungene Belastung ist«, sondern eine »originäre Mitverantwortung«.[56] In Deutschland habe sich dazu eine »korporativistische Ordnung« gebildet, also die bundesdeutsche Tradition eines weit reichenden Miteinanders der großen gesellschaftlichen Gruppen im Bewusstsein gegenseitiger Abhängigkeit. Die machtvolle Position von Daimler-Benz in diesem Umfeld beschrieb er einmal folgendermaßen: »Es ist ... eine Tatsache, dass das Unternehmen, für das ich arbeite, zeitweise ... nahezu zehn Prozent des gesamten Körperschaftssteueraufkommens der Bundesrepublik Deutschland bestritten hat. Noch weit gewichtiger wären diese Dimensionen, wenn man sich etwa den Anteil der Häuser Bosch und Daimler-Benz am Steueraufkommen des Landes Baden-Württemberg und der Stadt Stuttgart vor Augen halten würde. Wenn man dazu den unleugbaren Einfluß der Verbandslobby auf die politische Willensbildung bedenkt, versteht es sich von selbst, daß keine öffentliche Hand ohne weiteres an den Interessen so bedeutender Wirtschaftszweige vorbeigehen

56 Hans Otto Eglau: Edzard Reuter, Düsseldorf/Wien/New York/Moskau 1991, S. 88.

kann. Dies ist auch keineswegs ein schandbarer Vorgang; man sollte nur nicht einfach so tun, als gäbe es ihn nicht oder es handele sich um linke Propaganda.«[57]

Doch schon wenige Jahre später, bei einem Auftritt im Jahr 1983 vor dem »Börsenforum« des Magazins *Wirtschaftswoche,* begann Reuter die Verantwortung des Konzerns für seine Umwelt anders zu akzentuieren. Vorsichtig tastete er sich an die Idee eines Sozialabbaus heran und gab die Losung aus, es müsse ein »Bündnis der Vernunft« gebildet werden. »Wir alle – Politiker, Gewerkschafter, Unternehmer – werden uns von neuem auf unsere schöpferischen Fähigkeiten und zugleich auf unseren Mut zur Auflösung dogmatischer Verkrustungen besinnen müssen, wenn wir bestehen wollen.«[58]

Sehr viel klarer formulierte es der zweite bedeutende und politische Manager jener Zeit, Alfred Herrhausen, seit Mitte der siebziger Jahre Vorstand und seit 1987 Sprecher der Deutschen Bank. Er leitete sein politisches Engagement wie Reuter aus der Macht des von ihm geleiteten Konzerns ab. Wer diesen Einfluss habe, müsse sich seiner Verantwortung stellen: »Wir müssen das, was wir denken, auch sagen. Wir müssen das, was wir sagen, auch tun. Und wir müssen das, was wir tun, dann auch sein.« Denn: »Wir haben Macht. Viel Macht.«[59]

1989, im Jahr seiner Ermordung durch die RAF, sagte er auf dem »Hamburger Übersee Tag«: »Eine Politik, für die die Zukunft prinzipiell ungewiß ist, muß danach trachten, die Gesellschaft so flexibel wie möglich zu gestalten, … Unsere Gesellschaft hat sich angewöhnt, alles ›sozial‹ zu heißen, was der Staat für den einzelnen tut. … In Wirklichkeit verhält sich doch derjenige sozial, der, statt die Gemeinschaft in

57 Eglau: Edzard Reuter, S. 108ff.
58 Eglau: Edzard Reuter, S. 108ff.
59 Alfred Herrhausen: Denken – Ordnen – Gestalten. Reden und Aufsätze, hg. von Kurt Weidemann, Berlin 1990, S. 13ff.

Anspruch zu nehmen, sie weitgehend schont, indem er alles das, was er selbst tun oder selbst finanzieren kann, auch tatsächlich selbst erledigt. … Wir müssen zurück zum Grundsatz der Subsidiarität.«[60] Und in seinen Schlussgedanken zitierte er die Dichterin Ingeborg Bachmann mit den Worten: »Die Wahrheit ist dem Menschen zumutbar.« Reuter und Herrhausen ahnten die Auswirkungen der nahenden Globalisierung voraus. Sie spürten die Folgen der Expansion ihrer und anderer Konzerne in alle Erdteile.

Ungeachtet dieser Kritik an der Sozial- und Wirtschaftspolitik, ungeachtet ihres Eintretens für mehr Freiheit für Unternehmen, ließen sich Reuter und Herrhausen wie ihre Vorgänger für nationale Interessen in die Pflicht nehmen. Der Bankmanager beriet nicht nur Bundeskanzler Helmut Kohl. Schon dessen Amtsvorgänger Helmut Schmidt wandte sich mit industriepolischen Anliegen an Alfred Herrhausen und sagte über den Manager: »Ein herausragender Kerl mit politischem Weitblick; ein schneller Denker und harter Arbeiter, der nicht vom Apparat manipuliert werden kann; einer der wenigen, die international gehört werden.«[61] So arbeitete Herrhausen 1974 in der Kommission »Grundsatzfragen der Kreditwirtschaft« (Bankenstruktur-Kommission) mit, die nach der Insolvenz der privaten Herstatt-Bank untersuchen sollte, ob die Regeln des Gewerbes reformiert werden müssten. Drei Jahre später bat Schmidt um Unterstützung bei der Neuordnung der deutschen Luft- und Raumfahrtindustrie. Und Anfang der Achtziger folgte seine Berufung zum »Stahlmoderator« für die in der Strukturkrise steckende Branche.

Edzard Reuter nutzte seinen Einfluss als Vorstandschef vor allem, um sich für die Stadt Berlin zu engagieren. Er setzte durch, dass Daimler-Benz noch in den achtziger Jahren seine Fertigung in der geteilten Stadt ausbaute, wäh-

60 Herrhausen: Denken – Ordnen – Gestalten, S. 61–72.
61 Herrhausen: Denken – Ordnen – Gestalten, S. 83.

rend sich andere Industriebetriebe zurückzogen. In den ersten Tagen nach dem Mauerfall sprach Reuter schon über seine Vision, auf dem früheren Potsdamer Platz ein neues urbanes Zentrum zu errichten. Um seine Pläne voranzutreiben, verlegte er die Dienstleistungssparte des Konzerns, die debis, genau an diesen Ort. Um aus Berlin wieder eine Metropole »von europäischem Rang« zu machen, hat er viel investiert. Persönlich – und vom Geld des Konzerns.

Tausend neue Stimmen

Trotzdem sind diese Jahre der Anfang vom Ende der alten »Deutschland AG«. Nach Herrhausen und Reuter veränderte sich der Dialog von Vertretern der großen Konzerne mit der Politik endgültig. Die neue Manager-Generation besaß viele Qualitäten, aber selten eine politische Vision für Deutschland, die sie zu verwirklichen versucht hätte.

Eine Ursache für den Wandel, der so richtig in den neunziger Jahren und dem neuen Jahrhundert sichtbar wurde, ist, dass sich viele Manager auf die Chancen im internationalen Geschäft stürzen. Wenn ein Unternehmen mehr als die Hälfte seines Umsatzes im Ausland erwirtschaftet und seine Manager dort viel Zeit verbringen, bleibt das nicht ohne Auswirkungen für deren Blick auf Deutschland. Dazu verschärfen die Erfahrungen im Ausland mit den dort existierenden geringeren Arbeitnehmerrechten die schon lange schwelende Kritik am deutschen Sozialstaat.

Gleichzeitig, und das ist mindestens ebenso bedeutsam wie die Einstellung der Führungskräfte in den Konzernen, verlieren die alten Lager – hier die Gewerkschaften, dort die großen Unternehmen und die von ihnen dominierten Verbände – ihre klaren Konturen. Neben den traditionellen Branchenverbänden der Strom- und Gasindustrie kämpfen nun auch frisch gegründete Unternehmen, die regenerative

Energien nutzen, für ihre Interessen in Bonn und später in Berlin. Sie finden sich durch die alten Verbände nicht ausreichend vertreten. »Die Wirtschaft« gibt es weniger denn je, dafür aber Dutzende, ja Hunderte neuer Spezialverbände, und auf der Gegenseite geschieht genau das Gleiche. Fühlten sich Millionen Deutsche über Jahrzehnte von Gewerkschaften, Großverbänden und Parteien gut vertreten, entwickeln sie nun ein politisches Eigenleben in Hunderten von Initiativen und Vereinen. So weicht die gewohnte Klarheit einer neuen Unübersichtlichkeit, die den politischen Alltag schon in Bonn, erst recht aber den in Berlin prägt.

Tausend neue Lobbyisten

1980 werden Greenpeace Deutschland e. V. und Verbände wie der Bundesverband Deutscher Fleischrinderzüchter gegründet.
1981 wird der Fahrgast Verband Pro Bahn registriert.
1982 – seither gibt es Naturland, den Verband für naturgemäßen Landbau und den Bundesverband der Tierversuchsgegner.
1983 entsteht das European Women's Development Network.
1984 gründen Pädagogen den Bundesverband Alphabetisierung.
1985 ist das Gründungsjahr für EcoVin, den Bundesverband Ökologischer Weinbau, und den Bundesverband Finanzdienstleistungen.

In dieser Vielstimmigkeit den Standpunkt der deutschen Industrie zu vertreten, bleibt mehr und mehr den deutschen Mittelständlern überlassen. Es sind Männer wie der inzwischen verstorbene Tyll Necker (Mitinhaber der Hako-Werke), Michael Rogowski (langjähriger Vorstandschef des

Maschinenbauers Voith) und der Stahlunternehmer Jürgen Thumann, die als BDI-Präsidenten versuchen, ihre Stimme über die Kakophonie zu erheben. So repräsentierten plötzlich Mittelständler die deutsche Industrie, weil sich die Manager der Großkonzerne zurückgezogen hatten. Die Nachfolger der »ganz großen Manitous« – wie ein langjähriger Lobbyist die Manager von Großkonzernen wie Daimler-Benz und Deutscher Bank nannte[62] – sind derweil auf der Jagd nach globalen Geschäften.

Der lange Abschied von der Bonner Republik

Die Adenauerzeit stand für ein Miteinander von Politik und Wirtschaft, das durch ein gemeinsames Interesse geprägt war: den Wiederaufbau nach dem Krieg und die Wiederherstellung des deutschen Staates. Der Versuch vieler Unternehmer und Manager, Einfluss zu nehmen, hatte bis weit in die achtziger Jahre hinein etwas Idealistisches. Unter ihnen ragten Männer wie Hermann Josef Abs oder Alfred Herrhausen heraus, doch gab es neben ihnen viele andere. Jenseits ihrer normalen zehn und zwölf Stunden langen Arbeitstage entwickelten sie Konzepte, saßen in Kommissionen oder waren im Sonderauftrag der Bundesregierung unterwegs. Sie spürten die Verantwortung, die ihnen ihre Stellung für das ganze Land gab. Wobei man nicht übersehen darf, dass sie die Interessen ihrer Unternehmen und die Höhe ihre Gewinne oft genug mit nationalen Interessen oder dem Allgemeinwohl verwechselten.

Gleichwohl hinderte das die Bundeskanzler Konrad Adenauer und Helmut Schmidt nicht daran, den Wirtschaftsvertretern offen zu begegnen. Letzterer meinte sogar, Unternehmer müssten sich politisch einmischen, »weil sie sonst das

62 Hachmeister: Schleyer, S. 318.

Feld nur der politischen Klasse überlassen, damit meine ich die Politiker sowie die Politik- und Wirtschaftsjournalisten. … Dass diese politische Klasse des Rates bedarf, steht doch außer Zweifel, … und mit Rat meine ich immer auch Kritik.«[63] Schmidt sah die Unternehmer als Korrektiv, auch wenn er sehr wohl registrierte, dass viele von ihnen ein mangelhaftes Verständnis für politische Prozesse besaßen.

Je älter die Bundesrepublik wurde, umso größer wurden allerdings die Interessenunterschiede von Politikern und Wirtschaftsvertretern. Die Globalisierung, die Fragmentierung von Wirtschaft und Gesellschaft, der Ausbau des Sozialstaats zunächst unter einer SPD/FDP-Regierung, aber auch noch in der Ära Helmut Kohl ließen eine zunehmende Zahl von Unternehmern und Lobbyisten auf Distanz gehen und nach anderen Methoden der Einflussnahme suchen. Die einen spendeten heimlich an die großen Parteien, vor allem an die CDU und die CSU. Die Nächsten versuchten, die öffentliche Debatte zu beeinflussen wie Alfred Herrhausen oder Edzard Reuter, später auch der BDI-Präsident Hans-Olaf Henkel. Die Dritten suchten in Bonn und später in Berlin nach neuen, effizienten Methoden, um ihre Interessen im politischen Arbeitsalltag durchzusetzen.

In diesen Jahrzehnten haben sich viele Entwicklungen überlagert, sich gegenseitig beschleunigt oder gehemmt. Die Rollen wurden getauscht. Die mächtigen, einflussreichen Unternehmer und Manager aus den ersten zwanzig Jahren der Bonner Republik wichen den Funktionären vor allem des BDI und der Gewerkschaften – der Verbändestaat war geboren. Doch auch die Verbändechefs gaben ihre Macht nach und nach wieder ab. Zunächst mussten sie sich seit den achtziger Jahren immer neuer Konkurrenten erwehren, nämlich der Spezialverbände und Verbrau-

63 Herrhausen: Denken – Ordnen – Gestalten, S. 85.

cherorganisationen, die in der Hauptstadt um Gehör zu kämpfen begannen. Einige der etablierten Verbände versuchen diesen Umstand durch moderne Medienarbeit auszugleichen. Doch gleichzeitig müssen sie sich damit abfinden, dass global agierende Konzerne einen wachsenden Stab von politischen Angestellten beschäftigen. Der langjährige Hauptgeschäftsführer des BDI, Ludolf von Wartenberg, sagte mit Blick auf diese Entwicklung im Jahr 2002 sehr bescheiden: »Wir versuchen, die Wettbewerbsfähigkeit unserer Unternehmen zu verbessern. ... Verbände und Unternehmen (sind) im Lobbygeschäft keine Konkurrenten, sondern lediglich zwei Seiten einer Medaille.«[64] Der BDI, der so lange einen direkten Zugang zu Bundeskanzler und Regierung hatte, begnügt sich nun mit der Aussage: »Wir wollen dazu beitragen, dass die Interessen der Wirtschaft im schärfer werdenden Wettstreit um die Aufmerksamkeit der Politik nicht zu kurz kommen.«[65] Und der Verband der Elektrizitätswirtschaft (VDEW), einst mächtigste Energielobby des Landes, landet bei politischen Gesprächen immer öfter »am Katzentisch«, wie Konzern-Lobbyisten erzählen.

Den geschicktesten Konzernvorständen gelingt es derweil, sich über eine langfristige Personalpolitik großen Einfluss in den Bundesministerien zu sichern. Sie beschäftigen ehemalige Beamte und Minister, sie heuern die besten Anwaltskanzleien und manchmal auch freischaffende Lobbyisten an. Diese Methoden bestimmen heute das Miteinander von Wirtschaft und Politik, wie es in den vorangegangenen Kapiteln beschrieben wurde.

64 Ludolf von Wartenberg, Manuskript zu seiner Rede »Keine politische Entscheidung ohne Lobbyisten – Die Rolle der Verbände in der politischen Willensbildung«, gehalten am 17. Oktober 2002 auf dem »Forum Politische Kommunikation«.

65 von Wartenberg, Rede »Keine politische Entscheidung ohne Lobbyisten«.

9
Lobby-Lektionen

Steckt die Bundesrepublik im Würgegriff der Lobbyisten? Verkümmern Beamte, aber auch Abgeordnete, zu Notaren, die nur noch beglaubigen, was im vorpolitischen Raum ausgehandelt wurde? Gehört die Republik denjenigen, die sie sich leisten können? Oder gibt es eine Balance? Bringt sozusagen jede Lobby die eigene Gegenlobby hervor?

Fest steht: Lobbyisten sind zu einer Macht herangewachsen, an der keiner vorbeikommt. Sie übertragen die treibenden Kräfte des Wirtschaftens auf die Politik und damit auf die Gesellschaft. Diese Kräfte führen zu einer »schöpferischen Zerstörung«, wie es der Ökonom Joseph A. Schumpeter vor mehr als 60 Jahren formuliert hat. Nicht weniger klar sind die Schlüsse von Adam Smith, einem der wichtigsten Wirtschaftswissenschaftler der Moderne. In seinem Hauptwerk »An Inquiry into the Nature and Causes of the Wealth of Nations« pries und fürchtete Smith gleichermaßen den Gestaltungswillen und den Egoismus der Unternehmer. Er beobachtete diese Eigenschaften bereits im englischen Frühkapitalismus – und heute, rund 200 Jahre später, hat seine Analyse nichts von ihrer Aktualität eingebüßt.

Die in diesem Buch beschriebenen Fälle von Lobbyismus zeigen: Unternehmer und Top-Manager verändern Abläufe, sie zerstören Bestehendes, um etwas Neues, ihren Interessen Entsprechendes zu schaffen. Sie nutzen Spielräume, die andere nicht sehen oder nicht besetzen (können). In Berlin geht es jedoch nicht um irgendeinen Markt. Dort erobern und besetzen die Unternehmen den zentralen Marktplatz der Republik, jenen Ort, an dem wirtschafts- und sozialpolitische Entscheidungen für 82 Millionen Menschen fallen.

Regierung, Parlament, Ministerien, Medien und Bürger müssen auf diese Entwicklung reagieren. Jenseits aller Sozialromantik braucht die Demokratie ein starkes Korrektiv zur wachsenden Ökonomisierung. Die Grünen glauben seit langem an den Umwelt- und Klimaschutz. Für die SPD war es früher der traditionelle Sozialstaat, und seit der Kapitalismus-Debatte im Frühjahr 2005 beginnt in der Partei die Suche nach einer zeitgemäßen Sozialpolitik. Die CDU ist an diesem Punkt nicht weiter als die SPD. Der wirtschaftsliberale Friedrich Merz hat sich zurückgezogen und sein Widerpart, der christsoziale Horst Seehofer, muss sich nun um die Bauern kümmern. Beide symbolisieren die programmatische Unentschiedenheit in der Union, die weit über die Bundestagswahl hinaus fortdauern wird.

Warum und wie die Politik reagieren muss

Vier grundsätzliche Regeln können helfen, dass der Lobbyismus nicht die herrschende Größe im politischen Alltag wird.

1. Ministerien und Parlament müssen dokumentieren, wie jedes Gesetz entsteht – und kenntlich machen, welche Vorschläge sie von Lobbyisten übernehmen.
Ohne Zweifel fühlen sich Minister, Abgeordnete und andere Politiker heutzutage häufiger auf Hilfe von außen angewiesen als vor dreißig oder vierzig Jahren. Den Wandel in der deutschen Demokratie beschreibt Michael Th. Greven, Politikprofessor an der Hamburger Universität, mit

den Worten: »Seit Jahren ist festzustellen, dass Politiker die Nähe von Unternehmen geradezu suchen. Ursache ist ein stetig steigender Druck, neue Regeln zu schaffen. Mal erzwingt es eine kleine Interessengruppe, mal erfordert es der technische Fortschritt, dann wieder die zunehmende Globalisierung – und überall wachsen die Haftungsrisiken. Das Wissen, wie man diesem Ansturm widerstehen kann, vermuten Politiker und Ministerialbeamte zusehends bei Unternehmen.«

Im Prinzip kann es der Allgemeinheit durchaus nützen, wenn ein Gesetzesentwurf von einem Unternehmen, einem Verband oder einer Rechtsanwaltskanzlei (mit)geschrieben wird und andere Interessengruppen ihn ergänzen. Doch wenn sich der Staat in dem beschriebenen Ausmaß zurückzieht, muss er darüber Rechenschaft ablegen. Er muss die Urheberschaft der Gesetze für jeden einsehbar dokumentieren.

2. Minister und Beamte müssen auf Pensionsansprüche verzichten, wenn sie zu Unternehmen wechseln, die von ihren politischen Entscheidungen betroffen waren.

Um es den Unternehmen zu erschweren, die Politik zu durchwirken, ist es außerdem an der Zeit, mit Schreibtischwechslern kritischer umzugehen. Hochrangige Beamte, Staatssekretäre und Minister sollten nach ihrem Ausscheiden aus der Politik nicht sofort als Lobbyist oder Manager in der Branche arbeiten dürfen, für die sie zuvor politische Entscheidungen getroffen haben. Diese Form des Lobbyismus nimmt zu, je größer die politischen Abteilungen in den Konzernen werden. Einen solchen Schreibtischwechsel grundsätzlich zu verbieten, verhindert das Grundgesetz. Dennoch sollte es der Politik gelingen, ihn zu erschweren. Will ein hochrangiger Staatsdiener sofort die Seiten wechseln, sollte er mindestens auf seine staatlichen Pensionsansprüche verzichten müssen. In der Wirtschaft ist so etwas gang und gäbe. Ausschlussklauseln und Karenzzeiten finden sich spätestens seit dem spektakulären Wechsel von Ignacio Lopez von Opel zu Volkswagen in jedem Vertrag eines Vorstands. Meist sind sie in Abfindungsregeln versteckt.

In der Politik ist eine Regelung für Aussteiger nötiger denn je. Denn Pendel-Karrieren schaden der Demokratie. Sie führen zu einer unkontrollierbaren Vermischung von politischen Institutionen mit Konzernen.

Und eine weitere Regel sollte sich die Ministerialbürokratie von Unternehmen abgucken: den Verhaltenskodex. Konzerne wie BP haben ihn schon längst, andere geben ihn sich gerade. Nur in den Ministerien wird nach Auskunft nicht mal darüber nachgedacht.

3. Lobbyisten müssen offenbaren, für wen sie arbeiten und wie viel Geld sie dafür bekommen.

Die US-Regierung hat für Lobbyisten – von Unternehmen bis zu Nichtregierungsorganisationen und Bürgerbewegungen – einige Transparenzregeln verfügt, festgehalten im »Lobbying Disclosure Act«. Das Gesetz verpflichtet sie zur Offenlegung ihrer Kunden, inhaltlichen Schwerpunkte und Honorare. In Deutschland möchte der Gesetzgeber den Lobbyisten so viel Offenheit nicht zumuten.

Die amerikanischen Lobbyisten haben derweil aus dem Zwang sogar einen Qualitätsmaßstab für ihre Arbeit entwickelt. Nach Schätzungen der Europäischen Union arbeiten allein in Washington 20 000 Interessenvertreter. Und diejenigen, die sie bezahlen, wollen wissen, ob es sich lohnt: Deshalb brüsten sich Lobbyisten damit, wie viele Abgeordnete sie von ihrer Sache überzeugt haben. Je mehr und je lauter, desto besser. Ihr Wert – und damit ihr Honorar – wird auch danach bemessen, wie viele ihrer Vorlagen und Gesetzesentwürfe ganz oder teilweise in die US-Gesetze übernommen werden. In Washington existieren

Ranglisten, die die Erfolgreichen von den weniger Erfolgreichen trennen. In Deutschland ist das undenkbar. Derweil beginnt in Brüssel ein Umdenken.

Lange Zeit genügte der Europäischen Kommission eine milde Empfehlung im Umgang mit Interessenvertretern. Sie legt den Lobbyisten nahe, den von der Society of European Affairs Professionals (SEAP) und den Public Affairs Practitioners (PAP) entworfenen freiwilligen Verhaltenskodex einzuhalten. Danach sollten Lobbyisten EU-Mitarbeiter weder bestechen noch bedrängen noch vertrauliche Informationen verkaufen. Diese unverbindliche Liste hält der neue Kommissionspräsident José Manuel Barroso für vollkommen unzureichend und verurteilte sie in einem offenen Brief im Februar 2005 als »absurd schwach«. Der Verhaltenskodex sei »extrem begrenzt und vollkommen freiwillig«. Stattdessen sollten auch Brüsseler Lobbyisten künftig dem Beispiel des »Lobbying Disclosure Act« folgen. Doch der Lobbyisten-Verband wehrt sich gegen Barrosos Pläne: Eine »obligatorische Registrierung« sei nicht im Sinne der zivilgesellschaftlichen Gruppen in der EU. Stattdessen wird für eine »Selbstregulierung« plädiert. Der Ausgang der Auseinandersetzung ist offen.

4. Jeder ist auch sein eigener Lobbyist.

Hierzulande müssen sich die Bürger derweil selbst helfen. Bisher gilt: So aktiv sie auf kommunaler Ebene sein mögen, so sehr sie sich in Selbsthilfegruppen und Vereinen um ihre Belange kümmern und gelegentlich zu einer Pressekonferenz in Berlin einladen – in den entscheidenden Phasen, in denen ein Gesetz Gestalt annimmt, spielen sie auf bundespolitischer Ebene kaum eine Rolle. Allenfalls partiell haben sich in den vergangenen zwanzig Jahren Gegenkräfte herausgebildet und mittlerweile etabliert. Es sind Organisationen wie Greenpeace, die Deutsche Umwelthilfe, der Bund für Umwelt- und Naturschutz Deutschland (BUND) oder der Naturschutzbund Deutschland (Nabu), wobei die letzten drei öffentliche Zuwendungen erhalten. Zusammen mit unbekannteren Vereinigungen flossen insgesamt etwa 4,9 Millionen Euro im Jahr 2005 aus dem Bundeshaushalt. Doch nicht nur im Umweltschutz bezahlt der Staat seine eigenen Kontrolleure. Verbraucherschutz? Vom Staat finanziert. Kontrolle der Lebensmittelindustrie? Einem Bundesinstitut überlassen.

Die Lobbyisten der Zivilgesellschaft sind noch zu schwach oder einfach zu unprofessionell, im Stil der Wirtschaft vorbeugend »schädliche« Gesetzesvorhaben zu beeinflussen und zu verhindern. Sie brauchen mehr Geld von denen, die sie vertreten: den Bürgern. Diese werden nur dann ihre Portemonnaies öffnen, wenn bei ihnen ein Bewusstsein dafür entsteht, was mächtige Interessenvertreter bewegen können. Dass jeder auch sein eigener Lobbyist ist. Erst dieser Umstand erklärt das heutige, manchmal übermächtige Gewicht der Wirtschaft in Berlin.

Anhang

Literaturverzeichnis

Abs, Hermann Josef: Konrad Adenauer und die Wirtschaftspolitik der fünfziger Jahre, in: Konrad Adenauer und seine Zeit, hg. von Dieter Blumenwitz et al., Deutsche Verlags-Anstalt, Stuttgart 1976

Adenauer, Konrad: Erinnerungen, 3 Bde., Fischer Verlag, Frankfurt/Hamburg 1968

Balkenhausen, Dieter: Alfred Herrhausen. Macht Politik und Moral, Econ Verlag, Düsseldorf/Wien/New York 1990

Berghahn, Volker R./Friedrich, Paul J.: Otto A. Friedrich, ein politischer Unternehmer: sein Leben und seine Zeit, 1902–1975, Campus-Verlag, Frankfurt 1993

Brauchitsch, Eberhard von: Der Preis des Schweigens. Erfahrungen eines Unternehmers, Propyläen Verlag, Berlin 1999

Broichhausen, Klaus: Knigge und Kniffe für die Lobbyisten in Bonn, Wirtschaftsverlag Langen/Müller/Herbig, München 1982

Bührer, Werner (Hg.): Die Adenauer Ära. Die Bundesrepublik Deutschland 1949–1963, Piper Verlag, München 1993

Dankbar, Christine/Augustin, Hartmut (Hg.): Politische Orte. Wo die Entscheidungen fallen: Vom Café Einstein bis zum Reichstag, Jaron Verlag, Berlin 2004

Eglau, Hans Otto: Edzard Reuter, Econ Verlag, Düsseldorf/Wien/New York/Moskau 1991

Eschenburg, Theodor: Das Jahrhundert der Verbände. Lust und Leid organisierter Interessen in der deutschen Politik, Siedler Verlag, Berlin 1989
Gall, Lothar: Der Bankier. Hermann Josef Abs. Eine Biographie, Verlag C. H. Beck, München 2004
Gaus, Günter: Hermann Josef Abs. Organist an den Registern wirtschaftlicher Macht, in: Günter Gaus: Zur Person. Porträts in Frage und Antwort. 2. Band, Feder-Verlag, München 1966, S. 37–51
Grimm, Dieter: Staatsaufgaben – eine Bilanz, in: Dieter Grimm (Hg.): Staatsaufgaben, Nomos Verlag, Baden-Baden 1994, S. 771–785
Grimm, Dieter: Der Wandel der Staatsaufgaben und die Zukunft der Verfassung, in: Dieter Grimm (Hg.): Staatsaufgaben, Nomos Verlag, Baden-Baden 1994, S. 613–646
Gross, Johannes: Phönix in Asche. Deutsche Verlags-Anstalt, Stuttgart 1989
Hachmeister, Lutz: Schleyer. Eine deutsche Geschichte, Verlag C. H. Beck, München 2004
Herrhausen, Alfred: Denken – Ordnen – Gestalten. Reden und Aufsätze, hg. von Kurt Weidemann, Siedler Verlag, Berlin 1990
Hogrefe, Jürgen: Gerhard Schröder. Ein Porträt, Siedler Verlag, Berlin 2002
Köpf, Peter: Der Neue. Gerhard Schröder – Deutschlands Hoffnungsträger, Droemer Knaur, München 1998
Kopper, Hilmar: Die Bank lebt nicht vom Geld allein, Piper Verlag, München 1997
Leif, Thomas: Verkürzte Realität, verflachter Sinn, stillgelegter Diskurs. Von den Auswirkungen medialer Präsenz, in: *Vorgänge* 2/2002, S. 32–38
Leyendecker, Hans/Stiller, Michael/Prantl, Heribert: Helmut Kohl, die Macht und das Geld, Steidl Verlag, Göttingen 2000

Matthes, Felix: Stromwirtschaft und deutsche Einheit. Edition energie + umwelt, Band 1, Berlin 2000
Meng, Richard: Der Medienkanzler. Was bleibt vom System Schröder?, Suhrkamp Verlag, Frankfurt 2002
Schendelen, Rinus van: Machiavelli in Brussels. The Art of Lobbying the EU, Amsterdam University Press, Amsterdam 2003
Schmeer, Margrethe: StromAufwärts – Hans-Dieter Harig und E.on Energie. Gabler Verlag, Wiesbaden 2002
Schmidt, Helmut: Menschen und Mächte, Siedler Verlag, Berlin 1987
Schulz, Günther: Adenauer in seinem Verhältnis zu Wirtschaft und Gesellschaft, in: Anselm Doering-Manteuffel/Hans-Peter Schwarz (Hg.): Adenauer und die deutsche Geschichte (Rhöndorfer Gespräche 19), Bouvier Verlag, Bonn 2001, S. 63–80
Simmert, Christian: Die Lobby regiert das Land, Argon Verlag, Berlin 2002
Speth, Rudolf: Zweifelhafte Botschafter, in: *Mediummagazin* 12/2004
Urschel, Reinhard: Gerhard Schröder. Eine Biographie. Deutsche Verlagsanstalt, Stuttgart/München 2002

Zeitungen & Zeitschriften

Berliner Zeitung, 18. 1. 2005, »Werner Müller bezog als Minister Eon-Rente«, S. 1 und S. 10
Berliner Zeitung, 18. 1. 2005, »Die neue Steag«, S. 7
Der Spiegel, 28. 2. 2005, »Hier ist Sturm«, S. 24ff.
Der Spiegel, 7/1970
Die Zeit, 53/2003, »Her mit der Kohle, weg mit der Kohle«, S. 5f.
Die Zeit, 45/2003, »Die fünfte Gewalt«, S. 5
Die Zeit, 18/2003, »Die Illusion vom Wettbewerb«, S. 18

Die Zeit, 14/2003, »Alles eine Frage der Nerven«, S. 30
Die Zeit, 30/1996, »Lobbyismus in Bonn«, S. 3
Die Zeit, 1/1995, »Aus großer Not geboren«, S. 26
Financial Times Deutschland, 16. 12. 2002, »Wie wir aus der Krise kommen«, S. 28
Frankfurter Allgemeine Sonntagszeitung, 16. 1. 2005, »Die Cheflobbyisten der Wirtschaft«, S. 31
Frankfurter Allgemeine Zeitung, 13. 1. 2005, »EU-Kommissar Verheugen will der Autoindustrie helfen«, S. 11
Politik und Kommunikation: »Die 40 Besten«, Februar 2003, politikverlag helios GmbH, Berlin
Stern, 6/2005, »Bundestag ist Anwalts Liebling«, S. 46ff.
Süddeutsche Zeitung, 20. 1. 2004, »Zigarre in der Havanna Lounge«, S. 31
Tageszeitung (taz) Ruhr, 7. 1. 1999, »Alles Müller, oder was?«, S. 4
The International Economy, »Battle of the Economists. The inside story of Germany's internal policy knifefight«, Winter 2005, S. 22ff.

Dokumente aus dem Bundestag

Bericht des Bundesministeriums für Wirtschaft und Arbeit (BMWA) an den Deutschen Bundestag über die energiewirtschaftlichen und wettbewerblichen Wirkungen der Verbändevereinbarungen vom 31. 8. 2003 (Monitoringbericht). BT-Drucksache Nr. 15/1510 vom 1. 9. 2003
BMWA: Entwurf der Verordnung über den Zugang zu Elektrizitätsversorgungsnetzen (Netzzugangsverordnung Strom) vom 20. 4. 2004 mit Anmerkungen
BMWA: Entwurf der Verordnung über die Entgelte für den Zugang zu Elektrizitätsversorgungsnetzen (Netzentgeltverordnung Strom) vom 20. 4. 2004 mit Anmerkungen
BMWA: Entwurf Zweites Gesetz zur Neuregelung des

Energiewirtschaftsrechts. Kabinettsbeschluss. Dieses Gesetz dient der Umsetzung der Richtlinie 2003/54/EG des Europäischen Parlaments und des Rates vom 26. 6. 2003 über gemeinsame Vorschriften für den Elektrizitätsbinnenmarkt und zur Aufhebung der Richtlinie 96/92/EG (ABl. EU Nr. L 176 S. 37) und der Richtlinie 2003/55/EG des Europäischen Parlaments und des Rates vom 26. 6. 2003 über gemeinsame Vorschriften für den Erdgasbinnenmarkt und zur Aufhebung der Richtlinie 98/30/EG (ABl. EU Nr. L 176 S. 57)

BMWA: Energiewirtschaftsgesetz (EnWG). Gesetz über die Elektrizitäts- und Gasversorgung (Artikel 1 des Gesetzes zur Neuregelung des Energiewirtschaftsrechts). Datum des Inkrafttretens: 29. 4. 1998. BGBl I 1998, 730

Bundesgesetzblatt Jahrgang 1998 Teil I Nr. 23: ausgegeben zu Bonn am 28. 4. 1998. Gesetz zur Neuregelung des Energiewirtschaftsrechts. Vom 24. 4. 1998

Der Bundesminister für Wirtschaft und Technologie. Gesch.-Z.: I B 1–22 08 40/129. Verfügung in dem Verwaltungsverfahren auf Erteilung der Erlaubnis zu einem vom Bundeskartellamt untersagten Zusammenschluss von Unternehmen nach § 42 des Gesetzes gegen Wettbewerbsbeschränkungen (GWB) vom 5. 7. 2002

Deutscher Bundestag (Hg.): Drucksache15. Wahlperiode-Drucksache 15/4627–16 – Beschäftigungsverhältnis G. W. Adamowitsch. Antwort des Bundesministers Wolfgang Clement vom 16. 12. 2004

Deutscher Bundestag (Hg.): Drucksache 15/4815 15. Wahlperiode 10. 2. 2005 Antwort der Bundesregierung auf die Kleine Anfrage der Abgeordneten Rainer Brüderle, Gudrun Kopp, Dr. Karl Addicks, weiterer Abgeordneter und der Fraktion der FDP – Drucksache 15/4764 – Rentenzahlungen eines großen Energieversorgers an Dr. Werner Müller während seiner Amtszeit als Bundesminister für Wirtschaft und Technologie

Briefe und Reden

Clement, Wolfgang: Rede des Bundesministers am 18. 1. 2005 auf der 12. Handelsblatt-Jahrestagung in Berlin

E.on: Brief von Gert von der Groeben, Generalbevollmächtigter E.on, an das BMWA, Ministerialdirigentin Dorothee Mühl, vom 25. 7. 2003 nebst Anhang 13 Seiten Replik zum Monitoringbericht der Bundesregierung

E.on, RWE, EnBW und Vattenfall Europe: Entwurf für eine Innovations- und Investitionsoffensive am Energiestandort Deutschland. Notwendige Rahmenbedingungen aus der Sicht von EnBW, E.on, RWE und Vattenfall Europe. 9. 11. 2004

Schultz, Reinhard: Brief des Abgeordneten an Bundeskanzler Gerhard Schröder vom 1. 10. 2002

Schultz, Reinhard: Brief des Abgeordneten an die ZDF-Redaktion Frontal 21 vom 19. 1. 2005

Schultz, Reinhard: Brief des Abgeordneten an die *Westfälischen Nachrichten* vom 1. 2. 2005

Schultz, Grasedieck, Frechen, Eickhoff, Müller und Schreck: Einladungen der SPD-Abgeordneten zum »Energiepolitischen Frühstück« am 10. 3. 2005, 30. 11. 2004, 19. 10. 2004, 1. 4. 2003

Thierse, Wolfgang: Rede des Bundestagspräsidenten anlässlich eines Empfangs zum 50-jährigen Bestehen der »Deutschen Parlamentarischen Gesellschaft« im Paul-Löbe-Haus in Berlin im Jahr 2001

Vattenfall Europe AG. Rede von Dr. Klaus Rauscher, Vorstandsvorsitzender. Bilanz-Pressekonferenz am 12. 5. 2004

VDEW: Pressemitteilung: Die zehn größten Stromversorger, 6. 9. 2004

VkU, VDEW, BGW, VDN und VRE: Brief der Verbände an Bundesminister Wolfgang Clement vom 17. 3. 2003

Hörfunk und Internet

Europäische Kommission: Lobbying in der EU und den USA – ein Vergleich, erschienen: 17. 2. 2005 http://www.euractiv.com/Article?tcmuri=tcm:31–135594–16&type=LinksDossier

Riemenschneider, Jörg: Lobbyismus. NDR Info. Das Forum. Sendung am 3. 2. 2005

Register

Personen

Alle hervorgehobenen Personen sind »Strippenzieher« – Lobbyisten, Public-Affairs-Berater, hochrangige Ministerialbeamte oder einflussreiche Manager.

Unternehmen, Institutionen und Medien

Sachworte

5. Auflage 2006

Econ ist ein Verlag der Ullstein Buchverlage GmbH
ISBN-13: 978-3-430-13011-0
ISBN-10: 3-430-13011-5

Berlin-Karte: Peter Palm, Berlin
Gesetzt aus der Sabon und Univers bei LVD GmbH, Berlin
Druck und Bindung: Clausen & Bosse, Leck
Printed in Germany

N
S
Heidestr.
Schiffahrtskanal
Scharnhorststr.
Vattenfall Euro
Bundesministerium für Verkehr, Bau und Wohnungswesen
Chausseestr.
Bundesministerium für Wirtschaft und Technologie
Bündnis 90/ Die Grünen
Bundesministerium für Bildung und Forschung
Scholz & Friends
Invalidenstr.
»Haus der Energiewirtschaft« (VDEW, VDN, VRE)
Hannoversche Str.
Oranienburger
Humboldthafen
Hauptbahnhof
Charité
Luisenstr.
TIERGARTEN
FDP Zentral
Reinhardtstr.
Bundespressekonferenz
Böse Buben Bar
W.-Brandt-Str.
Schiffbauerdamm
Weinkultur Habel
Abgeordnetenbüros
Bundeskanzleramt
Friedrich-Ebert-Platz
Schiffbauerdamm
Friedrichstr
Spree
Haus der Kulturen der Welt
Deutsche Parlamentarische Gesellschaft
Reichstag
Allgemeine Hypothekenbank Rheinboden
ARD
Dorotheenstr.
Dresdner Bank
Diehl
Allianz
Abgeordnetenbüros
Pariser Platz
Café Lebensart
Brandenburger Tor
Adlon
BP
Straße des 17. Juni
Amerikanische Botschaft (ab 2007)
Bayer AG
Brit. Botschaft
Behrenst
Akademie der Künste
Tiergarten
H.-Ahrend-Str.
Mohrenstr.
Deutsche Bahn
Potsdamer Platz
ver.di
Potsdamer Platz
Wilhelmstr.
CDU Zentrale (Bundesgeschäftsstelle)
0 100 200 300 400 500m
SPD